U0690538

清代广州涉外司法问题研究

1644—1840

唐伟华 黄 玉 ◎ 著

中国社会科学出版社

图书在版编目（CIP）数据

清代广州涉外司法问题研究（1644－1840）／唐伟华、黄玉著．
北京：中国社会科学出版社，2009.10
ISBN 978-7-5004-8077-8

Ⅰ.①清… Ⅱ.①唐… ②黄… Ⅲ.①涉外事务－司法－研究－
广州市－1644－1840 Ⅳ.①D927.651.213.4

中国版本图书馆 CIP 数据核字（2009）第 184686 号

责任编辑 李炳青
责任校对 曲 宁
封面设计 回归线视觉传达
版式设计 张汉林

出版发行 **中国社会科学出版社**
社　　址 北京鼓楼西大街甲 158 号　　邮 编 100720
电　　话 010－84029450（邮购）
网　　址 http：//www.csspw.cn
经　　销 新华书店
印　　刷 北京新魏印刷厂　　装 订 新魏装订厂
版　　次 2009 年 10 月第 1 版　　印 次 2009 年 10 月第 1 次印刷
开　　本 710×1000　1/16
印　　张 17.5　　插 页 2
字　　数 253 千字
定　　价 32.00 元

序

　　唐伟华是我指导的 2006 年毕业的博士研究生，本书是在他博士论文的基础上修改完成的。在此期间，他付出了大量心血，终于付印出版。

　　就目前而论，法律史学界多集中晚清领事裁判权的研究，而研究前清涉外司法问题尚属少见，其研究成果更属罕见。这使本书的出版带有明显的创新性，由于本书广泛地占有档案等各类历史资料，并加以分析运用，使本书建筑在真实可信的基础上。

　　另外，本书运用法学与历史学相结合的方法，全面地还原前清涉外司法的历史场景，并立足于当时的社会制度环境，对有关问题进行深入的分析和思考，进而提出自己独特的看法，为丰富法律史学做出了自己的贡献。

　　当然，本书的研究尚有进一步提高的空间，前清涉外司法问题及晚清领事裁判权问题，均与中国法制的近代化之间存在密切的联系。要全面、深入、客观地剖析这一问题，则需进一步拓展研究的视野，发掘更多的新史料，以解答上述问题。希望作者百尺竿头，更进一步，在不久的将来取得更新的成绩，以飨读者。在此付梓之际，我欣然为之作序。

郭成伟

2009 年 5 月 6 日

目　录

目　录

绪　论

一　选题宗旨与意义

第一次鸦片战争以后，西方列强通过一系列不平等条约，从清政府手里攫取了领事裁判权，清朝的司法主权受到破坏。从此以后，国人开始了旷日持久的收回民族利权、维护国家主权的斗争，最终推动了清末国家政治法律制度的变革。这一系列的政治斗争与制度变革，最早肇端于战前中西方在涉外司法领域中的较量和冲突，探究这场冲突的内涵与本质，追溯其历史根源和社会意义，是全面认识中国法制"现代化"的重要环节，也是本书想着力解决的主要问题。

清代前期，中西双方在司法、外交等领域广泛接触的同时也矛盾重重，并由此而走向战争，成为中国历史由古代迈向"现代"的分水岭。可以说，是西方的坚船利炮把中国逼上了"现代"之路。而今，在衡量社会经济的发展、法制的变革方面，学界通常都将西方作为现代化的实质标准和样板。以往的历史研究又似乎表明，明清时期的社会发展已经具备某些迈向"现代化"的条件。既如此，作为"现代化"的另一项基本构成要件，当时法制变迁的内在取向是否能够印证今天的这一理论假设？如果没有战争因素的作用，中西两种法律制度及其价值取向之间，是否存在走向理性认同的内在基础？冷静地思考与回答这些问题，将有助于客观认识和评价中国传统法制"现代化"的内在动力，也有助于在推进社会法治化进程中，更冷静地面对制度选择，更客观地对待制度变革与社会发展的关系。

二 研究对象与范围

本书以清前期（1840 年以前）广州府涉外案件（主要是涉及西方人的案件）的审理活动作为主要研究对象，从动态的角度研究清前期的涉外司法制度及其运作过程，并由此探讨明清时期中西政治矛盾与文化价值冲突的原因。基于行文需要，以下对研究中所涉及的主要概念及时空范畴做一界定。

首先，本书研究的基本对象是 1840 年前清朝对于广州府发生的涉外案件的处理活动。此处所涉及的"外国人"，主要包括 16 世纪以后来华从事经贸活动的欧洲和北美洲国家的商民，涉及葡、英、法、美、荷等国。本书对"外国人"之范畴做如此界定，原因有三：其一，从现存资料来看，清前期广州涉外案件中涉及这些国家及地区商民的案件数量最多，表现最为突出，更具典型性；其二，从地域角度看，这些国家历来既非清朝的藩邦属国，更处于传统的东亚朝贡体制以外，无论在何种意义上，它们与清王朝之间都不存在政治边界认同方面的历史纠葛，如此可以避免由古代中国的地缘政治传统等因素对分析某些具体问题造成的不利影响；其三，在国家政治法律体系的构建上，西方的价值传统也和"天朝"截然不同，"天朝"所面临的是一种完全陌生的制度类型及价值取向，与当时影响东亚的大中华文化圈之间存在着清晰的文化边界，是典型的"外来"文明。目前学界一般认为，中国法制现代化的主要内容即是学习和引进西方法律制度的过程，而中西之间法制及其价值取向的反差，正是双方在司法领域频生纠葛的内在原因，也是中西司法、外交矛盾发生和激化的根源所在。清代前期的涉外司法，以及由此而发生的中西矛盾，正为研究西法东渐及中西法律价值基础的异同提供了具体生动的现实案例，故而成为本书主要的研究对象。

当今时代，狭义的"司法"主要指司法机关的审判活动，这与中国古代法律语境下的"司法"有相通之处，但也存在着差别。由于中国古代没有独立的司法体系，尤其是在地方，省、府、州、县的各级首脑往往统领诸权于一身，故其司法活动的内涵远比审判复杂得多。另外，传统司法素来有重实体、轻程序的特征，司法的重心往往更注重执行刑罚，本书所涉及的诸类涉外司法活动尤其体现了这一特征。基于此，本书所论述的"涉外司法"系指清朝统治者处理涉外案件的有关活动与过程。

其次，是关于本书研究时空范畴的界定。其一，就研究时段的选择来看，以往成果大多关注晚清时代。但晚清的国衰民弱、主权沦丧等许多客观的历史因素常常左右研究者的主观情感，从而会给冷静地分析研究造成诸多不便。相比而言，清代以前的时段同样缺乏可供研究的典型意义，当时西方处于前工业化时代，其全球扩张及由此带来的各种政治、文化冲突还不显著，中西之间暂时缺乏全面接触及往来互动的现实依据，相互之间甚至缺乏基本的认识。在这种前提下妄谈涉外司法及文化价值冲突，缺乏充分的现实依据及典型意义。就清前期来说，当时中西之间有了更为广泛和深入的接触，种种矛盾与冲突也逐步在经贸、政治、外交、文化价值观念等各个领域显露出来。在鸦片战争爆发之前，这些矛盾集中表现在外交及司法方面，涉外司法领域的表现尤为突出。其二，就空间方面来说，广州历来是中外交流的重要口岸。入清以来，广州先是成为开埠通商的四大对外商贸口岸之一。在乾隆二十二年（1757）至道光二十年（1840）之间近百年的"一口通商"时代，广州更成为中西商贸及文化往来的主要舞台。清代前期的广州府是广东的省会及首府，下辖南海、番禺、顺德、东莞、从化、龙门、新宁、增城、香山、新会、三水、清远、新安、花县等十四个县。其中南海和番禺为首府之首县，广州城区西属南海县、东属番禺县，是清前期西方人在华经商、留驻的主要区域；广州府治下香山县之"濠镜"一隅（即后来的澳门），自明代中期以来一直为葡萄牙人在华的主要聚居区。随着华洋民间接触的增加，中西商民之间各类纠纷案件频频发生，既有震动朝野的命案，也有涉及钱债纠纷的"细故"。清朝对于广州府各类华洋案件的处理活动，既表现出涉外司法的特殊性，又体现了中国传统司法的固有属性，成为展现中西文化价值冲突及外交争端的重要舞台。

总之，清前期的广东是华洋案件最为集中的地区，还是西风东渐的窗口及中西制度文化交锋的前沿，在中国传统社会步入现代的历史过程中扮演过重要角色，契合本书的选题宗旨，因而成为本书研究的主要时空线索。

三 研究材料与方法

最大限度地占有和使用第一手文献资料，既是法律史研究的基本条件，也是它的基本方法，以下对本书的资料体系做概要介绍。在中文资料方面，首先，本书关注和运用档案资料，本书所搜集和参考的档案资料，大多是已经汇编或出版的清朝官方档案，如《明清时期澳门问题档案史料汇编》、《葡萄牙东波塔档案馆藏清代澳门中文档案汇编》、《清宫粤港澳商贸档案全集》、《史料旬刊》、《清代外交史料》、《中葡关系档案史料汇编》，等等，其内容包括上谕、奏折、文书等，本书的史料多取材于此。其次，正史、实录中有关涉外司法和中西邦交往来的记载，以及清人笔记、著述中的相关记述，还有部分地方性文献，都是本文研究的重要佐证。此外，文中还将尽可能多地参考近、现代学者的研究成果。在利用西文资料方面，原文资料与中文译本并重，包括有整理或编译成中文的西文档案资料，如《东印度公司对华贸易编年史》、《达衷集》、《英国档案有关鸦片战争资料选译》；有清代西方人在华创办的报刊，如《中国丛报》；清代来华的西方贸易代表、外交人员、传教士等亲历事局者所留下的记闻、回忆录或研究著作，其中某些记述可与清朝官方的有关档案相互印证，因而也是本书研究利用的重要参考资料。

近年来，社会学研究的视角和方法越来越多地走入法律史研究领域，为这一学科的发展开拓了新的视野。案例分析是社会学研究的基本方法之一，本书注重使用这一方法，尤其关注一些有较大影响和典型性的司法实例，联系当时的制度及社会环境，做动态的、微观的分析。这将更加真实生动地反映当时司法运作的具体状况，有利于揭示制度与现实之间的实在关系，比起宏观研究及单纯的条文分析方法而言，这一方法更切合本文的研究宗旨。除此之外，本书还参酌运用比较研究的方法，对中西法律制度及其价值观念的差异做尽量客观的分析和评价。

四　研究历史与研究现状

早期学术界对于清前期涉外司法的专门性研究并不多见。1936 年谭春霖的《广州公行时代对外人之裁判权》一文是早期的重要成果。[①] 该文以鸦片战争以前发生于广州、澳门两地的典型涉外案件为主要研究对象，考察清廷涉外司法管辖及裁判状况。当时不少西方学者主张在鸦片战争之前，西方人已经享有在华 "治外法权"。谭文着力对此观点进行了批判。除了谭文以外，自 1910 年代至 1940 年代，中国学界对于领事裁判权从事了大量研究，都在不同程度上论及清前期涉外司法的情形。[②] 众多著作关注的焦点在于西方人在鸦片战争前是否已

---

① 燕京大学政治学丛刊第二十八号，1936 年（现藏于国家图书馆和北京大学图书馆）。

② 主要论著，如顾维钧：《外人在华之地位》（民国外交部图书处 1925 年版）；梁敬錞：《在华领事裁判权论》（上海：商务印书馆 1930 年版）；周鲠生、陈腾骧：《领事裁判权》（收录于东方文库第 18 种，上海：商务印书馆 1923 年版）；刘师舜：《领事裁判权问题》（民国外交部条约委员会 1929 年版）；李定国：《中国领事裁判权问题》（昆明：

拥有治外法权。其中，多数研究者对此予以否定，顾维钧认为："对
于刑事上裁判外人之权……虽有时中国地方官固有自准迹近例外之
事，然除可谓即使实行破例不过益求所以证验其准则者外，此等例外
之事，大都显然似是而非也。"① 与顾氏相比，梁敬镎的态度则更加决
绝："吾国法权犹力求完整，从无疏失或偏袒之处可资攻击。"② 两书的
立场基本一致，但语气显著不同，原因在各自成书的时代背景有所不
同。顾氏著作初成于 1912 年，梁著问世较其晚了近 20 年，其间国内
反侵略的民族运动日益高涨，外争国权的呼声日益强烈，再加上当时
民国政府为废除领事裁判权而进行的种种外交努力，都可成为学术服
务于现实政治需要的时代注脚。国难当头，学术价值暂从于政治需
要。当梁著问世之际，王宠惠等政法界名流为其作序鼓吹，也体现出
此书的现实意义。1922 年，时任外交部法权讨论委员会兼职秘书的郑
天挺，写成《列强在华领事裁判权志要》一书，次年以该会名义出
版，代表了当时官方对于废除领事裁判权问题的态度。书中也强调，
清前期涉外案件"一听中国官吏裁判"。③ 当然，也有部分学者在争论
中持不同态度，刘师舜《领事裁判权问题》一书认为："在此时期内，

北新书店 1934 年版），国民外交丛书社：《领事裁判权与中国》（左舜生校，上海：中
华书局 1924 年版）；郝立舆：《领事裁判权问题》（收入《百科小丛书》，上海：商务
印书馆 1935 年版）；孙晓楼、赵颐年：《领事裁判权问题》（收录于王云五编：《东方
文库》第 2 册第 700 种，上海：商务印书馆 1936 年版）；法权讨论委员会：《列强在华
治外法权志要》（法权讨论委员会事务处 1923 年发行）；杨鹏《最后挣扎中之领事裁判
权》（版本不详，收藏于中国国家图书馆保存本库）；钱实甫：《领事裁判权》（南宁：
民团周刊社 1939 年版），以及 the Citizens' league, *Syllabus on Extraterritoriality in China*,
Naking, 1929。民国时期《东方杂志》、《法学季刊》、《国闻周报》等报纸杂志也有大
量论及领事裁判权的文章，因数量繁多，且与本文选题主旨关系不甚密切，不再一一
罗列。

① 顾维钧：《外人在华之地位》，民国外交部图书处 1925 年版，第 26—28 页。

② 梁敬镎：《在华领事裁判权论》，上海：商务印书馆 1930 年版，第 5—7 页。

③（民国）法权讨论委员会：《列强在华领事裁判权志要》，法权讨论委员会事务处
1923 年版，第 10 页。

外人不受中国管辖之例证极多……可知在中外缔约以前，外人在华所受管辖极不明了。"① 周景濂所著《中葡外交史》也称："广东官厅对于澳门葡人，有时承认其有某种程度之治外法权（如一七四三年之上谕），有时又根本否认之。"②

回顾民国时期，当时学界围绕领事裁判权、治外法权而写作的大量文章、著作，目的是为了唤起国人反抗外来侵略、维护国家主权。这一时期的研究不无学术意义，但更多的是为现实政治服务。从纯粹学理和史证的角度来看待这些著述，许多研究有待于完善和成熟，有的观点值得仔细商榷。

1950年代至1970年代，由于众所周知的原因，内地正常的学术活动陷于停滞，有关本课题的研究十分少见。就台湾地区学界来看，陈国璜《领事裁判权在中国之形成与废除》一文曾略有涉及③；李定一《中美早期外交史》一书也有相关论述。④ 1980年代以来，随着国家政策的逐步开放，学术研究走回正轨，对于清前期涉外司法问题的关注和研究，也有起色。吴孟雪《略论古代中国对涉外司法权的认识和运用》考察了自唐至清历朝历代对于涉外司法权的认识程度及运用的实际状况，指出："中国政府在涉外司法权的运用方面，有一个趋于严厉的过程……反映了中国对涉外司法权的认识逐渐成熟，还反映了鸦片战争以前中国司法主权的独立完整。"⑤ 在《论早期美国人对待中国司法权的态度》⑥ 一文中，她认为，清前期旅华美人基于自身利益的考虑，"对中国司法权的态度基本上是服从的……中国政府对涉外案件必欲坚持其司法主权"；她另有《鸦片战争前夕旅华美国人要

---

① 刘师舜：《领事裁判权问题》，民国外交部条约委员会1929年版，第4—6页。

② 参见周景濂《中葡外交史》中的有关论述，上海：商务印书馆1936年版，第143—155页。

③ 台湾嘉新水泥公司文化基金会1971年版。

④ 李定一：《中美早期外交史（一七八四年至一八九四年）》，台北：传记文学出版社1978年版，第72—85页。

⑤ 《求索》1988年第1期。

⑥ 《江西社会科学》1986年第3期。

求领事裁判权的活动》一文①述及鸦片战争前后旅华美人、传教士为获取领事裁判权而进行的种种活动，及其对于确立领事裁判权所产生的影响。②肖梅花《中国古代法律涉外原则初探》一文认为中国古代涉外司法管辖原则是由先秦"绝对的属人主义"逐步过渡到明清时期的"单一的属地主义"③。1989年，强磊博士《论清代涉外案件的司法管辖》一文从宏观角度论述了清王朝涉外司法管辖权的丧失经过，对于晚清政府收回主权所做的种种努力给予了客观的评价。④贺其图《鸦片战争前的中西司法冲突与领事裁判权的确立》一文认为："鸦片战争以前，中国……也没有放弃'化外人有犯，依律拟断'的原则"⑤；康大寿《明清政府对澳门的法权管理》一文称，在鸦片战争爆发前，中国政府"坚持了对澳门地区行使主权……不能说鸦片战争前澳葡当局就已经取得了在澳门地区的治外法权"⑥；向军《鸦片战争前英国破坏中国司法主权述论——广东地区典型涉英刑事案件透析》一文称，在清前期发生于广东一带的涉英案件的司法过程中，英国殖民者以种种手段破坏中国的司法主权，其根本目的在于侵略。⑦1990年代末期，随着澳门的回归，对于澳门历史问题的研究一度成为热点。刘景莲《从东波档看清代澳门的民事诉讼及其审判》⑧一文初步分析了清代澳门华夷民事纠纷的审理情况，其近著《明清澳门涉外案件司法审判制度研究（1553—1848）》围绕明清澳门的涉外案件的司法审

---

① 《江西社会科学》1985年第2期。

② 除此之外，还可参见吴孟雪《美国在华领事裁判权百年史》一书的有关研究，北京：社会科学文献出版社1992年版。

③ 《河南大学学报（社会科学版）》1991年第4期。

④ 藏于中国政法大学图书馆。

⑤ 《内蒙古民族师院学报（哲社版）》1994年第2期。

⑥ 《四川师范学院学报（哲社版）》1998年第4期；另可参见康著《近代外人在华治外法权研究》，成都：四川人民出版社2002年版。

⑦ 《五邑大学学报（社会科学版）》2003年第1期。

⑧ 收于中国社会科学院历史研究所明清史研究室编：《清史论丛》，北京：中国广播电视出版社2001年版，第186—196页。

判制度及相关实践作了较为系统的介绍①。乔素玲《清代澳门中葡司
法冲突》一文②概要介绍了清代中葡双方围绕司法管辖权发生的冲突。
苏亦工《鸦片战争与近代中西法律文化冲突之由来》③ 一文及《中法
西用——中国法律传统及习惯在香港》一书的相关论述，更注重分析
清代中西司法冲突背后的历史文化根源。④ 除了法律史学研究领域的
成果以外，中外关系史、贸易史、鸦片战争史领域中的一些研究，也
在不同程度、不同角度上涉及清朝涉外司法的有关内容，如朱雍、郭
小东等人关于清朝对外关系的著作⑤；如梁嘉彬、章文钦、吴建雍等
学者在有关清代对外贸易史的研究中对十三行商欠问题的讨论，必要
时本书将在行文中予以征引，此不赘述。⑥

　　纵观 20 世纪 80 年代以后的研究状况，清朝与西方之间围绕刑事
司法管辖权所展开的一系列冲突，以及鸦片战争前西方人在华治外法
权有无等问题，依旧是学界重点关注的对象。除了材料上较以往更丰

<hr/>

① 广州：广东人民出版社 2007 年版。
② 《暨南大学学报（哲学社会科学版）》2002 年第 4 期。
③ 张生：《中国法律近代化论集》，北京：中国政法大学出版社 2002 年版，第 50—120 页。
④ 见该书第 7—8 页、第 67—68 页之论述，北京：社会科学文献出版社 2002 年版。
⑤ 如朱雍：《不愿打开的中国大门——十八世纪的外交与中国命运》，南昌：江西人民出版社 1989 年版；郭小东：《打开"自由"通商之路：19 世纪 30 年代在华西人对中国社会经济的探研》，广州：广东人民出版社 1999 年版，等等。
⑥ 梁嘉彬：《广东十三行考》（广州：广东人民出版社 1999 年版）；吴建雍：《1757年以后的广东十三行》（见中国人民大学清史研究所：《清史研究集》第三辑，成都：四川人民出版社 1984 年版）；章文钦：《明清广州中西贸易与中国近代买办的起源》（收于广东历史学会：《明清广东社会经济形态研究》，广州：广东人民出版社 1985 年版）；冯志强：《清代广东十三行》（见明清广东省社会经济研究会：《十四世纪以来广东社会经济的发展》，广州：广东高等教育出版社 1992 年版）；另有章文钦、陈柏坚等多位学者的相关论文收录于《广州十三行沧桑》一书（广州历史文化名城研究会、广州市荔湾区地方志编纂委员会编，广州：广东省地图出版社 2001 年版），这些著作和论文都在不同程度上涉及清代十三行与外商之间的商欠问题。另外，黄启臣等学者对于明清广东商人和商业资本的研究中也从不同角度、在不同程度上涉及此类问题，由于相关的研究成果数量繁多，必要时将在文中引述，这里不再一一罗列。

富以外，研究者所关注的焦点、其研究视角乃至种种论调，在相当程度上延续了民国时期相关研究的旨趣和脉络。然昔日外争国权的时代主题与社会现实现已经一去不返。时移事异，相关课题的研究模式与研究视角有待于进一步丰富与更新。

到目前为止，海外的相关研究主要来自欧美汉学界。其中早期的相关论著，主来自于曾在中国生活、经商或任居官职的西方人。乾嘉时期，历居广州、澳门的瑞典人龙思泰（Andrew Ljungstedt）所著《早期澳门史》一书即有对清朝对澳门司法管辖的专门论述。①

19 世纪初，英国人乔治·亨利·梅森（George Henry Mason）在伦敦出版了《中国的酷刑》（The punishments of China）一书，全书仅 50 余页，以画册形式向西方介绍了当时清朝的各类"酷刑"。该书虽非研究性著作，但在西方社会影响颇大。② 此后，曾任对华使节的英国人奥贝尔（Peter Auber）③、德庇时（John Francis Davis）④ 在各自的书中都对清朝涉外司法制度进行过记载或评论。1833—1840 年之间，西方人在华创办的《中国丛报》（Chinese Repository），曾连续刊登过多篇相关的文章与评论。⑤ 晚清时在中国海关任职的美国人马士（Hosea Ballou Morse）著《东印度公司对华贸易编年史》（五卷本）⑥ 一书，汇编了大量东印度公司对华贸易往来的原始档案，其中包括清政府涉外司法的记载；他的另外两部著作《中华帝国对外关系史》（三卷本）和《远东国际关系史》，都曾经对清朝涉外司法管辖权问

---

① 吴义雄等译，北京：东方出版社 1997 年版。

② 该书第一版由伦敦 William Miller 出版社于 1801 年出版。笔者所见大陆地区目前馆藏最早的版本为 1804 年版，中国国家图书馆微缩文献阅览室收藏有该书的微缩胶片。

③ *China：A Outline of Its Government，Laws，and Policy*，London：Parbury，Allen，and Co.，1834.

④ *The Chinese：a general description of the empire of China and its inhabitants*，New York：Harper & Brother，1836.

⑤ 见《中国丛报》（*Chinese Repository*）1833 年 5 月、1834 年 5 月及 1836 年 9 月。

⑥ ［美］马士：《东印度公司对华贸易编年史》，区宗华译，广州：中山大学出版社 1991 年版。

题做过论述。① 葡萄牙人徐萨斯（C. Mòntalto de Jesus）《历史上的澳门》一书论及明清朝时期澳门地区的司法领域中的所谓"混合管辖"现象。② 1920 年代以后，当中国学术界积极倡议维护民族利权的同时，西方汉学研究界也就相关问题投来更多关注。美国人基顿（G. W. Keeton）《治外法权在华之发展》一书③指出：在鸦片战争以前，由于西方人的极力反抗，清朝基本放弃了对外管辖权，造成这一局面的责任应归咎于清朝司法制度的"野蛮"和"腐败"。④ 当然，也有一些西方学者持不同观点，美国人威罗贝（Westel W. Willoughby）认为，鸦片战争以前"虽然中国不能在所有的案件中事实上行使它以领土主权者资格所具有的全部权力，但它并未放弃这权力，而且相反地坚持这些权力，对有些案件坚持地极为强硬"；⑤ 兴克利（F. E. Hinkley）指出："和土耳其之间的条约与和中国之间的条约有这样一个区别：和中国之间的条约没有说到根据习惯和惯例的特权……这些条约是在中国治外法权最初发生的标志，事实上早期的办法和这些条约的规定恰恰相反"。⑥ 此外，赖德烈（Kenneth Scott Latourette）和丹涅特（Tyler Dennett）等人的书中也就相关问题

① ［美］马士：《中华帝国对外关系史》卷一，张汇文等译，上海：上海书店 2000 年版，第 134 页；［美］马士、宓亨利：《远东国际关系史》，姚曾廙译，上海：上海书店 1998 年版，第 76 页。

② ［葡］徐萨斯：《历史上的澳门》，黄鸿钊、李保平译，澳门：澳门基金会 2000 年版。

③ *The Development of Extraterritoriality in China*, London, Longmans, Green And Co., 1928.

④ 见 *The Development of Extraterritoriality in China* 第 46—50 页、第 69—70 页的相关论述，他认为清朝对于单纯外国人的案件，向不主张管辖权，而对于外国人侵害中国人的案件，除 1821 年德兰诺瓦案以外，清廷对于其他案件，也同意让外国罪犯适用外国法律。

⑤ ［美］威罗贝：《外人在华特权和利益》，王绍坊译，北京：三联书店 1957 年版，第 341—342 页。

⑥ 见氏著：*American Consular Jurisdiction in the Orient*, Washington D. C., 1906，第 15 页。

做出过论述。① 20 世纪中期以后，西方学界对这些问题的关注明显减少，1950 年代，美国人 Wesley R. Fishel 将外国人在中国享有“治外法权”的时代上推至唐朝。② 相对而言，1980 年代初美国人爱德华（R. Randle Edward）《清朝对外国人的司法管辖》一文比较客观和系统地论述了清前期涉外司法的各个方面，③ 认为由管辖权之争所引发的冲突，“不在于清朝的政策有什么变化”，而是来自于双方价值观念的反差，“因为英国认为，这种法律和诉讼程序过于严酷，缺乏对于个人自由和权利的足够保障”。这种看法实与早期一些西方汉学家的立场大同小异。1990 年代末期，葡萄牙学者叶士朋在（António Manuel Hespanha）《澳门法制史概论》一书也认为，在清代澳门司法制度中一直存在着“混合管辖”的情形。④

总的来看，以往的研究取得了许多成就，也存在不足。在有关清前期涉外司法的研究中，各家所关注的问题较为单一，多为求证鸦片战争前西方人是否拥有在华治外法权，结论不外乎“有”与“没有”。在很大程度上延续了早期研究的模式。从研究方法上看，多宏观定性而少微观分析，难以全面系统地再现清前期涉外司法的动态历史场景

---

　　① ［美］赖德烈：《早期中美关系史》，陈郁译，北京：商务印书馆 1959 年版；［美］丹涅特：《美国人在东亚》，姚曾廙译，北京：商务印书馆 1959 年版。除以上述及的著述，当清末民初时期，西方人还撰有一些涉及外人在华治外法权问题的论文，如：Hamilton, Adelbert, *Extra-Territorial Jurisdiction of Receivers*, 31 Am. L. Reg. 289（January to December 1883）；Ohlinger, Gustavus, *Extra-Territorial Jurisdiction in China*, 4 Mich. L. Rev. 339（1905 – 1906）；Loring, Charles, *American Extraterritoriality in China*, 10 Minn. L. Rev. 409（1925 – 1926）；Renton, A. Wood, *Extra-Territorial Jurisdiction in China*, 18 Va. L. Rev. 722（1931 – 1932）；Dennis, William C., *Extraterritoriality and Foreign Concessions in China*, 24 Am. Soc'y Int'l L. Proc. 194（1930）；Renton, A. Wood, *Extra-Territorial Jurisdiction in China*, 18 Va. L. Rev. 721（1931 – 1932）等。

　　② Wesley R. Fishel 认为：“在中国，治外法权早在唐朝就以这样或那样的形式出现了”，见氏著：*The End of Extraterritoriality in China*, University of California Press, Berkley Los Angeles, 1952, 第 2 页。

　　③ 高道蕴、贺卫方等：《美国学者论中国法律传统》，北京：中国政法大学出版社 1994 年版。

　　④ ［葡］叶士朋：《澳门法制史概论》，澳门：澳门基金会 1996 年版，第 45 页。

及其运作特征。这一取向在客观上限制了研究者的视野，许多具有重要价值的问题往往被忽视：清代地方职官建置（尤其是广州）中有关涉外司法方面的职能及其实际运作情形究竟如何？官府处理各类涉外案件的具体依据是什么？其涉外司法制度在实体性和程序性方面有何特殊之处？各类涉外司法活动的价值取向何在？在各类涉外司法活动的背后，是否蕴涵着统治者的某种共性的价值理念？鸦片战争前，中西方在司法问题上何以冲突不断？在清前期的涉外司法领域，中西之间是否曾经存在相互认同的价值基础？能够全面客观地回答这些问题，才能全面客观地评价清朝的涉外司法活动，这也是本书力求突破的方向。

第 一 章

清前期广州涉外司法的两种运作模式

广州的对外通商往来历史悠久。自隋唐时期，国家已经在此设立市舶司，对中外商贸活动实施管理。明清时期，虽历经风云变幻，但广州一带的对外通商与文化交流并未断绝。16 世纪中期以后，伴随西方人的世界性殖民与商业扩张的开始，广州一带的中西经贸与文化交流更加频繁。到 1644 年，明清易代，王朝鼎革。但东南沿海地区绵延不绝的抗清活动，接连爆发的藩王之乱，以及盘踞台湾的郑氏集团，不断搅扰着清初的半壁河山。这一局势迫使清朝在军事进剿之外，采取了严厉的海禁政策。中外经贸文化交流受到严重阻隔。直至康熙二十三年（1684），随着郑氏集团的覆亡，清代的海疆政策才逐渐放开，并设立江浙闽粤四大海关，管理对外贸易。其中，广州因为拥有相对优越的地理位置，其在四海关中的地位也较为突出，吸引着多数来自欧洲及北美主要国家的商旅及商业组织来此拓展。广州的中西交往也随之进入新的历史阶段。其间，众多来粤经商、居留的西方商民，主要分布在以番禺、南海两县辖境所构成的省城地区，以及香山县管辖下的澳门一带。官府针对两地的不同情况，实行了不同的管理模式，即有所谓"澳门模式"与"广州制度"之说。一般所谓"澳门模式"，是指在明清政府统治下澳门葡人的有限自治型管理体制，表现出典型的"以夷治夷"的传统精神特征；所谓"广州制度"，则是官方通过官商组织"十三行"管理在省城一带的外国商民，是融外交于通商的管理体系，是清朝"以商治夷"方针的制度形式。广东地方官一般不直接面对及管理普通外国人，其对于以上两地外国商民的日常管理及司法管辖，都要借助这两套体制作为中介实施运作。由此形成了澳门与广州省城两地的涉外司法运作机制存在显著差异。本章探讨的重点，是这两种体系在官府的涉外司法中扮演何种角色及如何运作，以及这样的运作方式给官方的涉外司法管辖权力带来何种影响。

就本书的论证需要及侧重角度而言，"广州制度"概念过于宽泛，且在涉及本文内容时易生歧义。为了使相关论述更贴合本文主旨，下文以"省城模式"这一概念来指称清前期广州省城一带的涉外司法运作模式。

一　葡人有限自治下的澳门模式

1. 明清澳门地方建置及其涉外司法职能

明代澳门属广州府香山县管辖。"唐宋以来，诸番领之市舶提举司，澳门无专管官也。正德末，惩佛郎机频岁侵扰，绝不与通。"① 明政府的海禁政策并未阻断东南沿海的对外经贸往来。以致到嘉靖初期，"有言粤文武官俸多以蕃货代"。于是，朝中大臣纷纷上请复通互市贸易。② 这一提议在朝中引起争论，广东林富在上书中列举开海贸易足国用、充军饷、利民生等诸多好处，要求朝廷废除海禁。这一主

---

① （清）印光任、张汝霖：《澳门纪略》，卷上，《官守篇》，见顾廷龙《续修四库全书·史部·地理类》，第 676 册。"佛郎机"为"Frangues"的音译，该词源于"Franc"，原意为"法兰克人"。法兰克人原为蛮族一支。公元 5 世纪其领袖克洛维建立法兰克王国，统治大半欧洲近 6 个世纪。公元 10 世纪以后，法兰克王国分崩离析，但西欧一些地区在习惯上继续延用"法兰克"之类称呼。在历史上，穆斯林也以此泛指西方基督徒，葡萄牙人东来后，穆斯林便以此专称葡萄牙人。明朝文献最早以"佛郎机"称呼葡萄牙人，后也以之称呼西班牙人。（参见金国平《西方澳门史料选萃（15—16 世纪）》，广州：广东人民出版社 2005 年版，第 2 页。）

② 同上。

图1—1　清代广州省城与澳门形势图

张最终占了上风，故而史书记载："诸番之复通市，自林富始。"① 嘉靖十四年（1535），"都指挥黄庆纳贿请于上官移舶口于濠镜，岁输课二万金，澳之有番市，自黄庆始。三十二年，番舶托言舟触风涛，原借濠镜地暴诸水渍贡物，海道副使汪柏许之，初仅茇舍……久之遂专为所居，番人之人居澳自汪柏始"②。经过这数番变动，葡萄牙人才得以最终在澳门（时称"濠镜"）立足。最初，明清政府都想通过隔绝华葡接触来减少事端，一了百了。但是，赴澳营生的华人不断增加，

---

① （清）印光任、张汝霖：《澳门纪略》，卷上，《官守篇》。
② 同上。

民间的往来日益频繁，各种纠纷与词讼也越来越多，官府最终只能在具体而琐碎的华夷交涉事务中投入更多的精力。

由于聚居于澳门的葡人不断增加，到万历二年（1574），朝廷在半岛与大陆相连之狭长地带（即莲花茎）设立官闸，"设官守之"。① 当时，朝廷内外对西方人缺乏了解，又加上殖民者屡犯沿海，屠杀华侨的种种劣迹，使统治者对于澳门一带越聚越多的"外夷"感到担忧，"粤之有澳夷，犹疽之在背也"②。庞尚鹏曾言："今夷众殆万人矣。诡形异服，剑芒火炮，涌满山海，喜则人而怒则兽，其素性然也，奸人且导之，凌轹居民，蔑视澳官，若一旦豺狼改虑，拥众入据香山，分布部落，控制要害，鼓噪而直趋会城，俄顷而至其祸。"③ 在这种局势面前，既要保证通商，又要严格控制西方"夷人"，将葡人圈控于半岛一隅就成为统治者的必然选择，"濠镜在香山，内地官军环海而守，彼日食所需，咸仰于我，一怀异志，我即制其死命，若移之外洋，则奸宄安诘？治御安施？似不如申明约束，内不许一奸闯出，外不许一倭闯人"。④ 于是，朝廷在澳门地方建置的安排上，首先注重军队的调配与布控，最大限度地扼制葡人的活动，限制他们与华人的接触，严防其与倭寇勾结作乱。万历四十二年（1614），"设参将于中路雍陌营，调千人戍之"。⑤ 至天启元年（1621），于官闸处设立军事要塞前山寨，并增设参将，⑥ 统率陆兵 700 名，把总 2 员，哨官 4 员；水兵 1200 余名，把总 2 员，哨官 4 员，配备哨船大小 50 条。至顺治四年（1647），仍照明朝旧例设参将于前山寨，统率官兵 500 名，后增至 1000 名，左右营千总、二把总 4 名。康熙元年（1662），"以

---

① （清）印光任、张汝霖：《澳门纪略》，卷上，《官守篇》。

② 同上。

③ （明）庞尚鹏：《区划濠镜保安海隅疏》，见《澳门纪略》，卷上，《官守篇》。

④ （清）印光任、张汝霖：《澳门纪略》，卷上，《官守篇》。

⑤ 同上。

⑥ （清）祝淮、黄培芳：《新修香山县志》，卷二，《建置·城池》记载："前山寨城，北距县一百二十里而遥，南至澳门十五里而近……天启元年始立寨。"台北：学生书局 1985 年影印本。

抚标汰兵五百名，增入寨额，分戍县城，康熙三年（1664），改设副
将，增置左右营都司金书、守备，其千总、把总如故，共官兵两千
名。时严洋禁，寨宿重兵，而莲花茎一闸，岁放米若干，每月六启，
文武官会同验放毕，由广肇南韶道驰符封闭之。七年，副将以海氛
故，请移保香山，留左营都司及千总守寨，分把总一哨戍闸"。① 前山
营分防三汛：一望厦，二关闸，三南大涌。② 职能不专一，且兵力数
量也不固定，乾嘉时期，曾达到502名。雍正以后，粤东洋面海盗猖
獗，"香山协副将频年出海缉捕，历任都司调赴县城经理营务，遂致
前山衙署全行倾圮，即关闸亦仅派兵二十八名在彼巡查。地要兵单，
非慎重边防之道，必须设立专营，内控香山，外控澳夷，始足以壮声
威而昭体制"。③ 根据百龄的请求，朝廷将澳门防务军力作了一系列调
整，嘉庆十四年（1809），改前山营平镇营，设游击、守备各1员，
十七年（1812），裁去兵员70名，二十三年（1818），再裁3名。道
光十一年（1831），再拨走兵员40名，余弁兵373名，并将原游击、
守备改设为都司，辖水师千总1员、把总1员，分巡各处。④

　　在强调兵力威慑，强化军事管制的同时，朝廷也在不断调整澳门
一带的职官配备，完善行政建置，以适应不断增加的华葡日常往来事
务，处理各种纠纷，审理各类案件。雍正八年（1730），两广总督郝
玉麟在上奏中提到，香山县"县务纷繁，离澳遥远，不能兼顾，奏请
添设香山县县丞一员，驻扎前山寨，就近稽查"。⑤ 雍正九年（1731），
"移香山县丞于前山寨，议者以澳门民番日众，而距县辽远，爰改为
分防澳门县丞，察理民夷，以专责成"。⑥ 此后，澳门人口不断增加，

---

① （清）印光任、张汝霖：《澳门纪略》，卷上，《官守篇》。

② （清）卢坤：《广东海防汇览》，卷五，《道里·各营》，清刻本，年月不详。

③ （清）卢坤：《广东海防汇览》，卷八，《营制一·裁设》。

④ （清）卢坤：《广东海防汇览》，卷七，《职司二·武员》；卷九，《营制二·兵
额》。

⑤ （清）印光任、张汝霖：《澳门纪略》，卷上，《官守篇》。

⑥ 同上。

诸务繁杂，仅靠职卑权微的县丞一员已经难以应付。乾隆八年（1743），广东按察使潘思榘在上奏中提议仿照粤省设立"理猺抚黎同知"的先例，"移驻府佐一员，专理澳夷事务，兼管督捕海防"①，与此同时，两广总督策楞也奏称："广州一府，省会要区，东南紧接大洋，远国商贩络绎，所属香山之澳门，尤夷人聚居之地，海洋出入，防范不可不周。现驻县丞一员，实不足以资弹压。查澳门之前山寨，现有城池衙署，但添设官吏，未免又增经费，似应将肇庆府同知移驻前山，所遗捕务，该府通判兼理。惟是该同知职司海防兼理番民，较诸理猺厅员，其责尤重，若不优其体统，无以弹压夷人。查粤省理猺同知，例设弁兵，应请照例给与把总二名、兵丁一百名，统于香山县、虎门两协内各半抽拨，酌拨哨桨船只，以资巡缉之用。至前山寨既设同知，所有香山县县丞，应移驻澳门，专司稽查民蕃，一切词讼，仍详报同知办理。"② 获准，乾隆九年（1744），朝廷"始以肇庆府同知改设前山寨海防军民府同知，以县丞属之，移驻望厦村"。③ 策楞随即发现，由于肇庆府同知屡屡出缺，实际上无法顾及澳门事务，于是又上奏"拟改广州海防移驻澳门"，④ 原定由肇庆府海防军民府同知移驻澳门，现改为由广州府海防军民府同知充任，仍旧称为"澳门同知"。⑤ 县丞隶属于澳门同知，其职责主要是处理与澳门葡人日常往来事务，审理华葡民人之间的纠纷词讼，并将办理情形详报同知，重要案件的审理再由同知转呈上报。海防同知的职能不仅局限于政务，手里还掌握兵权，"用理猺南澳同知故事，增设左右哨把总，马步兵凡一百名，桨橹哨船四桄，马十骑，于香虎二协改拨，别为海防营，直隶督标。辖守邑一，曰番禺；支邑三，曰东莞，曰顺德，

---

① （清）印光任、张汝霖：《澳门纪略》，卷上，《官守篇》。
② 同上。
③ 同上。
④ 同上。
⑤ 同上。

曰香山"。① 同知的职能是兵政合一，即管理澳门民夷日常交涉，处理纠纷、编查人口，又兼理当地海防军务，包括水上巡查，缉拿盗匪等。海防同知、香山县丞分别为广州府与香山县的副职，在管理澳门的职分原则方面，"以同知县丞为专管，广州府香山县为兼辖"②。

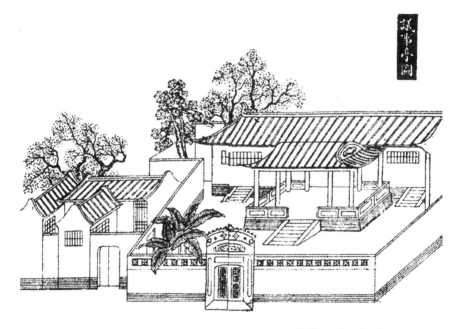

图1—2　清代澳门"议事亭"，是调停及解决华葡民间纠纷的场所

必须指出，依照清制，县丞属于一县之佐贰官，类似于副县长，通常无权受理词讼。他们除了视地方实际情况而被委以诸如河务、邮驿、治安、典狱等特定职责外，大多仅负责一些琐碎的、不确定的事项。③ 但此时的香山县丞不仅要负责审理各种词讼案件，而且还要负责诸如编查保甲、缉匪、盘查船只，以及其他的各项华夷交涉事务，

---

①　（清）印光任、张汝霖：《澳门纪略》，卷上，《官守篇》。

②　广东省广州市地方志编委会办公室：《清实录广东史料》，广州：广东地图出版社1995年版，第1册，第47页。

③　瞿同祖：《清代地方政府》，北京：法律出版社2003年版，第25页。

实际上独当一面，在很大程度上代行着知县正堂的职责，大大超越了当时法制对其职责范围的一般性限定。这符合传统政治制度因事立制的特征，也体现出统治者对澳门事务的格外重视。在司法方面，涉及澳门华夷词讼及大小案件，香山县丞例定为最先受理者，然后再根据事项轻重大小决定是自行处理还是转呈上报。乾隆九年（1744），澳门同知印光任颁布《管理澳夷章程》，规定"澳门夷目，遇有恩恳上宪之事，每自缮禀，浼熟识商人，赴辕投递，殊为亵越，请饬该夷目，凡有呈禀，应由澳门县丞申报海防衙门，据词通禀"①，遂为定制。嘉庆十五年（1810），澳门同知王衷在回复澳门葡人判事官的公文中称："澳夷向来遇有禀陈事件，俱由地方官代为转禀，各宪示遵。至华夷交涉事件，向例亦由唉嚜哆据呈地方官准理……嗣后如果地方官有不为准理之事，固应准其直达大宪，倘未禀呈地方官而直行越诉者，应即照民人越诉不准之条办理。"② 这里所称的地方官，实际上就是香山县丞，有一份档案可以资证：乾隆五十八年（1793），县丞朱鸣和因葡人理事官越级上诉而受到申饬，他随后在公文中重申定例，并对理事官的越级上诉做法表达了不满："照向来定例，该夷目遇有呈禀上宪事件，必先禀本分县，以凭转禀。定例如此，相沿已久……该夷目只禀军民府宪暨本县，而本分县衙署并无只字禀闻，殊违定例。现奉府宪将本分县大加申饬……此后该夷目倘有呈禀上宪事件，务遵定例，先行禀知本分县，以凭据情转禀，慎毋再蹈前辙，匿不具禀，至本分县茫然不知，上干宪橛严饬，代人受过也。"③ 对于较严重的命、盗刑案的处理则县丞不能专擅，通常要详报至澳门同知及本县

---

① （清）印光任、张汝霖：《澳门纪略》，卷上，《官守篇》。章程全文参见本书附录。

② "唉嚜哆"，即澳门葡方的华务检察官一职的葡文音译，今译作理事官，其为澳门葡人议事会的成员之一，清朝官方文件中称之为"夷目"。

③ 刘芳辑，章文钦校：《葡萄牙东波塔档案馆藏清代澳门中文档案汇编》（上、下册），上册，澳门：澳门基金会 1999 年版，第 412 页，第 813 号。为行文方便及节省篇幅起见，后文征引本书资料时一律简称为《东波塔档》并且只注档案的统一编号。

正堂处，逐级审转；对于一些轻微的词讼纠纷或华夷交涉事务，县丞则可以催办或自行处理，以便为知县分担责任，减轻政务压力。

2. 葡萄牙人的自治体系及其在司法运作中的角色

明清时期，在朝廷的默许下，澳门葡人建立了一套自治体系，管理葡人内部事务，行使有限的自治。其间，葡人自治体系不断尝试以各种途径进行权力扩张，扩大其在澳门地方事务中的影响力，突破明清朝廷对其治权的种种限制，在司法审判领域尤其如此。入清后，葡人与广东地方政府间因司法问题矛盾重重。在此，有必要理清葡人自治体系的构成、沿革，及其在与明清政府交涉中所处的实际地位。

在葡人自治体系中，议事会的角色至关重要。嘉靖三十九年（1560），居澳葡人自行选举产生了由驻地首领、法官和四位商人代表组成的一个名为委员会的管理机构。一般认为，这就是澳门葡人议事会的雏形。① 万历十一年（1583），澳门葡人由投票选举产生了第一届议事会，由 2 名法官、3 名高级市政官和 1 名理事官组成。议事会以投票形式决策葡人内部自治事务。其内部分工各有不同：市政官主持日常事务，法官执行议事会的命令，"他还可就某些民事和刑事案件做出裁决，但在他们裁决之后，还可以向澳门的判事官，或果阿的高级法庭提出上诉。果阿的法庭称为'Relacao'，由 6 名高级官员组成，包括大法官在内，由大总督主持。其裁决在大多数情况下乃是最终裁决"。② 理事官在清朝官方公文中被称为"夷目"或"唩嚟哆"。③ 理事官执行议事会的决议，在葡人自治系统中原本负责财政事务，后兼

---

① 黄鸿钊：《澳门史》，福州：福建人民出版社 1999 年版，第 120 页。［瑞典］龙斯泰：《早期澳门史》的记载稍有不同，见该书第 68 页，吴义雄等译，北京：东方出版社 1997 年版。

② ［瑞典］龙斯泰：《早期澳门史》，第 59 页。

③ 但根据金国平考证，凡是汉语文书中使用夷目唩嚟哆处，相应的葡译件均作 Procurador da Cidade 或 Procurador do Senado"，见氏著《夷目唩嚟哆考正》一文，收录于金国平著《西力东渐——中葡早期接触追昔》，澳门：澳门基金会 2000 年版，第 113 页。

管对华交涉事务。在清朝地方官处理涉外案件的过程中，理事官往往充当葡方当事人的辩护人或诉讼代理人的角色，并负责向地方官投递呈词。由于理事官大多不通中文，其汉文呈词均由其雇用的华人"番书"代写。①

葡人自治体制中的另一重要角色是总督。清朝官方文书称葡人总督为"兵头"。该职官最早出现于1560年，最初由澳门葡人投票选举，很快就改为由葡萄牙王室任免，并由驻扎在果阿的葡属印度总督派遣，代表王室管理居住在澳门的葡人，其职权与议事会多有重叠。由于总督是葡萄牙王室利益的代言人，常常与代表澳门土生葡人利益的议事会之间发生冲突，双方因而长期争权夺利，矛盾重重。总督时刻不忘扩大王室权威在当地事务中的影响，力图总揽各项大权。议事会则为了维护本地葡人的利益，常常对总督的意旨予以抵制，将他的权力压缩到十分有限的地步。总督在议事会既无席位，亦无表决权，议事会拥有处理政治和经济事务的权力，而总督则只能负责统率部队、管理军务。② 这也是葡澳总督被清朝官方称为"兵头"的来由。在此还要指出：根据葡国法律，兵头对葡兵有特别司法管辖权，根据清人记载：

> 兵头遣自小西洋，率三岁一代，辖番兵百五十人。番人犯法，兵头集夷目于议事亭，请法王至会，鞫定谳，籍其家财而散其眷属，上其狱于小西洋。其人属狱候报而行法，其刑或戮或焚，或缚至炮口而烬之。夷目不职者，兵头亦得劾治。③

---

① （清）印光任、张汝霖：《澳门纪略》，卷下，《澳蕃篇》有载："番书二名，皆唐人。凡郡邑下牒于理事官，理事官用呈禀上之郡邑，字遵汉文，有番字小印，融火漆烙于日字下，缄口亦如之。"

② ［瑞典］龙斯泰：《早期澳门史》，第69页。

③ （清）梁廷楠：《粤海关志》，卷二十六，《夷商一》，顾廷龙：《续修四库全书·史部·政书类》，第835册。

尽管总督在议事会中没有投票权，但他"可以根据他的职责，反对任何违背制度、法律或来自里斯本和果阿的命令和任何提议"。① 澳门总督与议事会的矛盾也常常影响到对华关系。由于议事会成员"毫无例外地都是商人"②，他们"完全意识到，他们得以在澳门居留，既不是由于葡萄牙武力征服的结果，也不是对他们效劳的酬劳，即葡萄牙在剿灭强悍的海盗的过程中提供通力合作，所作出的回报，因此他们信守两个原则，一是与当时的政府保持良好的关系，二是尽可能地发展他们与中国的独占贸易"。③ 为了保持这些有利条件，他们对清朝政府的统治采取了比较顺从的态度。与这种实用主义态度相比，澳门总督因系葡萄牙王室任命，因而时时处处不忘执行葡萄牙王室的政治意旨，树立葡国王室的权威。这使得他与议事会之间常常矛盾重重，针锋相对。议事会"对兵头的傲慢态度与它的对华政策的驯服的姿态形成了鲜明的对比"。④ 以上引文提到，葡澳总督拥有对葡人士兵的特别司法管辖权，且不受议事会干预。总督经常抛开议事会而自行其是，甚至以此对抗广东官府的管辖权力。著名的"简亚二、李廷富"案就是一起典型事件：1748年，两名巡夜的葡人士兵在澳门城内杀害华人简亚二、李廷富，官府要求葡人交出杀手，议事会遵照清朝官员的命令，扣押了士兵，听候审判，并准备将其交出。时任葡澳总督的若些闻讯，即从议事会手中抢走了凶手，并擅自将他们流放到帝汶，使其逃脱了被绞死的下场。⑤ 每当清朝地方官审理华葡案件，要求交出葡人罪犯的时候，议事会往往表现得顺从而合作，但澳门总督却截然相反，他们不顾本地葡人商团的利益而公然挑衅广东官府的权威，因而屡次导

---

① ［瑞典］龙斯泰：《早期澳门史》，第78页。

② ［葡］徐萨斯：《历史上的澳门》，黄鸿钊、李保平译，澳门：澳门基金会2000年版，第108页。

③ 同上书，第57页。

④ 同上书，第108页。

⑤ 同上书，第114页，后文针对此案有详细论述。

致官府对澳门葡人的严厉制裁，有时中断饮食给养，甚至出兵威慑。为了本地葡人的实际利益，议事会不得不屡次出面向官府求和告饶，甚至筹集大笔钱物向地方官行贿。这反过来进一步加剧了议事会与总督之间的矛盾。这一矛盾也交织在一系列华葡案件的处理过程中，时有体现。

在总督之外还设有王室大法官（清朝官方称之为"判事官"或"番差"），他受葡国王室任命驻扎澳门，负责监督和执行王室法律。澳门首任判事官是鲁伊·马查多（Rui Machado），就任于1580年。[①] 如上文所示，判事官在澳门主要受理葡人之间的上诉案件，在他之上是果阿的高级法庭。与总督相似，判事官的使命也在于维护葡国王室法律与权威，与议事会之间同样存在权力制衡。当总督和判事官意见一致时，议事会的其他成员便不得在决议案上签字。[②] 判事官与议事会及澳门葡人之间的关系也相当紧张，这一职位也屡次受到裁撤，其职权最终改由议事会的一名议员行使。[③]

以上概述了明清时期澳门葡人自治体制的基本构成及各自的职能分工。其司法机构的管辖权限，主要体现在处理葡人内部纠纷方面。这一体制的运作如不危及清朝对澳门的最终统治地位及根本利益，官府一般会视其为葡人的自治行为而不会主动干涉，是为天朝帝国"因俗而治"精神的体现。相比之下，发生于华葡民人之间的案件，其司法管辖权的实现尤其值得关注：如果案件仅仅属于货款、钱债一类的"细故"纠纷，居于澳门城中的华人当事者，往往愿意就近求助于葡人法官。倘若赴前山寨县丞衙门上告，则往返一次便有七八十里的路程，还要不时面对衙门内大小官吏差役的勒索。相比之下，葡人裁判机构的效率则明显要高。基于此类现实原因，到19世纪初期："普通的中国人如今已经习惯于向能够为他们主持正

---

① ［葡］徐萨斯：《历史上的澳门》，第 31 页。
② 同上书，第 78 页。
③ 同上书，第 30 页。

义的判事官申诉与葡萄牙人冲突的因由。"① 在华方当事人情愿的前提下，葡人法官通常愿意受理并裁判某些轻微的民事纠纷，但这不能说明葡人法官拥有对华人的管辖权，原因在于其"由于缺乏法律手段，他无法迫使执拗的中国人来到他的庭前听审，也就不能指望他在外国人遭到中国人侵犯时，提供有效的保护"②。如华人感到葡人法官的审判对己不利，就根本不理会他的判决，转而投向香山县丞衙署控诉。对此，葡人法官毫无办法。这样一来，葡人法官不要说约束华人，其在葡人内部的威信也势必受到影响。乾隆五十七年（1792），葡方曾经要求对这类案件的管辖权，但遭到清朝官方的拒绝，后者称：

> 据禀请，民夷账目彼此有欠，准将货物家伙搬至亭上，③ 发卖补还，等语。查负欠固应偿还，而华夷各有管束。尔等系夷人头目，夷人欠华人之债，尔等可以便宜行事。若华人欠夷人之债，尔等亦擅将货物搬赴亭上变抵，华人不能输服，必且滋生事端，仍应禀知就近衙门，严追给领，毋庸另议更张。④

很明显，在地方官眼中，与其说"夷目"可以审理案件，不如说他仅仅被允许从事民间调解而已，其角色与一名地保并无二致。

至于华葡之间发生的命盗重案的司法管辖权，则被清朝统治视为威慑"外夷"的重要政治手段而倍加重视。葡人对于此类案件司法管辖权的公开要求或暗中破坏，往往会遭到官府的申斥甚至是严厉制裁。葡人曾于乾隆五十七年（1792）递交声请，要求拥有对华葡案件

---

① 此系 19 世纪时居住在澳门的瑞典人龙斯泰所做的描述，见氏著《早期澳门史》，第 79 页。

② ［瑞典］龙斯泰：《早期澳门史》，第 80 页。

③ "亭上"，指修建于澳门城内的议事亭，系议事会议事的场所，也用作华葡双方在澳门办理交涉事务、解决纠纷的场所。

④ 《东波塔档》，第 810 号。

的裁判权，香山县当即予以申斥："据禀请：除人命大案禀县定夺，其余汉人倘有过犯，尔等能行责罚。等语。查华夷自有攸分，冠履不容倒置。尔等西洋夷人世居内地数百余年，践土食毛，与齐民无二。遇有犯罪，原可照天朝法律惩治，然我大皇帝犹复重念尔等究系外夷，除人命至重，杀人者抵偿外，其余军徒杖笞等罪，均听尔等自行发落。岂尔等夷人反可管束华人擅加责罚耶？华人如有过犯，自应有地方官问理，尔等未便干预。"[1] 若葡方法官或理事官擅自拘审华人，藏匿疑凶，或有其他干涉官府司法管辖权的行为，轻则受到训斥，重则拘押至县衙受审，示以刑威。对于更严重者，则断绝葡人水粮供给直至出兵震慑。通过这些手段，清朝一直在根本上控制着澳门涉外案件的司法管辖权，直至 1848 年。在这一前提下，统治者也曾对涉及葡人案件审理的某些程序环节做出变通，作为朝廷对葡人格外开恩的表示，以期达到"上申国法、俯顺夷情"之效果。[2] 比如，葡人囚犯可就近关禁在澳门城而不必押解赴省，葡国神父可以按照宗教习俗，对身为基督徒的死囚举行临刑祷告，等等。

二　十三行体制下的省城模式

清代外国人在广州府的主要活动区域，除了香山县境内的澳门以外，还有省城一带，即广东首府驻在地广州城及其周边附近地区，主要包括番禺、南海两县的辖区。其中番禺县管理广州城东半部，境内有停泊外国船只的黄埔；南海县辖广州西半部，内有外国人居留广州的商馆（夷馆）区。清朝对于省城外国人的日常管理以及涉外司法运作，大多是借助中外商贸机构来实现。在清朝统治"以商制夷"的外交思路支配下，中外商人组织在广州涉外案件的处理过程中扮演了较

---

① 《东波塔档》，第 810 号。
② （清）印光任、张汝霖：《澳门纪略》，卷上，《官守篇》。

为特殊的角色，尤以十三行及"公班衙"最为典型。

1. 十三行的政治职能及其在涉外司法中的角色

唐宋时期，经营对外贸易的机构为官方机构市舶司。至明代，这种体制已逐渐不适应对外贸易的发展。明代中后期，广东对外贸易中出现了官设的牙行组织，"按有明一代，对外贸易盖以官设牙行为媒介……万历以后，广东有所谓'三十六行'者出，代市舶司提举盘验纳税，是为'十三行'之权舆"①。后来，十三行贸易中介人角色逐步转为直接从事对外贸易的官商组织。清朝康熙二十三年（1684）以后，由于台湾郑氏集团的覆灭，以及东南沿海抗清势力的逐步肃清，清朝分设江、浙、闽、粤四海关，开海贸易。为了在开放对外通商的同时严申"华夷之防"，官府便招徕民间商人承充行商，垄断对外贸易，不许一般百姓直接与外国人进行贸易往来。十三行包括经营对内地贸易的"金丝行"及经营对外贸易的"洋货行"，故常被称为"洋商"。根据清初体制，每一艘外国商船只能与行商进行交易，"外洋夷船到粤贸易，言语不通，凡天朝禁令体制及行商课税均未谙晓，向设行商代为管理，由来已久。后有行商内有资本微薄纳课不前者，乾隆十年经原任督臣策楞管关任内，于各行商内选择殷实之人作为保商，以专责成"。②保商制度确立后，民间商人须经"保商"出保才能充任行商。另外，"保商"还要对外国商民在粤一切活动的合法性提供担保，并承担连带责任。保商制度实为传统保甲机制在外贸管理体制中的应用。梁嘉彬指出，十三行"始则纯属评定货价、承揽货税之商业团体，继乃兼及外交行政"。③由于统治者向来视通商为"制夷之策"，作为垄断对外贸易的十三行，自然被赋予各种政治职能，成为官府间接管理并监控外国人的

---

① 梁嘉彬：《广东十三行考》，广州：广东人民出版社1999年版，第24页。

② （民国）故宫博物院文献馆《史料旬刊》，第四册，《乾隆二十四年英吉利通商案》，《新柱等奏现在查办李永标折》，1930—1931年印行。

③ 梁嘉彬：《广东十三行考》，第45页。

媒介和工具。地方官在处理涉外审案件的过程中，又赋予行商各种辅助性责任，确保对外国人的司法管辖权力得以实现。

图1—3 广东十三行景象

清代前期，凡外国商船来粤，须先停泊于澳门。经海关监督丈量后发给许可，由官府指派引水人引入黄埔，先起走船上炮位，待贸易完成后交还。在商船大班、二班与海关监督和副监督会面后，暂留十三行为其准备的商馆（夷馆）居住，静待监督之命。等监督批准交易后，大班、二班与十三行行商协商货价，再由行商包揽代交出入口货税。① 外国商船春季来粤贸易，秋季返回，"即间有事住冬，亦在澳门居住"。乾隆二十四年洪仁辉事件发生以后，朝廷为避免再起外交纷争，颁布《防范外夷规条》，重申例禁，不准"夷商

———————————

① 梁嘉彬：《广东十三行考》，第78页。

在省住冬"，① 直至道光十一年（1831）粤督李鸿宾奏定颁布的《防
范夷人章程八条》中才稍有放宽。② 与此同时，十三行对外国商民的
监管职能也在不断强化之中。依清朝惯例，对于留驻外国商民的夷馆
区，"开辟新街一条，以作范围。街内两旁，盖筑小铺，列市其间，
凡夷人等水梢等所需零星什物，以便就近买用，免其外出滋事。其新
街及总要路口俱派行丁数十名，常以把守。一切夷人行走概不许越出
范围之外"③。严禁一般百姓与外国商民的私下接触，外国人的一切日
常活动，均责成行商及通事实施监控，"将夷商及其随从之人姓名报
明地方官……查核，勿许汉奸出入夷馆，结交引诱……其前后行门务
拨诚实行丁加谨把守，遇晚锁锢，毋得纵令番厮人等出外闲行。如夷
商有置买货物等事，必须出行，该通事、行商亦必亲自随行。如敢故
纵出入，滋生事端，以及作奸犯科，酌其情事重轻分别究拟"④。乾嘉
以来，由于来华从事贸易的外国商民不断增加，各类华夷纠纷、争讼
明显增多，官府被迫一再强化对中外商民的隔离政策，严禁中外商民
私下往来，禁止外商与华人之间私相借贷，禁止外商私自雇用华人服
务；规定外商馆舍所需的各类日常物资供应，均须由行商提供担保的
买办负责代购。"夷馆"内所需日常杂役也由买办代为雇用，且人数
上有严格限制。道光十五年（1835）新颁章程规定：每间外国商馆，
无论居住的外商人数多少，仅限雇看门人1名，挑水夫4名；每名外
商限雇看货夫1名。同时，这些服务人员要经过买办、通事以及行商
的层层担保后才能充任，最后，由行商负责将役馆中的服务人员"按

---

① （清）梁廷楠：《粤海关志》，卷二十八，《夷商三》，乾隆二十四年《部覆两广
总督李侍尧议》。该章程内容参见书后附录。

② （清）梁廷楠：《粤海关志》，卷二十九，《夷商四》，道光十一年二月《两广总
督李鸿宾、监督中祥疏》。

③ 许地山译：《达衷集——鸦片战争前中英交涉史料（A collection of letter writings,
appeals and ordinances)》，《行商覆李抚台禀》，上海：商务印书馆1931年版，第140—
141页。

④ 《史料旬刊》，第九期，《乾隆二十四年英吉利通商案》，《李侍尧折三》。

月造具各夷商名下买办人夫名籍清册，送县存案"。① 官府希望通过建立这种连带担保责任机制，强化对外国人的监控力度，"层递钳制，如有勾串不法，唯代雇保充之人是问"，② 希望以此减少中外商民之间发生纠纷，杜绝外商与所谓"内地奸民"可能出现的串通违法活动。

　　除了对外国人的日常管理，行商的另一重要职责是作为地方官与外商之间沟通信息的中介，包括代替外商向地方官递交呈词，传达官府对外商的政令法规，以及送达官府拘审外国人的传票。③ 根据清代制度，外商到达广东以后，只有办理贸易中各项例行事务时，才可直接面见粤海关监督进行接洽。除此以外，其他所有华洋交涉事项，均须通过十三行商人来办理，一般不许外国人直接面见清朝方面的官员。乾隆二十四年（1759），英国东印度公司贸易大班洪仁辉上书控诉广东海关监督李永标贪赃腐败、盘剥外国商旅，此举触怒乾隆皇帝，洪仁辉被关押 3 年，华人刘亚匾因帮助洪仁辉翻译诉状被处死。事件发生后，朝廷下令严禁普通百姓与外国人往来④，外商对官府的诉求必须由十三行转达，不准直接赴官府投递呈词。一旦违犯例禁，不仅外国人要受到制裁，其保商也要受到严惩。⑤ 这项惯例后被纳入 1831 年颁布的《防范夷人章程八条》，其中规定："嗣后遇有事关紧要必须赴总督衙门呈控者，应将呈词交总商或保商代递，不准夷人擅至城门口自投。倘总商保商执意阻拦，不为代递，至夷情不能申诉，方准夷人携禀前赴城门口。"⑥ 道光十五年（1835），官府在新章程中

---

① （清）梁廷楠：《粤海关志》，卷二十九，《夷商四》，道光十五年正月《两广总督卢坤、监督中祥疏》。

② 同上。

③ ［美］马士：《东印度公司对华贸易编年史》，卷三，区宗华译，广州：中山大学出版社 1991 年版，第 376 页。

④ （清）梁廷楠：《粤海关志》，卷二十八，《夷商三》，乾隆二十四年《部覆两广总督李侍尧议》。

⑤ ［美］马士：《东印度公司对华贸易编年史》，卷四，第 185 页。

⑥ （清）梁廷楠：《粤海关志》，卷二十九，《夷商四》，道光十一年二月《两广总督李鸿宾、监督中祥疏》。

更进一步规定，"凡夷人具禀事件，一律由洋商转禀"，外国人"不必自具禀词"①，原因是"外夷与中华书不同文……不谙体制，具禀事件，词不达意……妄用书信，混行投递，殊乖政体"。传统官僚政治体制下，下级对上级的禀帖、呈词的写作，无论从称呼、抬头、起承转合以及语气等各方面，均要遵循严格的程式和要求，以体现上下尊卑的关系。根据有关研究，清代文书写作中，仅"抬头"一项的讲究就有"平抬"、"单抬"、"双抬"、"三抬"、"四抬"等繁多的名目。此外，还有复杂的"避讳"制度。甚至连书写用纸的外观乃至折叠的方式也多有讲究。这些纷繁复杂的形式在根本上体现了古代政治体制中的等级精神。② 由于西方人对此并不了解，所写的呈词每每触犯官僚忌讳。因此官方不许他们直接向衙门递交信函、呈词，而规定外商的呈词要经过保商转交，目的就是由保商对呈词进行再加工，以期符合官府的口味，维护等级制度的尊严。保商则常常将呈词的代笔、翻译、呈递事务交给由其提供担保的"通事"（翻译）具体办理。

　　总而言之，在清代前期，十三行除了经营对外贸易，还负责对外国商民一切日常行为的监控。同时，作为"保商"，他们要对外国人行为的合法性负担保证责任，"外人有犯法者，如杀人，如掳掠，如走私漏税，皆惟行商是问"③。当有外国人触犯法律时，行商须承担连带责任，这首先体现在行商对外商的具结担保制度中。清前期的广州一带，外国商船船员、水手与当地百姓之间的冲突时有发生。每当出现外国船员杀伤华人事件，为迫使外国商船交出案犯，官府在采取暂停贸易、扣押船只等措施的同时，还利用行商向外国人施压，要求保商对外国人交出案犯一事提供书面担保。嘉庆十五年

---

　　① （清）梁廷楠：《粤海关志》，卷二十九，《夷商四》，道光十一年二月《两广总督李鸿宾、监督中祥疏》。

　　② 相关内容可参见雷荣广、姚乐野《清代文书纲要》一书的研究，成都：四川大学出版社1990年版，第11—27页。

　　③ 梁嘉彬：《广东十三行考》，第205页。

（1810），广州百姓黄亚胜（黄阿胜）被东印度公司下属一艘商船船员刺伤后死去，官府责令公司管理广州贸易的"特选委员"会交出凶手[①]，同时要求行商对此提供担保。于是十余家行商共同具结如下：

> 具结洋行商人十家，今赴大人台前，结得缘民人黄亚胜身死一案，现喇佛回国确查有姓嗖哝之凶夷，得有回信，即当据实禀明，不敢徇庇，所结是实。嘉庆十四年九月十六日结。[②]

行商在出具担保之后，如果外国商船不能及时交出案犯，其保商便难逃牢狱之灾，遍尝刑讯之苦。这在嘉庆十二年（1807）的"海王星号"案、嘉庆十五年（1810）"黄阿胜"案，以及道光元年（1821）"德兰诺瓦"案的处理中均有体现。[③]总的来看，这一措施没有为案件的依法解决带来积极效果，却为司法中不法官员趁机勒索行商、贪赃枉法创造了良机。据当时的外商称：

> 给每船指定一个保商的制度，实际上对公司没有产生特别重大的保证；我们确信无疑，这只不过是中国政府的一种计策，无论何时，一遇我们船上犯有些微的不法，即以其作为一种有力的勒索根据，勒索不是按罪行的大小，只是以行商的财富如何，而对那些最有支付能力又最肯出钱的保商，中国人则更加予以欺凌和攻击，假如我们的人对这样的欺凌予以反抗的话。如有凶杀案发生，官员调解的困难是看保商的富有程度而增加；此事可以1807年希恩的事件（即"海王星号"案）为例，当时茂官是一

---

① "特选委员"即 Selected committee，当时任主席的是 Robert，汉译为"喇佛"。
② 许地山：《达衷集——鸦片战争前中英交涉史料》，第 120 页。
③ 有关情形参见［美］马士《东印度公司对华贸易编年史》，卷三，第 39—40 页"海王星号"案、第 121 页"黄阿胜"案；同书卷四，第 15 页"德兰诺瓦"案的处理情况记录。

位最富有的行商，因此诱使官员处理此事比其他同样的事件的时间拖长。①

外商的言论反映出行商在涉外司法中的实际地位及处境。"保商"实为官府强加给行商的政治职能，他们不是要为交易安全提供担保，而要为外国人在广州的日常行动提供合法性担保，以上所引具结字据是落实这种保证责任的一种形式。然而，保商们被强加以各种沉重的政治职责，却没有被赋予相应的政治权力或强制力作为履行保障。一旦履行受阻，立刻将面对官府的严厉惩罚及贪官污吏的无尽勒索。"对外贸易不需要任何一家行商去担保外国船只，因为关税以现款交付，担保的理由已不复存在；而且因为保商不能真正按照法律的要求控制外国人的行为，只是协助海关关吏制造借口并索取钱财"②，这在广东涉外司法领域中的表现十分突出：保商为了维持与外商之间的正常贸易运转，减免自身的责任，免遭刑狱折磨，只得对官府极力讨好孝敬，奉献大笔贿赂。保商孤立无援的处境迫使其千方百计调和各种纷争，以求尽快平息事端。同时，广东在清前期的外交舞台上扮演着举足轻重的角色，"华夷交涉"事务又事关"华夷大体"而备受最高统治者的重视。正是因为这一原因，广东省上至一省督抚大员，下至府县官员，都曾因处理华夷交涉不善而遭到贬斥、革职，甚至受到流、配、充军等处分。由此，广东地方官在处理华夷纠纷时往往表现出两种极端倾向：对于已经被皇帝知晓及受到各国商民普遍关注的事件，地方官往往大张旗鼓，大作声势，极力表现以期上下邀宠；对能够操控于一己之手的事端，则竭力姑息调和，大事化小，避免危害到自身的政治前途。因此，他们极力禁止外国人私递呈词及越级申诉，不遗余力地强化行商对外国人行动的监控职能及担保责任，避免因外国人单方行为导致事

① ［美］马士：《东印度公司对华贸易编年史》，卷四，第12页。
② 同上书，第220页。

态的扩大，或者被皇帝知晓而祸及自身。在这种情况下，行商的和解方案，不仅正中其下怀，行商奉献的大笔贿赂进一步刺激了他们的贪欲，徇私枉法的行径层出不穷。以至于在发生了与外国人有关的刑案时，"政府官吏宁可向保商、买办等等勒索金钱，而不采用那些对他们一无所获的严厉办法，他们的贪污就成为外国人安全的所在"①。处理华洋案件由此成了官府勒索行商的惯用借口，行商苦不堪言。例如，到嘉庆十二年（1807）时，行商茂官个人财产一度曾经达到500万两白银，但很快便因为在"海王星号"案中斡旋、打点各级官吏而"耗尽了他的财富"②；嘉庆十五年（1810），官府又借审理"黄阿胜"案之机，向茂官、浩官、人和、章官等众家行商勒索钱财；③ 嘉庆二十二年（1817年5月间），美国商船"沃巴什"号商船水手与广州本地百姓发生群殴事件，官府借故向伍浩官等3位行商勒索白银达16万两④；道光元年（1821），广州发生英船"土巴资号"船员与当地百姓群殴致数名百姓死亡案件。由于英方持强硬态度，拒绝交出案犯，其船员未受到任何制裁。5年之后，新任粤省总督又借故重审此案，但目的不在于追捕凶犯，而是通过唆使死者家属指控行商在早年审判时作伪证，以致纵脱凶手云云，逼迫伍浩官等行商"付出巨款，才能自拔"⑤。除茂官外，怡和行行商伍浩官财富位列众行商前列，曾达到2600万元之巨。"元"乃是清前期流通于沿海省份的西洋银元的面值单位。根据马士提供的数据：19世纪这类银元与银两的比值约为100元＝72两白银，由此可粗略推算出该行商在当时坐拥1870多万两白银的巨额

---

① ［美］马士：《东印度公司对华贸易编年史》，卷二，第382页。

② ［美］马士：《东印度公司对华贸易编年史》，卷三，第44、46页。

③ 同上书，第122页。

④ 同上书，第317页。

⑤ ［美］马士：《东印度公司对华贸易编年史》，卷四，第20页、第30—42页、第63页、第139页。黄亦通具控情形参见故宫博物院辑《清代外交史料（道光朝）》，台北：成文出版社1968年影印本，第53—68页阮元所上奏折。

财富。① 不法官吏对于伍氏一家的财富垂涎已久，每每虎视眈眈，俟机勒索。每一次处理涉外案件都意味着一次索贿的良机。当时有外商指出：

> 这位行商的巨大财富吸引政府贪婪官吏的注意，船上职员或水手对这个国家的口岸规章和律例的极轻微和无意的违反，由于他是担保后者的行为正当的，这样就被借口使他受到政府的严厉处罚，而他的天生畏怯和急于避免争论，这更提供了方便……在这种情况下，不可能说出政府贪婪官吏实行他们的处罚会达到何种程度。②

为了避免受到无休止的勒索，伍浩官（伍秉鉴）也曾多次试图退出行商队伍，以保护自己的财富不受官吏勒索。至道光六年（1826），在付出巨大代价后，他的退休申请暂时得到批准，"而他用来购得广东海关监督核准他的退休（此时会被上级当局随时撤销）的款项据说为5000000元"③。虽然各家行商的财富多寡不同，但他们往往与浩官追求相同的目标，即在致富以后急流勇退，以期不再受到官府勒索，确保个人财富的安全。外商将浩官的请退行为归结为其个性使然：称其"天生怯懦……不适宜于与一个专制和腐败的政府抗争，所以在很多事例中，他就成为他们巨

---

① 关于伍氏财富数额的记载参见〔美〕亨特：《广州"番鬼"录》，广州：广东人民出版社1993年版，第37页；另参见朱杰勤：《中外关系史译丛》（北京：海洋出版社1984年版）所载S.格林比：《清代广东十三行行商伍浩官轶事》的介绍：伍浩官于道光二十三年（1843）在广东逝世，尽管他"生前耗财无算"，但死时所余遗产尚值2600万元，该书第329页。至于马士提供的银元比值数据可参见《东印度公司对华贸易编年史》，卷二，第363页。

② 〔美〕马士：《东印度公司对华贸易编年史》，卷四，第159页。

③ 同上书，第140页。说明：伍秉鉴系伍受昌、伍崇曜之父，该父子三人均曾为怡和行首，且同称为"浩官"。清代广州十三行行首有时几代人传承同一称号，以便于同外商往来贸易时传承其字号一贯的商业声誉和信用口碑。

额勒索的牺牲者"。①客观地说，"天生畏怯"非伍浩官独然，这是所有行商
乃至当时整个官商阶层的群体性格特征。这一社会群体拥有大量财富但缺
乏独立的政治地位以及相应的权力。因而，在面对官府的逼迫与勒索时，
行商无力抗争，唯有巴结逢迎，在外商与官府之间疲于奔命，在双方讨价
还价中充当政治皮条客。以前述"黄阿胜"案为例，英国疑犯逃跑后，广
东地方官一度扣押英方商船，强硬地要求其要出案犯。行商从中行贿打
点，并向总督提出了一个所谓"非正式"的解决方案，据英商称，这项方
案的内容就是："说明由于提出证据的性质，以及由于我们地位而产生的
审讯方法的限制，所以无法查出哪位是被疑为曾经杀害黄阿胜的人，因
此，请求允许船只开行，假如以后举行审讯，说明罪犯是船上的人时，则
必将按照我们的法律，予以应有的惩罚。"②类似的所谓"非正式"的解
决方式，一再出现于清前期广东地方政府的涉外司法活动中。行商的所作
所为无非是为了求得自身的安全与贸易的正常进行，但在西方人对抗及破
坏清朝司法管辖权力的过程中起到了推波助澜的作用。就现有资料来看，
除"休斯夫人号"案（1784）与"德兰诺瓦"案（1821）以外，广东地
方官所处理的大小案件，尤其是关于外国人杀死中国百姓的命案，大多没
有严格执行皇帝的意旨与当时的司法惯例，清朝对外国人的司法管辖权力
屡遭破坏，其中也包含着行商的一份责任。

2. "公班衙"的名与实

在有关清朝对外通商与政治往来的官方档案中，"公班衙"一词
频频出现。"公班衙"是英文单词"company"略含粤语音素的中文音
译，company 今为"公司"之意。③16 世纪以后，荷兰、丹麦、法国、

---

① ［美］马士：《东印度公司对华贸易编年史》，卷四，第 140 页。

② ［美］马士：《东印度公司对华贸易编年史》，卷三，第 121 页。

③ 根据目前所掌握的资料显示：鸦片战争前，清官府对于 company 的称谓一直沿用
音译"公班衙"一词，直至 1830 年代，清朝官方公文中才开始出现"公司"一词，见
《粤海关志》，卷二十九，《夷商四》，道光十一年《两广总督李鸿宾、监督中祥疏》，（即
本书附录《防范夷人章程八条》之第七条"该国公司大班夷商"等语）。

图 1—4　19 世纪的东印度公司伦敦总部

瑞典、英国等许多西方殖民国家先后出现了以"东印度公司"为名，垄断本国对华贸易的商业性组织。其中，无论以对华贸易总量还是持续通商时间长短而论，英属东印度公司都属佼佼者，其在华留驻的英国商人及船员、水手也更多。正由于此，清代涉英案件及外交冲突更是居于首位。英属东印度公司在华贸易初由各商船各自经管，至 1731 年，公司在广州成立了由该公司名下各商船大班（supracargo）联合组成的管理委员会（council）来管理在华商务。① 至 18 世纪晚期，又出现了另一个管理机构，即"特选委员会"（selected committee），由众位大班中遴选出少数资历较高者所组成。大班是受雇于东印度公司，负责公司名下各条商船营运事务的高级商务主管，分为数个等级，即所谓"大班"、"二班"、"三班"，等等。他们最初只是从公司领取定

---

① ［美］马士：《东印度公司对华贸易编年史》，卷一，第 202 页。在四口通商时代，东印度公司在其他三个通商口岸也设有类似的管理机构。

额佣金，其角色类似于今天社会中的职业经理人。18世纪以后，他们多以个人名义投资公司对华贸易，许多人获得了公司股东的身份。①

在官府看来，"公班衙"既为"衙门"，大班自然是"官差"，理应承担管理本国商民的责任。一旦发生华夷争讼案件，公班衙及其大班通常被要求履行种种责任，主要包括以下两方面的内容：

其一，官府要求"公班衙"在司法过程中负有协助责任。官府要求英属东印度公司对在华的英国侨民行使日常管理，当发生侨民违犯清朝法律的情况，公司须按照要求向官府提供追捕、关押及移交外国逃犯等司法协助事务。而后者辩称其为商业机构，不享有此类外交权力，双方由此争吵不休。其中，对于英国散商、私商的商船，以及对英国军舰的管理权归属尤其成为争吵的焦点，清政府坚持称"公班衙"有针对这些对象的监督管理权，后者则坚决予以否认。

英属东印度公司成立后直至1833年止，曾获准长期垄断本国对华贸易。但从17世纪中叶直到19世纪中叶为止，印度、东印度群岛等英属殖民地与中国之间的散商贸易从未中断，经营此类贸易的商人被统称为"港脚商"，他们有的来自英国本土，有的是印度本地商人。他们要想经营私人对华贸易，则必须先向东印度公司购买许可权。②与此同时，中英之间的私商贸易也长期存在，这些私商亦需从东印度公司手中购买定期执照。清前期的散商和私商投机活动相当活跃，由于他们之间互不统属，活动分散，官府疲于管理及查禁，于是干脆要求东印度公司代劳，后者却坚称："他们对有关公司船只的各种事情，都可以负责，但他们无权去保持散商船只或私商的秩序。"即是说，港脚商人不是东印度公司成员，他们无权直接管理。③官府对其回答十分不满，认为"公班衙"有意推卸责任："尔等既称大班、二班，

────────────

① ［美］马士：《东印度公司对华贸易编年史》，卷一，第65—76页。

② ［英］格林堡：《鸦片战争前中英通商史》，康成译，北京：商务印书馆1961年版，第9—10页。

③ ［美］马士：《东印度公司对华贸易编年史》，卷二，第387页。

尔国王派尔等来料理公班衙船事务，就系尔国王差来做买卖的人，你
们尚且要管束他，哪有港脚船的夷人倒不听你们的说话？……不能约
束港脚的夷人，要你大班人等住在澳门何用？"① 每当港脚商、私商船
只出现违犯法规，官府便会用停止贸易、扣留商船等措施对该公司管
理会施压。后者在提交董事会的报告中一再抱怨："散商船每日都有
些不法行为；不遵守他们的法令和损害他们的尊严……当事态扩大到
不可收拾时，公司就要负责；不知这种做法，是他们的政策，或是真
的不理解严格隶属的观念；他们不会相信，每个来此的英国人，不是
由一个头目管理的。"② 话虽如此，管理层也清楚，在这一问题上与官
府发生争执不仅毫无意义，还"会产生极其不良的后果，这无异于指
示中国人叫管理会人员和私商一起离开中国。因为在他们看来，两者
都是讨厌的人物，他们亦不会分辨两者之间的异同"③。事实上，明清
时代的官府常常连西方人的国别都常常混为一气，更不用说详细区分
公司与私商的关系。面对这种情况，管理会的大班们为了维护本公司
的利益，只有顺从官府的意思，设法干预散商们在华的日常活动，但
却屡屡遭到"侨居中国的'自由'英国人的反对，他们反抗任何管束
他们的办法"，拒绝签署"服从委员会全部命令的刑事保证书"④。东
印度公司能做的就是利用贸易地位上的优势迫使散商们缩短逗留广州
的时间，尽早回国，避免节外生枝。直至 1833 年以前，东印度公司一
直凭借英国王室的特别许可独自垄断对华贸易，散商们只能从其手购
买定期许可证，才能从事对华贸易。此时这种许可便成了管理会要挟
众散商的砝码，首先是不准"英籍私人"常年留居中国，但收效不
大。管理层承认，公司"年复一年地下令要他们离开，但他们按例以

---

①　许地山：《达衷集》，第 130 页。

②　[美] 马士：《东印度公司对华贸易编年史》，卷二，第 388 页；卷五，第 599
页。

③　[美] 马士：《东印度公司对华贸易编年史》，卷五，第 599 页。

④　[美] 马士：《东印度公司对华贸易编年史》，卷四，第 365 页。

似是而非的理由一再留下来，或者索性拒绝服从这个命令"。① 面对散商们的软硬兼施，东印度公司没有其他办法，散商的不法活动，诸如偷漏税、走私，甚至海上抢劫活动等，始终没有得到有效遏制。其次，利用检查散商贸易执照来实施约束，同时要求行商"对今后驶入黄埔的悬挂不列颠旗帜的散商船只，不要承保，除非你们已收到我们授权这样做的训令"。② 与此同时，东印度公司还向本国议会要求"授予他们管理不列颠臣民和驶来中国船只的权力"。③ 但作为商业机构，它毕竟不能代行国家外交或司法机关的权力。18 世纪末叶，英国特使马戛尔尼在出使清朝前夕，曾接到国王乔治三世的训令，要他争取在两国之间建立互设常驻使节的外交体制，并争取到使节对该国在华侨民的警察管理权及司法权，"因为公司大班的行动有所限制，是不能执行惩罚的"。④ 只是由于马戛尔尼使团与大清朝廷之间因外交礼节问题不欢而散，这一设计好的请求也付诸流产。

与围绕管理英国散、私商人问题的争执相比，围绕东印度公司对英国军舰是否享有管辖权问题的争执更为激烈。在其间发生的各类案件中，嘉庆四年（1799）的"天佑号"事件尤为典型。乾嘉时期，闽粤一带洋面海盗盛行，往来商旅深受其害，英国政府遂派军舰为本国商船队护航。清朝规定："商船准其进口，在黄地方；兵船则在澳门外洋湾泊，不许擅入。"⑤ 外国兵船到粤后，须停泊于澳门一侧伶仃洋碇泊所，不许驶入珠江口。⑥ 兵船与省城之间的物资及人员往来须通过小型船只运输。1799 年 2 月 11 日，一艘由英国军舰"马德拉斯"号所属的小型驳船替东印度公司运载贸易资金到达黄埔码头，准备交

---

① ［美］马士：《东印度公司对华贸易编年史》，卷二，第 388 页。

② ［美］马士：《东印度公司对华贸易编年史》，卷四，第 371 页。

③ 同上书，第 370 页。

④ ［美］马士：《东印度公司对华贸易编年史》，卷二，第 536 页。

⑤ （清）梁廷楠：《粤海关志》，卷二十六，《夷商一》。

⑥ 分别见《史料旬刊》，第三期，《嘉庆朝外洋通商案》，《军机处奏片五》；许地山《达衷集》，第 181—183 页；另见马士《东印度公司对华贸易编年史》，卷二，第 645 页。

付商馆代表。当日夜间，该船警卫发觉有人企图割断该船缆绳，开枪射击，据称有一名当地百姓受伤后死去。① 官府一如既往地要求东印度公司负责将肇事者交出受审。该公司驻广州特选委员会主任霍尔试图与该"马德拉斯号"舰长迪尔克斯交涉时，遭到对方拒绝。迪克尔斯认为，军舰是王权的代表和象征，作为商业机构的东印度公司无权管辖，应该"将争论留给英伦国王和中国皇帝"，"他肯定地认为，当前的争论完全属于皇家船的，所以解决这一问题，当然是他本人与这个政府之间的事"。② 公司管理层对此十分清楚，但迫于官府在贸易上施加的压力，故未就此罢手。他们与行商共同召开会议，再次试图干预。迪尔克斯则再次表示："为了公司大班而要他下令将他管辖下的人交出来，对他来说是不合理的……他也不会将这个问题向任何人进行解释，除非他是代表办理此事的政府官员——出席的各位先生，全是商界的——而他作为国王的一位官员，是不能屈从于他们的干预或调解的。"③ 面对舰长的强硬态度，官府再一次以停止贸易相威胁，行商与特选委员会则往来奔波调解，充当说客。经过一番讨价还价，双方达成解决方案：舰长须先交出肇事者，官府在举行完一次虚张声势的会审之后，找借口将其释放了事。④ 如此一来，既让官府保存了一些"颜面"，又使该肇事者免于制裁。非此案独然，当时还有许多类似案件就是在这样的讨价还价中一一了结。

其二，官府要求"公班衙"对于其本国在华商民的不法行为负连带责任。一旦有外国人犯法而无法查获，官府便会切断公司所属商船、商馆的给养供应，直至断绝与外商的所有贸易往来，以逼迫后者听从差使，配合官府缉拿案犯；在不能及时抓获外国案犯的情况下，公司必须交出其他外国人抵罪。1784 年的"休斯夫人号"事件中，乾隆皇帝明确表达了这种态度，详情参见本书第二章。对于涉外司法中

① ［美］马士：《东印度公司对华贸易编年史》，卷二，第 646 页。

② 同上书，第 648 页。

③ 同上书，第 649 页。

④ 同上书，第 646—652 页。

的连带责任机制，本文将在第五章进行专题分析，此不赘述。

　　总的来说，清朝官方在对英交涉中将东印度公司视为类似衙门的机构。究其原因：首先，当时中国的经济与制度环境下，不可能存在从经营模式、法律地位及社会功能方面能与西文"公司"概念相匹配的经济组织形态，在此之前的汉语语汇中，也缺乏与"company"完全对称的中文译名，将它译为"公班衙"，符合人们在官本位体制下形成的思维习惯；其次，清朝统治者始终拒绝与外国建立对等外交关系，互派常驻外交机构。但是，广东地方政府却时刻面临着大量琐碎的对外交往事务。基于种种现实需要，官府希望西方人能提供某种相应的机构来实现职能的对接与对话，于是将公司作为一种"准衙门"机构来对待，在一定程度上迎合了这一现实需要。清朝统治者一贯将对外贸易作为控制外国人的手段，所谓"广州制度"，就是以一种官商组织垄断对外贸易并兼职外交的制度体系，它集中体现了清朝融外交于通商的政策理念。就英国在亚洲的殖民活动来说，东印度公司在其中扮演的角色极为复杂，比如：它在英国对印度的殖民活动中扮演过关键性的政治角色，甚至组建军队，直接插手对印度的劫掠和统治；在英国对华往来中，东印度公司也曾经取得过某些贸易范围之外的特权，但其主要还是扮演着商业机构的角色。当然，无论扮演何种角色，东印度公司的地位和行径都不曾脱离大英帝国海外殖民策略的藩篱。其角色的差异在很大程度上取决于对手的强弱。18 世纪以来，英国殖民者在印度肆意掠夺时，恰好是印度莫卧尔王朝走向衰落、日薄西山之际。这时作为殖民先锋的东印度公司，一度充当起英帝国在印度进行殖民侵略的全权代表，其在当地的所作所为丝毫不见安于"公司"本分的迹象。[①] 然而，同时代的"中华帝国"正值"康乾盛世"，强大的声势使西方殖民者长期不敢造次。东印度公司只有老老实实地退守"公司"的本分，而非全面代行英帝国的政治外交权力，

————————

　　① 相关内容可参见汪熙《约翰公司：英国东印度公司》（上海：上海人民出版社 2007 年版）一书的有关介绍，此不赘述。

这与清朝统治者对"公班衙"的期望相去甚远。

3. "圣裁"与"会审"：官府对涉外案件的集体干预机制

由于省城一带的外国人并不像澳门那样与华人杂居。故而，诸如"雀脚鼠牙"之类的华洋纠纷在此表现并不显著，而命、盗重案在历史文献中的记载更为突出。由于此地系中外民商聚集的国际都会，任何交涉事件都有可能引起各方关注，由此显得十分敏感。故而，每起华洋案件的发生，往往都会牵动广东官厅上上下下的神经，直至震动远在北京的皇帝。

这里说的"圣裁"即皇帝直接干预案件的审理；这里所说的"会审"则是广东各级文武官员集体干预和审理华洋案件，尤其是较为严重的刑案。这样两种干预方式常常在一起案件的处理中同时出现。在清前期涉外司法领域，某些命、盗重案的处理结果往往引发外交问题，责任重大，地方官须时时向皇帝奏报。皇帝则常常指令各级地方官共同负责案件处理，使之相互监督，从而尽量减少司法过程中出现的贪赃枉法及有损天朝体制尊严的行为。

对于省城内发生的"华夷"纠纷，作为首府首县的番禺、南海县，必然是最先介入的一级衙门，作为一省首府的广州府正堂通常参与审理。由于最高统治者对于"华夷交涉"事务的重视，而省城又是督抚、各司、广州府等机构的衙署驻地，各级的长官往往对案件的审理表示关注，甚至直接干预，这具体要视案情的轻重、皇帝关注的程度，以及案件的社会影响而定。乾隆四十九年（1784）发生"休斯夫人号"水手鸣放礼炮误伤华人致死事件。在乾隆皇帝的直接干预下，此案的审理由两广总督兼巡抚孙士毅直接主持，南海县只是负责到"夷馆"传达谕旨、催交案犯等辅助性事务。"肯来商馆的官员品级是很低的，没有资格判决这种案件。所以他肯定要到抚院公堂受审"；[①]嘉庆四年（1799年3月），对英国兵船"天佑号"士兵射杀华人案的

---

① ［美］马士：《东印度公司对华贸易编年史》，卷二，第422页。

会审由广东省按察使、广州知府，以及南海、番禺两位知县共同组
成；① 嘉庆十二年（1807 年 2 月）发生英国商船"海王星号"水手与
当地华人聚众斗殴事件，造成一名华人死亡。官府先后组织了三次对
"海王星号" 52 名船员的会审，第一次和第三次会审均由广州府主持，
第二次会审改由广州府海防军民府同知直接主持。其中，参与第一次会
审官员有 7 位，其中包括府、县二级正堂，还有广州府海防军民同知，
粤海关监督也派员观审。② 道光元年（1821）美国商船水手德兰诺瓦
误杀当地民妇郭梁氏，对此案的第一次会审由广州知府、主管粮道的
广州府通判，以及南海、番禺两名知县共同主持。③ 如前文所述，广
州府海防军民同知于乾隆九年调驻香山县，兼管澳门华夷交涉事务；
作为广州府的佐贰官，按常规广州府海防同知和粮道通判不准干涉正
堂的职分，包括受理词讼，但这些职官却能够在涉外案件中担任主审
官员之一，体现出清代涉外司法体制的特殊性。一般来说，案件影响
越广泛，其处理过程中所受的干预就越多，司法主体的实际构成就越
复杂。在清前期广州开放对外通商的一百多年间，中外民商之间的词
讼纠纷时有发生，但能够引起各国关注的重大案件，"还不到一打"④，
省城的涉外案件中，至今见诸史料的，大多为外国船员、水手与广州
当地居民斗殴杀伤类的刑案，且大多是外国人杀伤华人的事件，其中
对于命案的记载尤为突出。即便在这些案件中，真正经过审判程序的
案件也只占少数，地方官基于多种利害考虑，常常从中调停，由行商

① ［美］马士：《东印度公司对华贸易编年史》，卷二，第 650 页。

② ［美］马士：《东印度公司对华贸易编年史》，卷三，第 40—48 页。根据马士书
中记载，此次审判共有 7 名主审官，包括当时的在任广州知府及其前任，南海、番禺二
县正堂，广州府海防军民府同知，另外两名主审官的身份未予写明，根据此前官府处理
此类案件的惯例，应为广东总督和按察使。该书第 41 页称，第一次审判发生在 4 月 8
日，第 48 页又称发生在 4 月 9 日，待考。

③ 《史料旬刊》，第六期，《道光朝外洋通商案》，《阮元奏审办伤毙民妇之夷船水
手折》。

④ ［美］马士：《中华帝国对外关系史》，卷一，张汇文等译，上海：上海书店
2000 年版，第 114 页。

或外商出钱收买被害人亲属，大事化小，私和了结。通观清前期的众多涉外案例，能够在司法中认真贯彻程序的完整性、实体原则的前后一致性、连贯性的实例确属少见，且多是皇帝直接插手司法运作的结果。许多案件最终不了了之，其中有来自行商和外商的原因，也有地方官的责任，但根本上应归因于清朝一贯奉行的通商兼理外交的体制，以及由它所决定的涉外司法的运作模式。

三　关于两种模式的比较与评价

唐宋时期，官府在广州等地的伊斯兰教徒聚居区域设立蕃坊，限制外国人的活动范围，对其实行集中管理。蕃坊所体现的统治理念，如张天泽所说："中国人的政策是给予集中居留各商港的外国人以某种形式的自治，但保留最后的权力。在不相冲突的情况下，允许外国人使用他们自己的法律、遵守他们自己的风俗习惯。除必要的以外，当局不会干预纯属外国人的事务。"① 统治者设立蕃坊，意在对外国人实行集中管理，便于控制，同时也最大限度地限制汉蕃接触，减少争端，体现了明"华夷之防"的精神内涵与价值取向。

明清时期不再设立蕃坊，朝廷管理广州一带涉外事务的具体制度安排和运作机制也有别于前代的蕃坊制度。但是，后者与前者所体现的精神实质与价值归宿是一脉相承的。不论在澳门还是在省城，官府囿于"华夷之防"的观念，不倾向于直接接触及管理普通外国人，而是在严格限定其活动范围的同时，指定某种中介或代理人来间接地推行官方的管理措施及统治意图。但统治者赋予这些代理者的职能角色与其实际职能之间在客观上存在错位，导致朝廷统治意志的执行屡屡不畅甚至落空。在省城，官府侧重于依靠"十三行"官商组织以及所谓的"公班衙"来贯彻对外国人的日常管理与司法管辖，这是清代融

---

① 张天泽：《中葡通商研究》，北京：华文出版社2000年版，第7页。

外交于通商的外交理念的集中体现。但这一体制的运作却面临着重重障碍：十三行的商人们往往无法完成清政府强加给他们的政治外交使命。基于自身利益的考虑，他们在官府与西方人之间实际充当着讨价还价的皮条客，甚至有时向官府行贿以助洋人脱罪；"公班衙"自称为商业机构，而官府却将其视为一官僚机构，从而要求其承担政治与外交责任。无论东印度公司的自我开脱与辩解是否属有意推托塞责，无论来自清政府的政治压力能否奏效，客观上，东印度公司并未适应这一"公班衙"角色。这是双方在司法运作问题上不断起争的直接因由，继而影响到清朝涉外司法管辖权力的贯彻落实。在澳门，官府主要借助于现成的葡人自治系统来实现类似目标，包括在司法方面的协助。在统治者看来，这种体制既符合"华夷之防"的理念，又能节省许多行政成本，似乎两全其美。实际上，这种体制却给葡萄牙人暗中窃取澳门治权，破坏清朝对澳门的统治创造了种种机会与理由。明清时期，为避免华人与葡人的接触，更重要的是为了杜绝基督教对华人的影响，官府将葡萄牙人圈管于澳门城内，不但严禁他们出城，还一度禁止华人进入澳门城内。[①] 这种管理模式的缺陷也很明显，明清官府所面对的早已不是7世纪的阿拉伯人。17世纪以后，西方民族主义随着殖民活动传播到世界各地。此时的殖民国家对领土主权的渴求远胜于以往所有"番夷"。当葡人带着这种意识来到澳门的时候，他们时刻不忘宣扬葡国王室的统治权威，有意将明清政府赐予的自治权力解释为该国在澳门享有主权，其自治系统的存在客观上为葡方挑战清朝对澳门的主权创造了种种有利条件。道光十一年（1831），澳门葡人就曾经向留居在当地的英国人宣称拥有对澳门主权，受到后者的冷嘲热讽："驻澳门城的中国民政长官，对葡萄牙当局颁发的通告，所用的字句是和中国政府对待本国子民一样，表示为'谕令'"，"以为

————————

①　（清）梁廷楠：《粤海关志》，卷二十八，《夷商三》，乾隆九年，《澳门同知印光任议》之"澳外民夷杂处"条；乾隆十四年《澳门同知张汝霖议》之"禁夷人出澳"条。

将澳门的主权送给葡萄牙国王，作为他帮助清剿海盗的谢礼的想法，只能是虚构，葡萄牙当局对于中国政府是处于从属地位，丝毫不敢违背总督或驻澳官员的意旨"①。尽管如此，清朝对澳门的管理模式已经明显不适应局势的变化，尤其突出地表现在涉外司法领域。入清以来，澳门逐渐形成了华葡百姓交错杂处的局面，各种纠纷也时有发生。中葡双方对于纠纷处理常常各执一词，龃龉不休。清朝地方官虽然一贯主张对华葡纠纷案件的管辖权，但明清政府没有制定出行之有效的制度以保障司法管辖权的落实，致其屡受葡人的破坏。乾隆朝任香山知县的张甄陶曾经明确指出：

> 澳门设有海防同知，专司弹压番夷，规制颇为郑重，其实事权不属，夷性桀骜如初，且未设此官之前，该地离香城窎远，一切事可已，夷汉各不生心，自设此官，专司澳务。其内地之法不得行于夷，而夷人之事皆得责于我，转之多事，又其驻扎衙门在前山寨，内离澳门地三十里，凡事不闻不见，不过委之驻澳县丞，此官几于虚设。虽有标后一百，把总二员，稽查夷船出入，其实夷船只由关部稽查，同知兵役不登船查验，不过依照关部禀报具闻而已。伏思澳夷之犯法负固，皆其夷目为之，与澳夷无舆，因澳夷但知有夷目而不知有天朝之官。②

由于清朝将葡人集中圈管于澳门城内，力图使之与外界隔离。这固然有利于官府对夷人的防范，但清朝地方官及官兵并不直接驻扎于澳门城内，也不在城中设置任何直属管理机构，而是驻扎在距澳门城三四十里以外的前山寨。地方官不直接面对和管理葡人，便无法及时了解城内葡人的各项举动从而及时作出反应。葡人时常利用这一点，在地方官一无所知的情况下施展暗中操作，使葡人罪犯屡屡逃脱清朝

---

① ［美］马士：《东印度公司对华贸易编年史》，卷四，第243页。
② （清）梁廷楠：《粤海关志》，卷二十八，《夷商三》。

法律的制裁，并以此作为葡人不受清朝法律管辖的口实。乾隆十三年
（1748）简亚二、李廷富案中，当葡人总督帮助两名葡人士兵脱逃死
刑之后，朝廷迫不得已，只能对这两名葡人作出改拟作流刑的空头判
决，实际上是宽纵了两名案犯。有外国人评论说："中国官吏宽恕了
两名被告，虽没产生任何实际后果，却保全了中国司法原则"，但由
于葡人总督根据其本国法律拥有对其本国士兵的特别司法管辖权，所
以他"请求议事会不要把中国官员的宽恕在城内公布于众。这样，在
自家内部，好像士兵不曾被判过刑"。① 就这样，葡人精心布局、暗度
陈仓的手段屡屡得手。不仅如此，他们还大肆贿赂广东地方官，"作
为他们默许违犯中华帝国政令和法例的报偿"，② 他们引诱地方官徇私
枉法，使之成为帮助葡人逃避刑罚制裁的保护伞。道光六年（1826），
一名葡人杀死华人严亚照并分尸，香山知县蔡梦鳞"听夷人言，挞尸
亲"，激起当地华人公愤，"澳民以夷人进贿哄然"，最终引起骚乱，
致使一名葡萄牙人被打死。③ 在上述简亚二、李廷富命案的审理过程
中，澳门同知张汝霖也在受贿后坐视葡人凶手脱逃。④ 每当葡人运用
种种手段规避清朝法律时，地方官要么手足无措，要么将葡人理事官
训斥一番，甚至将其押至堂前，以刑罚相恐吓。⑤ 当葡方拒交案犯，
公然对抗时，官府即动辄施以兵威、切断水粮给养。其策略之贫乏，
貌似强横，实则无力，葡人初无所措，久而不惧，清朝政府的种种强
硬手段也逐渐失去了威慑力。嘉庆八年（1803），葡萄牙摄政王若奥
（Principe João）颁发了一道法令，要求"杀人犯不得交给中国人，案

---

① ［葡］叶士朋：《澳门法制史概论》，澳门：澳门基金会1996年版，第43页。

② ［瑞典］龙斯泰：《早期澳门史》，第57页。

③ （清）祝淮、黄培芳：《新修香山县志》，卷四，《海防·附澳门》。

④ 关于简李命案见后文论述。对于张汝霖受贿枉法一事的详细考证见金国平《张
汝霖诈贿隐史》一文，收录于氏著《西力东渐——中葡早期接触追昔》，澳门：澳门基
金会2002年版。

⑤ （清）田明曜、陈澧等：《重修香山县志》，卷十二，《宦绩·彭翥传》（台北：
学生书局1985年影印本）便有这种记载，乾隆五十一年（1786），香山知县彭翥就因为
葡人理事官在解押葡人罪犯时不听号令而将其拘审，"且呼杖，夷目觳觫"。

件须由澳门市政当局审理。如果案犯根据葡萄牙的法律被定为有罪，就应判他死刑，由一名基督教徒的刽子手来执行，这一命令于1805年首次执行。"① 是年，澳门发生了一名葡人杀死华人陈亚连的案件，香山县连下十余道命令，要求葡方交出凶手，严禁葡方私自处死案犯，但最终未能阻止葡方的审判和执行。② 葡人自治系统的日常运作实际上削弱了官府在澳门的权威，一些有见识的地方官也曾针对这一情况，提出过各种对策，香山知县张甄陶曾奏请在澳门城内设立同知公馆一所，以便澳门同知不时下澳门，"往来居住，弹压番夷"③。这一建议的确得到推行，清代澳门官方档案中有许多澳门同知下澳门公干，指示葡人理事官"预备公馆伺候"的手谕。④ 每当文武官员下澳公干，"率坐议事亭上，彝目列坐进茶毕，有欲言则通事翻译传语"⑤。官府创设这项制度，其主观用意是要在日常接触中逐步增强葡人对地方官的了解与信任感，从而树立威信，"情即相习，爱戴自生，可使革心，何忧不率？是治之之策也"⑥。但后来的实践表明，这项制度并没有产生积极的效果，只是逐渐流于形式而已。

---

① ［瑞典］龙斯泰：《早期澳门史》，第80页。

② 《东波塔档》，第619—630号。

③ （清）梁廷楠：《粤海关志》，卷二十八，《夷商三》，张甄陶：《论澳门形势状》。

④ 《东波塔档》，第690—751号。

⑤ （清）申良翰、欧阳羽文：《香山县志》卷十《外志·澳彝》，康熙刻本。"通事"即为由官府指派或认可的翻译人员。

⑥ （清）梁廷楠：《粤海关志》卷二十八，《夷商三》，张甄陶：《论澳门形势状》。

第 二 章

涉外刑事审判的实体与程序

一 涉外刑案概述

1. 案件社会成因与类型

清代前期，广东是对外经贸往来的主要口岸，在广州、澳门居住、贸易的外国人口不断增多。尽管官府有各种限制，但华洋民间日常往来日益频繁，其间难免发生各类纠纷，也不乏刑事案件的发生。照例，当各国的商船在黄埔等待上货的时候，水手们就在广州有一个优游的时间。"在一个极长的海上旅程之后，登岸休假是加倍的甜蜜，并且岸上的各种诱惑也显示了无法抵制的吸引力。"① 长时间的海上航行通常使船员身心受到极大压抑。上岸后，他们大多迫不及待地寻欢作乐，放纵身心，丝毫不理会官府的禁令。酗酒狎妓，到处游逛是这些人在广州短暂逗留期间内的最大乐趣，"这就很容易使人想到，事故是会发生的"。有外国人形容说："在那里'生活就是打架，打架就意味着动刀'。"② 就清前期广州一带的涉外刑案而言，多数是当地百姓与外国船员、水手之间发生的人身伤害案，也不乏聚众斗殴致伤致

① ［美］马士：《中华帝国对外关系史》，卷一，第113页。
② 同上书，第114页。

死的情形。相比而言，澳门城内的情况有所不同，城内华洋居民杂处，日常往来密切，刑案的种类也更趋多样，无论是盗窃、斗殴，直至命案的司法案例均不乏记载。

2. 命案审判的特殊性

在发生于华、洋之间的各类刑案中，命案的处理尤其容易引起各方关注。无论古今中外，命案的裁判通常意味着较重的罪责。笼统地说，在中国传统社会的司法中，命案人犯所负的刑责一般仅次于"十恶"之类的政治性犯罪，且多为死刑。命案的审理、判决、复核以及人犯的勾决，通过一系列复杂的程序最终掌控在皇帝个人手中，作为天子执掌臣民生杀大权的权力象征，素来受到最高统治者的格外重视。就涉外司法而言，面对不服管束的西方各国"外夷"，统治者尤其将命案的审判作为威慑"外夷"的重要手段，从而采用了某些非常处理原则与程序，由此也招致了西方人的抵制和对抗。由于涉外命案的审理在当时的外交态势下显得相当敏感，在清代对外关系中处于十分关键的地位。故而，对有关问题进行详细的分析探讨，将更有利于理解中西关系发展演变的轨迹，也有助于理解清代涉外司法活动的价值取向和精神内涵。

二 "一命一抵"：涉外命案审判的实体性原则

无论在实体性还是程序性的制度安排方面，广州的涉外司法活动均呈现出鲜明特性。前者的表现如"一命一抵"原则的确立和运用，它的实施直接影响到死刑案件审判的诸多程序环节。另外，关于涉外案件审判过程中翻译的制度性安排，也在很大程度上影响着审判的走向，甚至可引起外交冲突。以下逐一进行探讨。

1. "一命一抵"的确立及实施

"一命一抵"原则在广州涉外司法领域的正式确立，最早始于乾隆八年（1743）澳门发生的陈辉千案。是年八月十八日，华人陈辉千在酒醉之后，路遇葡人晏些卢，双方因为口角引起斗殴，陈辉千被晏些卢用小刀戳伤死去。[①] 从案情来看，这是一起寻常斗杀案件，无甚特别。然而，香山县下澳缉拿案犯的时候，却遇到葡方的极力阻挠，后者称："自前明中叶，垂二百年……均系该夷王分派夷目管束，蕃人有罪，夷目俱照夷法处治。重则悬于高竿之上，用大炮打入海中，轻则提入三巴寺内，罚跪神前，忏悔完结。"而对于华人与葡人之间的词讼案件，"蕃人赴居澳境，凡有干法纪，俱在澳地处置，百年以来，从不交犯收禁"。[②] 事实是否如此，值得探究。现有的官方

图2—1　清人所绘澳门"男蕃图"

档案文献中缺少关于此前同类案件的司法记录，但葡萄牙人记载了两起更早的案件：1710年夏天，一个葡萄牙水手杀死了一个华人，并把尸首装进上面写有自己名字的麻袋投进海港。这具尸体被发现不久，清朝官员便带兵来到澳门，迅速召被害人的亲属到场，监督绞刑的执

---

① 有关本案记载见（清）祝淮、黄培芳《新修香山县志》，卷四，《海防·附澳门》；印光任、张汝霖：《澳门纪略》，卷上，《官守篇》；另中国第一历史档案馆编《中葡关系史料汇编》一书收录《军机处策楞等奏报办理陈辉千被杀案折（乾隆九年正月十五日）》档案一件，见该书上册，北京：中国档案出版社2000年，第57—58页，第37件。另清《柔远全书》中收录有《议奏夷人晏些卢刀毙陈辉千案折》。当时在粤洋人随身携带轻型武器甚为常见，清政府也规定夷人可"随身携带刀剑枪各一件，例所不禁"。（见文后附录：防夷新规八条）一些斗殴事件由此常常演变为命案。

② （清）印光任、张汝霖：《澳门纪略》，卷上，《官守篇》。

行。"死刑判决本应由果阿高级法院审理，却因中国官员的支持而就这样执行了"。1712 年，由于澳门地方官的干预，一名据称杀死华人的黑人又一次被以炮轰方式处死。[①] 前文中指出，广东地方政府通过军事威胁和经济制裁两种手段，始终有效地掌控着澳门的主权，葡人虽然从形式上建立了一套司法、行政系统，但他们从来没有真正的实力与胆量公开挑战清朝对澳门的统治。在涉外司法问题上，只要地方官展现出彻底的强硬态度，完全能够从根本上主导案件审判的走向。但是，由于华夷交涉事务具有特殊的敏感性，地方官在处理时大多小心翼翼，唯恐节外生枝而责及自身。面对葡人的抵制和贿赂，往往采取妥协态度，对"罪在蕃人者，地方官每因其系属教门，不肯交人出澳，事难题达，类皆不禀不详，即或通报上司，亦必移易情节，改重作轻，如斗杀作为过失，冀幸外结省事，以致历查案卷，从无澳夷杀死民人抵偿之案"[②]。由于案件即时了结，也不上报，最高统治者远在北京，对于这些案件的处理情形，根本无从知晓。这样一来，在地方官与葡方之间就此类案件的处理形成了一种"默契"或者"惯例"，即葡方从不把葡人罪犯交给清朝官府审判，并每每以之作为不服从清朝司法管辖的理由。事实是，这些"惯例"的形成和存续本身就是地方官贪赃枉法、玩忽职守的产物，绝不是清朝官府公开承认的制度，更不代表最高统治者的意志。

如果此案的处理一如既往地因循旧例，在地方官的调和妥协之下，大可不事张扬地了结。但是，由于新任两广总督的积极干预，使此案处理的走向发生了重要转折。此人便是策楞，钮祜禄氏，满洲镶黄旗人。乾隆登基之初，策楞任御前侍卫，因处事干练而深得乾隆赏识，他也因此官运亨通。从乾隆三年（1738）起，在不足两年的时间里，他的官职一路飙升，由副都统一职升任至福州将军兼署闽海关务，授闽浙总督。此后至乾隆八年（1743），他又调任广州将军兼粤

---

① ［葡］徐萨斯：《历史上的澳门》，第 110 页。
② （清）印光任、张汝霖：《澳门纪略》，卷上，《官守篇》。

海关事务，再授两广总督，总揽一省军政大权于一身。① 当陈辉千案
发生之际，策楞刚刚就任两广总督不足半年，正值新官上任，力求有
所表现。对于该案的处理，他表现出十二分的积极。不仅如此，策楞
出身于行伍之间，惯于杀伐决断，行事颇具手腕。在接到禀报之后，
立即下令：

> 饬司檄委该府，督同该县前往妥办去后，兹所按察使高翔
> 详，据广州知府金允彝详称，遵即宣布德威，严切晓谕，并将凶
> 犯应行绞抵之处，明白示知，各夷目遂自行限日，眼同尸亲，将
> 凶犯晏些卢于本月初三日用绳勒毙，合澳夷人靡不畏而生感等情
> 前来。臣等查校原供，衅起于撞跌角殴，杀非有心，晏些卢律应
> 拟绞，既据该夷目将凶犯自治，则一命一抵，情罪相符。除批饬
> 立案外，所有臣等办理缘由，理合奏明。②

正是由于策楞强硬的处理措施以及事后的奏报，清朝刑部的档案
中才首次出现了关于葡人致死华人案件的司法记录。通过对陈辉千案
的处理，策楞发现，官府处理同类案件常受到两种消极因素影响：一
方面，"化外之人有犯，原与内地不同，澳门均属教门，一切起居服
食，更与各种夷人有间，照例解勘承招，夷情实有不愿"，"若径行搜
拿，追出监禁，致恐夷情疑惧，别滋事端"③。策楞特别强调"澳门均
属教门"对涉外司法活动的影响，相关背景须做介绍：明朝末年，西
方传教士利玛窦等人将基督教传入中国。起初，他们在传教过程中采
取尊孔崇儒的方针，取得华人的支持，也得到统治者的允可。康熙末

---

① 赵尔巽：《清史稿》，卷三一四，《列传》第一〇一，《策楞传》；《高宗纯皇帝实
录》，卷一百十，乾隆五年二月戊寅；卷一百六十六，乾隆七年五月丙寅、辛未；卷一百
八十二，乾隆八年春正月丁巳、乙未；卷一百九十一，乾隆八年闰四月壬午。

② （清）印光任、张汝霖：《澳门纪略》卷上，《官守篇》。

③ 参见（清）祝淮、黄培芳《新修香山县志》卷四，《海防·附澳门》；（清）印
光任、张汝霖：《澳门纪略》，卷上，《官守篇》。

年，罗马教廷一改传统政策，禁止华人信徒尊孔教、祭拜祖先，触怒了康熙皇帝。雍正登基后，很快便将基督教列为邪教，在全国范围内厉行禁教政策，仅允许澳门一地的教会和教士在当地外国人中传教。各地抓获的非法传教的外国教士也一律解送至澳门"圈禁"，直至最终驱逐回国。由此，澳门逐渐积聚了众多的外国教徒和教会势力，官府防范之余不免心存忌惮。在处理涉外案件时，不能不考虑到此类政治因素的潜在影响，唯恐处置不当而惹动众怒，导致不可收拾的结果，因而显得格外小心谨慎。另一方面，策楞对于地方官吏们明哲保身、因循守旧，甚至贪赃枉法的不良习气表示不满："如不明定条例，诚恐顾惜老成，易启姑息养奸之弊。"① 他指出，处理这类案件应在"上申国法"的同时，还要"俯顺夷情"。既要有力震慑各国夷人，使之"感而生畏"，又要减少司法中受到的干扰，所以必须"速结为便"。基于这一宗旨，策楞奏准实行了一项具体方案，得到最高统治者的认可：

> 嗣后在澳民番，有交涉谋害斗殴等案，其罪在民者照例遵行外，若夷人罪应斩绞者，该县于相验之时讯明确切，通报督抚详加覆核。如果案情允当，该督抚即行批饬地方官，同该夷目将该犯依法办理，免其交禁解勘。仍一面据实奏明，并将招供报部存案。②

结合策楞处理陈案的实践可见，统治者有意强调涉外司法的实体性目标，即只要能够从速实现一命一抵的结果，各项司法的程序环节可相应做出变通。如策楞所说，只求"于律无枉无纵，情罪允当"，对于夷犯的收禁、成招、交解等环节，"原不必悉照内地规模"。③ 由

---

① （清）印光任、张汝霖：《澳门纪略》，卷上，《官守篇》。
② 同上。
③ 同上。

此，抓捕、关押以及勘验葡人案犯的程序环节，常常是交由葡人执行。官府甚至还允许教会神父按基督教习惯向葡人死刑犯做临刑祷告，即"准照夷法为其解罪念经"。[①] 除此之外，统治者还称，"照夷法炮火轰死，未免失之过惨"，[②] 官府在此后针对外国罪犯的死刑执行方式上，主要采用绞刑以留其全尸，并以此为"俯顺夷情"的表示。[③]

"一命一抵"成为此后官府处理澳门同类案件时公开主张的原则成例，对于这一点，数量众多的司法档案文献可资佐证。[④] 同时，官府还极力将这项原则推行于发生于省城一带涉外案件的处理中，乾隆四十九年（1784）发生的"休斯夫人号"案，以及道光元年（1821）发生的"德兰诺案"是中西关系史上最为著名的事件。1784 年 11 月，一艘来自孟买的英籍散商船只"休斯夫人号"（Lady Hughes）在广州黄埔下碇，当月 24 日这天发生了意外：

> 有一艘领有执照的驳船在船旁下碇，在船鸣炮致敬时，不幸误中一弹，损失惨重，该艇三名中国人受伤，其中一名特别严

---

① 《东波塔档》，第 606 号。

② （清）印光任、张汝霖：《澳门纪略》，卷上，《官守篇》。

③ 执行方式也存在例外情形：马士：《东印度公司对华贸易编年史》，卷二，第 408 页记载一案：1783 年，澳门，一名葡国士兵因刺死一名中国人被枪决，"广州派来几名官员监刑，按例这种罪行是处以绞刑的，但巡抚不准"。此外还有一极端案例：1826 年 3 月 18 日早上 8 点，一名来自帝汶的奴隶因杀死一名华人而在澳门领受死刑。据马士记载："这个奴隶首先被处绞刑，然后斩首，再将他的两手砍去"。见氏著《东印度公司对华贸易编年史》，卷四，第 144 页。

④ 详见《东波塔档》，第 606、610、613、622、626、628、629 号所载各案。另参见中国第一历史档案馆等《明清时期澳门问题档案文献汇编》第一辑（北京：人民出版社 1999 年版），第 382 页第 245 号郑亚彩命案，第 390 页第 249 号方亚贵命案，第 392 页第 250 号杜亚明命案，第 399 页第 255 号刘亚来命案，第 505 页第 318 号张亚意命案，第 512 页第 325 号汤亚珍命案等。其中刘亚来命案还可参见《中葡关系档案史料汇编》上册收录《军机处录李侍尧报在澳杀死民人刘亚来之凶犯照例勒毙折（乾隆三十八年二月二十九日）》，北京：中国档案出版社 2000 年版，第 94—95 页，第 56 号。

重；翌日，据称已死去。这个炮手虽然不是有意犯罪，但了解到
中国政府对此不加区分，会同样处以极刑的，所以逃匿了。①

此案发生以后，有关情况在各国商旅之间迅速传开，并引起乾隆
帝的重视。前文已经交代过，康熙末年朝廷与罗马教廷交恶，到雍正
以后，全国禁教，唯独澳门例外，很多因非法传教被抓获的外国教
士，通通驱赶到澳门圈禁。在这期间，不少省份的教徒一再与澳门教
会和教士们取得联系，试图继续扩大宗教传播。对此，最高统治者十
分重视，多次严旨缉查。就在"休斯夫人号"案发生前一个月，官府
刚刚缉获焦振纲、秦禄等多人组织携带天主教经卷、书信等物品，由
西南赴广东联络传教的案件②；没过几天，又查出几十名西洋传教士
从广东出发，潜赴各省传教的重大案件。这一系列事件让乾隆皇帝感
到，必须抓住处理"休斯夫人号"案件这一机会，以严刑酷法来威慑
不安分的西方人。在他的强硬干预下，地方官很快就迫使英国商船交
出一名叫做"些啲哗"的年迈船员听候审判。根据马士《东印度公司
对华贸易编年史》一书的记载来推断，这位被交出的船员很有可能不
是元凶。从英方来看，交出这名老年船员代罪，首先是英方在迫不得
已的情况下采取的权宜之举。由于当时真正的肇事者已经逃逸，英国
人无法向官府作出交代，后者则频频威胁要全面停止中英贸易，且扣
押了该船大班史密斯。突如其来的多重外交压力使英方一时措手不
及，只好找一人代罪；同时，此次交人代罪可能是英方的"轻信"之
举。误伤事故发生于 11 月 24 日，到 11 月 30 日，东印度公司管理委
员会的主任亨利·皮古便亲自陪同这名老船员进入广州城并交给官
府，并受到"一位较高品级的官员"的接见。后者向英方作出承诺：
"这位官员希望在场的各位先生不要替他的命运担心，在皇帝御旨未

———————————

① ［美］马士：《东印度公司对华贸易编年史》，卷二，第421页。根据《高宗纯皇
帝实录》卷一千二百十八"乾隆四十九年十一月壬戌"条的记载，死者应为两人，名叫
"吴亚科"和"王运发"。

② 《高宗纯皇帝实录》，卷一千二百十六，乾隆四十九年十月辛卯。

下之前，不会有所行动。已留意用最有利的根据上奏他的案件，毫无疑问，在六十天内，他就会再被送回。"同时，被扣押的大班史密斯也被释放，他回到商馆，"非常满意地讲述他所受到的待遇和几位官员的客气招待。约一小时后，有好几个官员来访，并向他送礼"。① 由于英方态度"恭顺"，中英贸易很快恢复正常。英国人自以为事件就此了结，可以高枕无忧了，"休斯夫人号"随即于 12 月 7 日离港，"留下在中国监狱里的炮手"。② 随后的情形是英国人始料未及的。清廷似已察觉英方交出的不是真凶，但乾隆很快便下达了对该船员的死刑执行命令："寻常斗殴毙命案犯，尚应拟抵……况现在正当查办西洋人传教之时，尤当法在必惩，示以严肃"，只要能"将该犯勒毙正法，俾共知惩儆"，那名被交出抵命的水手，"亦不必果系应抵正凶"。③ 随即，这名叫"些啲哗"的水手便在一片争吵声中被执行了绞刑。当他被送上绞台的时候，监刑官员还特意关照那些被请到现场观刑的各国商务代表说："不要担心，他的下场不会落在各位头上。"④ 绞刑的执行发生在 1785 年 1 月 8 日之前，据"休斯夫人号"离港不过 1 个月时间。英国人大呼上当："他们已经同意我们的意见，认为他是完全无恶意的；纯属意外事故；此人虽然无罪，但他们仍将他处死……为了使这种法律绝对化，不承认有所谓误杀，只有一命偿一命。"⑤

在本案的处理过程中，乾隆皇帝的强硬手段确实产生了震慑效果，"一命一抵"也已经远远超出了司法原则的范畴，变成了一项政治恐吓手段。如乾隆帝所说，只要提出一名"夷人"抵命即可，而不

---

① ［美］马士：《东印度公司对华贸易编年史》，卷二，第 426 页。以上推断及分析依据该书第 421—427 页的相关记载。

② ［美］马士：《东印度公司对华贸易编年史》，卷二，第 426 页。

③ 《高宗纯皇帝实录》，卷一千二百十八，乾隆四十九年十一月壬戌。

④ Peter Auber, *China: an outline of its government, laws, and policy*, London：Parbury, Allen and Co., 1834. 第 185 页.

⑤ ［美］马士：《东印度公司对华贸易编年史》，卷二，第 427 页。

必理会其是否为肇事真凶。在统治者看来，身处化外的"蛮夷"丝毫不知礼法，只有严酷的刑罚才能威吓他们，司法是一种有效的形式。但这一举措带来的恶劣影响却是统治者始料未及的。根据外国人记述："这件事的一个直接后果，就是当下一季度第一艘来船到黄埔时，各国的管理会都决定禁止他们的船只放礼炮。第二个后果，就是英国人不再把他们船上的被控者移交给无监督权的中国当局的司法机关。"① 现存的资料表明，"休斯夫人号"案的确是清朝在处理英国人侵害华人的案件中最后一次适用"一命一抵"原则的司法实例。此后发生同类案件，英国人或以贿赂，或以对抗，千方百计帮助其本国案犯逃脱刑罚制裁，一再践踏清朝的司法主权。在"休斯夫人"号事件过去 30 多年以后，在道光元年（1821），又发生了"德兰诺瓦"案，这是广东官府最后一次在澳门以外的涉外案件中，针对外国人适用"一命一抵"的案例。对于此案的审理情况，后文将结合其他问题详细介绍，此不赘述。

根据清朝统治者的主观意愿，"一命一抵"主要适用于外国人杀死中国人的案件，至于官府对华人侵害外国人的同类行为如何裁量，值得探讨。乾隆八年，两广总督策楞在处理陈辉千案时指出："嗣后在澳民蕃，有交涉谋害斗殴等案，其罪在民者照例遵行。"即，对华人罪犯只需依照一般的规则和程序来审判。但在此后的司法实践中，统治者也没有依照一般原则来处理，如乾隆五十年（1785）"切斯特菲尔德伯爵"号水手被杀案、乾隆五十二年（1787）"菲茨·威廉号伯爵"号水手被杀案、嘉庆元年（1796）"霍恩比"号水手被杀案、嘉庆二十二年（1817）"沃巴什"号水手被杀案、道光八年（1828）法国船员被杀案等。② 对于这些案件的判决，全都是在皇帝直接干预和授意下实施的。在前 4 起案件中，统治者无一例外地适用了"一命

---

① ［美］马士：《东印度公司对华贸易编年史》，卷二，第 428 页。

② 同上书，第 429 页、第 466 页、第 601 页；卷三，第 317 页；卷四，第 187 页，以及故宫博物院辑：《清代外交史料（道光朝）》，第 198—205 页、第 212 页。

一抵"的立决死刑。值得一提的是，1796 年，杀死"霍恩比号"水
手的华人被判处死刑后，南海知县还特意向"霍恩比"号的大班询
问，如果将凶手处死是否令其满意，并要求其上交一份表示满意的具
结字据，"声明原告人愿意由法官按中国律例处理"。①　相对于以上 4
起案件，朝廷对 1828 年法国水手被杀案的处理则更为严厉，甚至动用
了凌迟刑。这年夏天，一艘搭载 14 名法国人的船只在广州附近洋面被
劫，其中 13 人被杀，1 人跳水逃生，财物被劫。结果 16 名劫匪被斩
首，一人被凌迟处死。官府对于此案的处理"迅速而有力"，这一点
可以从外国人的评论中得到证实：

> 中国政府表现要将这些犯人加以惩办的积极与努力，引起巨
> 大的惊奇，并值得最高的赞赏。他们意图给予外国人以最大满
> 意，已在程序的每一步骤上强烈地表现出来，我们知道这是皇上
> 最明确的命令的效果……自由进入该处开设的法庭，就是政府特
> 意将这次事件的程序予以公开的一个证明。②

值得注意的是，在处理外国人杀死华人案件时，官府直到 1807 年
的"海王星"号案，才开始允许外国人到场旁听审讯。但在审判华人
杀害外国人的每一起刑案时，地方官不但极尽重视程序之能事，还屡
次请外方人员到场旁听审讯或观看行刑，目的是"给予外国人以最大
满意"，但这种过分严厉的裁量原则不但得不到外国人的谅解及喝彩，
反而适得其反，西方人在看过审判后称："他们固执地要外国人血债
血偿，一命偿一命……他们对本国的罪犯，将实行一种互相公平的处
理……而我们只能表示遗憾，中国的司法行政不能将严厉与明辨同样
调和。"③

---

① ［美］马士：《东印度公司对华贸易编年史》，卷二，第 601 页。
② ［美］马士：《东印度公司对华贸易编年史》，卷四，第 187 页。
③ 同上。

2. "一命一抵" 的特殊性

就其精神内涵来说，清朝政府在涉外司法采用的"一命一抵"原则，无论从文本角度还是从实践角度来看，都显得十分特殊：从文本角度来看，"一命一抵"是对律典规则的实质变更。客观地说，如严格依照《大清律例》"化外来降人犯罪者并依律拟断"的规定处理华洋命案，① 有些西方人本可免受死刑。但"一命一抵"原则的实施从根本上改变了这种预期，它在实质上变更了清律所体现的一般性规则：

其一为实体性变更。根据《大清律例》中《刑律·人命》的规定：除了"十恶"重罪以及服内亲属间的命案以外，普通人之间凡谋杀、故杀、斗杀、戏杀、误杀、过失杀等行为所导致的命案，无论犯罪者被判处斩刑还是绞刑，通常不适用立决死刑，而要归入监候缓刑之列。判决做出后，犯人被关进监牢，一直要等到秋审时由皇帝最终决定其生死。② 其中，对于过失致人死亡的情况处分尤其轻缓，所谓过失，即"耳目所不及，思虑所不到，如弹射禽兽，因事投掷砖瓦，不期而杀人者"，此类"凡初无害人之意而偶致杀伤人者，皆准斗殴杀伤人罪，依律收赎，给付被杀、被伤之家，以为营葬及医药之资"③，按照清律，案犯可以用十二两四钱二分银子赎刑，不必为死者抵命。④ 若依清律"斗杀"一款的规定，陈辉千案凶手晏些卢本不应被处以绞立决，而应判为缓决，监候执行。当"休斯夫人号"事件发生以后，英国人开始努力搜集和了解清朝法律，终于由小斯当东在1810年将《大清律例》译成英文出版。此后西方人得以了解清律关于处理命案的种种规定，并从中总结出四条：

---

① 《大清律例》，卷五，《名例·化外人有犯》。
② 详情可参见《大清律例》，卷二十六，《刑律·人命》一篇各相关条款的规定。
③ 《大清律例》，卷二十六，《刑律·人命》，"戏杀、误杀、过失杀伤人"条律注。
④ 《大清律例》，卷二，《诸图·过失杀伤收赎图》。

这种法律本身是清楚的，可以扼要地概括如下：

一、故意和预谋杀人判处斩首（清律：凡谋杀人造意者，斩；凡斗殴杀人者……故杀者，斩）。

二、纵无明白的杀人意图而在斗殴中杀人……都判处绞刑（清律：凡斗殴杀人者，不问手足、他物、金刃，并绞）。

三、纯粹由于过失而杀人或伤人得用付给死者家属或受伤者以一种赔偿费方式赎罪（清律：若过失杀伤人者，各准斗杀伤罪，依律收赎，给付其被杀伤之家）。

四、由于合法的自卫而杀人是正当的，不受惩处（见清律"夜无故入人家"、"杀死奸夫"条之原则）……

在以上引证的每个案件英国人的主张是罪状应属于第三项和第四项，而中国人却主张每个案件应属于第二项，对于这种罪状的惩处是绞刑。①

当时的西方人希望通过向官府主张这些律典的条款，要求清政府改变针对西方人的重刑政策。对于"休斯夫人号"案及其以后发生的同类命案，英国人往往认定被指控的西方人"罪状应属于第三项和第四项，而中国人却主张每个案件应属于第二项，对于这种罪状的惩处是绞刑"。② 对于案件性质及适用刑罚的分歧是清廷与西方人争执的焦点，西方人批评"一命一抵"的一项重要依据，恰恰正是清朝律典中有关各类命案的区别处理规定。西方人做出种种费尽心机的举措，无非是希望清政府改变对西方人实施的"一命一抵"这一无差别的立决死刑原则，根据不同案件的不同情况来区别对待外国犯人。道光十一年（1831），东印度公司在致粤督的一封信中，将这一要求表达得更加清楚：

───────────

① 见［美］马士《中华帝国对外关系史》，卷一，第127—128页。括号中相应的清律条文为作者所添加，所引清律各条款详见《大清律例》，卷二十五，《刑律·贼盗下》；卷二十六，《刑律·人命》；另参见 *Homicides in China* 一文，载于 *The Chinese Repository*，Vol. Ⅲ，April，1835.

② ［美］马士：《中华帝国对外关系史》，卷一，第128页。

如中国人之死亡，其发生纯属由于不可避免的意外事故，或由于某一不列颠臣民，因抵拒不正当的袭击，以保护其人身或财产而酿成者，在这种情况下，则不能要求某一不列颠臣民偿命。主席和特选委员会保证，如中国政府对这个正义观点加以承认，则他们可以用自己的权力，拿获已证明有谋杀中国人之罪的任何不列颠臣民，加以审讯，判决和处刑。①

马士书中并未记载两广总督对此要求如何答复，但这无关紧要，因为此后中英之间在司法问题上日益激化的矛盾，已经足以表明官府的态度了。

其二是程序性变更。清朝各级政府对于命案的逐级审转、判决、复核、执行，一贯延续着复杂而烦琐的程序。对死刑犯来说，立决与缓决截然不同：前者是由皇帝核准后立即执行；缓决则不然，不少犯人将在监狱中进行漫长的等待，直到秋审大典时，再由皇帝最终决断其死刑是否执行。对于囚犯来说，等待就意味着宝贵的生命可以暂时得到延长。值得清代的囚犯们庆幸的是：清朝统治者每逢天旱地涝、风吹草动，动辄实行大赦。其具体措施包括减等发落死刑犯，甚至停勾、停决，直至将囚犯赦免释放。此外，有的年份干脆停办秋审。本应执行的死刑只有往后推迟。② 有清一代，这类法外开恩的恤刑措施可谓家常便饭。统治者不断以此来标榜其"爱养民生"、"慎重刑狱"的仁厚本色。康熙帝的庙号之所以定为"仁皇帝"，很大程度上来源于此。统治者在司法程序上郑重其事，对平民百姓来说毕竟是一件有利的事，应给予肯定。这与他们在处治西洋犯人时，不遗余力地强调从严、从速的态度大相径庭。客观地说，像"一命一抵"这种死刑立

---

① ［美］马士：《东印度公司对华贸易编年史》，卷四，第333页。

② 清代历朝《圣训》中《慎刑》篇多有记载；《清实录》对有关事例的记载也十分繁多，此不赘述。

决原则，从程序上剥夺了西方犯人求生的机会，也剥夺了他们可能因死刑缓决而获得苟延残喘的宝贵时间。这是实施"一命一抵"所带来的程序性后果。

从实践层面来看，有清一代，"一命一抵"作为一种特定的司法惯例，并非仅见于涉外案件。就目前所见，当时还有一类案件适用该项原则，这就是从清代中叶开始，盛行于民间尤其是东南沿海社会的乡族械斗重案。值得注意的是，"一命一抵"在此二类案件中的适用皆始自乾隆朝。

如上所述，对于一般性的司法问题，统治者很乐于表达他们的仁爱精神和体恤民命的主张。乾隆上台以后，曾不止一次地下旨晓示其"慎重刑狱、罪疑惟轻"的政策，他说过："凡有应行赦免之犯，俱已在三宥之中矣"；不在恩赦范围的，只要"有一情可原"，就要以减轻处罚；即使罪行较重的罪犯，如果历经多次缓决，也不再执行原定的死刑，而令其瘐死狱中了事。这种好大喜功的政策迅速导致各省监狱人满为患，衙门里积案累累，严重影响到政策的行政效率。于是，乾隆又开始发动全国上下清理积案，同时以减等发遣、分散关押等方式分流各省监狱人犯，将秋审、朝审中被定为缓决 5 次以上的人犯，酌情减等发配到边远、烟瘴地区。清理积案又成为皇帝展示法外之仁的范例。① 应该说，乾隆帝的轻刑政策在许多方面比其祖父康熙犹有过之，但在涉及王朝治乱安危的问题上，他却毫不犹豫地倒向重刑主义。清中叶以后，民间的乡族械斗之风愈演愈烈，尤其严重的是东南沿海的闽、粤二省，人称："粤东风俗之坏，诚莫过于械斗矣。此风起于福建之漳泉，流传于潮州，渐染及惠、嘉、广、肇、韶、南……或有数十百年未有止。"② 这里的"械斗案件"具有特定的内涵，它不同于寻常个人或数人间的斗殴行为，它特指一类有计划、有组织、具

---

① 以上分别参见《高宗纯皇帝实录》，卷一百五，乾隆四年十一月己未；卷一百七十六，乾隆七年十月甲午。

② （清）贺长龄：《皇朝经世文编》，卷二十三，程含章：《论息斗疏》。

有相当规模的武装冲突，且往往伴随着掠夺人口、财产的行为。清人陈微言描述过械斗的惨景："将斗，列兵家祠，所姓宗长率族属男妇群诣祖堂，椎牛告奠，歃血痛饮，大呼而出。两陈既对，矢石雨下，已而欢哗如雷，胜者为荣。"① 械斗盛行的原因比较复杂，在械斗盛行的时代，尸横遍地、流血漂橹的场景屡见不鲜。但在最高统治者看来，械斗案件的危害绝不仅仅是人、财的损失。众多械斗案件的幕后主使往往是各地的宗族力量和乡绅阶层，甚至有的地方官也参与其中，或合谋派敛斗费，或从中分配赃物。嘉庆十年（1805）春天，广东发生在籍知县孙映辉伙同乡绅林哲等人操纵械斗、残杀多命，并且从中敛财分肥的严重案件，皇帝为之震怒。② 在古代，士为四民之首，士绅阶层一向被视为社会文化精英和道德楷模，负有垂范百姓的道德使命；州县政治群体则更是"亲民之官"，一方社会的稳定主要这些基层"父母官"的努力。这样两个阶层是王朝统治的基石，他们参与械斗，无疑将动摇国家统治基础，最高统治者如何能够容忍？

中国古代律典对于斗殴行为的处罚规定历来非常详细。清律中本来有惩治斗殴的详细规定，但皇帝认为其远不足以制裁械斗行为。乾隆元年（1736）春，乾隆皇帝在登基的第一年就特意下诏制定颁布了针对械斗的"聚众械斗分别首从科断流徙"条例，③ 这一条例施行了十多年，民间斗风不但不止，反而愈演愈烈。乾隆帝决心采取更严厉的惩治措施，随即于乾隆十八年（1753）九月下诏颁布"聚众械斗一命一抵"条例："凡聚众械斗互杀多命，审系各下手致死之人一命一抵，俱列入秋审情实册内。"④ 即只要参与械斗的一方有几人死亡，另一方便以等额人犯问拟死刑，并且提前列入秋后执行名册。对械斗的

---

① （清）陈徽言：《南越游记》，卷二《风土物产·潮州府械斗》，民国间刻本。
② 《仁宗睿皇帝实录》，卷一四一，嘉庆十年三月丁酉。
③ （清）《皇朝文献通典》，卷八十一，《刑二·刑制》。
④ 见（清）《皇朝文献通考》，卷一百九十九，《刑考五·刑制》；《皇朝通典》，卷八十一，《刑二·刑制》，卷八十五，《刑六·杂议》。

严惩可谓登峰造极。乾隆帝称，按律典惩治斗殴的一般规则来处理械斗，则"情重法轻，人不知畏，将来械斗之事必多"，所以必须加重惩罚，"嗣后各省督抚遇此等案件，俱应执法办理。务必研究凶犯，一命一抵，不得有意姑息，纵恶养奸"①。是年十月，再次下旨："前已降旨晓谕各督抚，嗣后械斗之案，必当一命一抵，庶不失辟以止辟之义。"② 自此，清政府对被定为"械斗"的案件，一直遵循"一命一抵"的处理原则。后来的实践证明，这项原则并不能有效遏制械斗，且其弊端也日益彰显：主办秋审的官员经常滥用这项条例，将一般斗殴案等同于械斗，冤案陡然增多，许多犯人成了刀下冤魂。乾隆帝不得不屡次提醒官员不可滥用"一命一抵"："凡寻常共殴案件，以下手伤重拟抵……不得以一命一抵为词。"③ 但官僚们仍然照行其是，法律的适用愈加混乱，导致弊案重重，乱象环生。不得已之下，皇帝于乾隆三十二年（1767）下旨废除了"聚众械斗一命一抵"条例，④但其恶劣影响并未停息。在近半个世纪以后，嘉庆皇帝还在忙着纠正因滥用"一命一抵"而形成的错案：在嘉庆七年（1802）年的秋审大典中，主办官员援引乾隆十八年"一命必有一抵"之旨，奏请"将斗杀拟缓之广东姚得辉改入情实"，皇帝连忙纠正：

> "一命一抵"，原指械斗等案而言。至寻常斗殴，各毙各命，自当酌情理之平，分别实缓。若拘泥"一命必有一抵"之语，则是秋谳囚徒，凡杀伤毙命之案，将尽行问拟情实，可不必有缓决一项。有是理乎？命仍照原拟入缓。⑤

---

① 《高宗纯皇帝实录》，卷四百四十七，乾隆十八年九月戊寅。

② 《高宗纯皇帝实录》，卷四百四十八，乾隆十八年十月乙未。

③ 《高宗纯皇帝实录》，卷一千一百四十，乾隆四十六年九月甲辰。

④ （清）昆冈等：《钦定大清会典事例》，卷八百四十四，《刑部》，光绪石印本。

⑤ 《清史稿》，卷一百四十四，《刑法三》；《仁宗睿皇帝实录》，卷一百二，嘉庆七年八月癸亥。

可见，最高统治者在"一命一抵"的适用上有着较为明确的心理界限，始终避免使之变成一般性的司法原则，但对于华洋命案的处理态度却是异常地严厉，几乎是不加区分、不计后果地推行"一命一抵"，不容许地方官的判决稍有从轻。乾隆十三年（1748）春，在陈辉千案后第5年，澳门发生了简亚二、李廷富命案。据澳门同知张汝霖上报称，案发缘由为百姓简亚二、李廷富夜间潜入葡人士兵哑吗卢、安哆呢家中，被哑、安二人双双打死并抛尸入海。① 张还说，根据清律"夜无故入人家"条，两名葡人最高可判杖徒之刑，官府已从重判为杖流，并交由"夷目"将二人流放到"地满"（帝汶，葡殖民地）去了。② 乾隆闻讯后勃然大怒：

> 夷人来至内地，理宜小心恭顺，益知守法。乃连毙内地民人，已属强横。又复弃尸入海，希图灭迹，尤为凶狡，自应一命一抵。若仅照内地律例，拟以杖流，则夷人鸷戾之性，将来益无忌惮，办理殊属错误……嗣后，如遇民夷重案，务按律定拟，庶使夷人共知畏罪奉法，不至滋横闹事，地方得以宁谧。③

应该说，虽然在械斗案和华洋案中都有"一命一抵"的应用，但区别也很明显：其一，各自实施的出发点不同。在统治者看来，械斗重案的社会危害性异乎寻常，按斗殴的一般规则处理不足以示惩，故而要实施重典，以期刑罪相当；华洋命案中的"一命一抵"则不同，因为多数案件要么只是普通的斗殴，甚至是误伤致死，其行为之恶性远不及有组织、有蓄谋的大规模械斗，如以清朝律典的精神来衡量，

① 前引《澳门纪略》，卷上，《官守篇》。

② 中国第一历史档案馆等：《明清时期澳门问题档案文献汇编》，第一辑，第238—245页，人民出版社1999年版，第164—167号，岳濬、锡特库、硕色等地方官员的奏折；"夜无故入人家"律文见《大清律例》，卷二十五，《刑律·贼盗下》。

③ 《高宗纯皇帝实录》，卷三百二十六，乾隆十三年十月甲申；另见《明清时期澳门问题档案文献汇编》，第一辑，第241页，第166号。

则适用"一命一抵"的结果显然是刑重于罪，已脱离了司法本身的价值意义。其二，在械斗案和华洋案件中适用的"一命一抵"本身也不尽相同。械斗案中的"一命一抵"乃是国家公布的成文条例，其实施效果属于死刑的缓决，只是案犯一旦归入此列，就会被预先认定为"情实"，被剥夺了因裁定为"可矜"、"留养"、"停勾"、"停决"而免受死刑的机会，只待秋后行刑。华洋命案审判中使用的"一命一抵"则不同，它虽然在实践中有先例可循，但并非是正式公布的、成文的条例。它体现为一系列刑案的裁量结果，且实施的效果是立决死刑。为了从速结案以免节外生枝，只要人犯在手，官府一般会在判决后立即核准行刑，其速度之快、效率之高，异乎寻常。比如著名的"德兰诺瓦"案，这名水手被指控误杀了一名百姓，官府在二次审讯之后 24 小时内就执行了绞刑，连事先向北京请旨的环节都省去了。[①]

　　简言之，华洋命案裁判中的"一命一抵"包含着"同态复仇"与"连坐"两种价值取向。即便是在专制背景下，它的出现实仍然是一种倒退。其所扮演的角色也绝非是一种司法裁判原则，它更多的是统治者用以威慑"夷人"的政治工具。从清代涉外司法实践来看，"一命一抵"就是在裁量中不区别案情的轻、重，不区别量刑的实、缓，不考虑加害者主观上是谋故、戏杀、误杀，还是过失杀伤，裁量时统统适用立决死刑。其实施效果是：只要案中有人死亡，被指控者便会被处死，甚至不在乎其是否为"应抵真凶"。这使西方人感到恐慌，这意味着他们被剥夺了在遇到侵害时进行自卫的权利，对于西方人的日常安全来说，这一司法原则本身就是一种致命的威胁。奥贝尔（Peter Auber）称这种政策"将我们暴露于各种人身袭击的威胁之下。而且，在凶杀案件的审判中，如果自卫不被接受为一种正当的抗辩理由的话，那么任何人在任何时刻都不能说是安全的"。[②] 西方人的担忧不

---

　　① ［美］马士：《中华帝国对外关系史》，卷一，第 121 页。依奥贝尔的说法，德兰诺瓦的死刑是在第二次审判后的 48 小时之内执行，参见氏著 China : A Outline of Its Government , Laws , and Policy 一书，第 296 页，版本同前。

　　② 见氏著 China : A Outline of Its Government , Laws , and Policy 一书，第 267 页。

无道理，当时民间对于"番鬼"的疑惧和厌恶是普遍存在的，这种心态也的确酿成了不止一起的侵害事件。对此可参见后文第五章的论述。在客观上，如此制度设计实际上将西方人推向了敌对面。在鸦片战争前，西方人针对清朝司法管辖权的种种对抗行动，在很大程度上正是由此引起的。

3. 关于"一命一抵"的实效性分析

根据前文论述，清朝统治者在华洋案件中实施"一命一抵"的意图大致有二：一是为了减少地方官利用自由裁量权进行舞弊活动；二是借严刑峻法威吓西方人，使之"畏威慑服"。但这项原则够能在多大程度得到贯彻落实？它的实施效果是否实现了统治者的初衷？对此须稍加分析：

首先，西方人的指责及对抗活动明显削弱了"一命一抵"的实施效果。到鸦片战争前夕，清朝与西方各国之间在通商、外交等领域已是矛盾重重。其间，司法领域的争端更是日益激化，尤其是针对西方人的死刑适用问题，屡屡牵动中西关系的脆弱神经。本来，当时西方的刑法也不见得比同时代的中国刑律更加文明和人道。首次将《大清律例》译成西文的英国人小斯当东还极力赞美过这部中国法典。① 同时，西方人用以批评清朝涉外刑事政策的重要依据也恰恰来自于清律，称他们在司法领域未能享受与大清百姓同等待遇。从乾隆朝确立"一命一抵"开始，这些来自西方的批评之声就未曾止歇。1835 年《中国丛报》刊文称：

> 乾隆皇帝宣称，为了恐吓外国人，广东地方政府必须实施"一命一抵"（life for life），而那些适用于其本国人（natives）之间的，有可能导致从轻处罚的法律，不能适用于外国人（foreign-

───────────────

① 王健：《沟通两个世界的法律意义——晚清西方法律的输入与法律新词初探》，北京：中国政法大学出版社 2001 年版，第 38—39 页。

ers）。这样的观念和法律，势必会导致中国与外国之间的关系长期陷入困境。①

西方人没有将批评停留在言论层面。随着中西之间的外交矛盾与政治对抗趋于公开，针对"一命一抵"的对抗更是成为矛盾的焦点。早在乾隆四十五年（1780），英国人即明确表达过如下立场：

> 如果在英国人中发生了一件似有可信的理由，但没有充分证据足以判定被告有罪的案件时，则我们宁可设法逃避，比之把他交到那些会使无辜者受刑的法官手里更为合适……他们（指清政府——笔者按）可以在没有证人做证的情况下，就将不幸的罪犯判刑，只有在上述情况下才可以判断，他是否出于被迫自卫的。中国官府剥夺了我们认为在这个国家应有的唯一权利，我们忍受了许多剥夺，而又少有保障，这样就把我们放在一个比做专制政府的臣民更不如的地位——我们遭受了在反复无常的法律下的痛苦和不平，而不能享有它的权利和保护。②

自乾隆四十九年（1784）"休斯夫人号"事件发生之后，英方就开始公然对抗清朝的司法管辖权，不再把触犯清朝法律的英籍人员交给官府，甚至表示将不惜断绝与清朝的贸易往来。这是清朝统治集团上上下下都不愿看到的结果，因为官府每年仅从粤海关征收的税饷就有近100万两白银，最多的年份更达到180多万两，中英贸易在其中占了相当大的比重。③ 贸易一旦终止，不仅中西双方政府要蒙受重大经济损失，广东地方官更将失去丰厚的贪腐财源。所以，广东地方官厅在司法方面对西方人做出妥协实属常见。如此一来，不仅最高统治

---

①　"Homicides in China"载"Chinese Repository"Vol. III，May，1835，第39页。

②　［美］马士：《东印度公司对华贸易编年史》，卷二，第382—383页。

③　参见萧致治、杨卫东《鸦片战争前中西关系纪事》，附录一，粤海关进口船舶与税收表，武汉：湖北人民出版社1986年版，第589—592页。

者"以商制夷"的外交方针难以切实贯彻，英国人的口诛笔伐和对抗行为更使得"一命一抵"最终沦为一纸具文。到鸦片战争前夕，清朝对英国人的司法管辖已经是有名无实了。到19世纪30年代，义律还游说英国国会，试图在停泊广州洋面的英国皇家军舰上建立特别裁判所，以对抗清朝政府的司法管辖权，最终因为害怕惹怒清政府而作罢。不过，当时的英国已经在西方确立了霸主地位，它的态度和行动具有相当广泛的国际影响力。英国的对抗行动也带动了其他西方国家，到1840年鸦片战争后，各国纷纷要求在华设立领事裁判权，通过所谓"观审"、"会审"的名目践踏了中国的司法主权。中国法制及社会发展随之步入了另外一个阶段。

与外国人的对抗行为相比，专制政体内部的权力运作机制也是导致"一命一抵"趋于失效的重要原因。中国古代实行皇帝专制下的官僚体制，其权力结构中的两大主要力量——皇权与官僚权力的明争暗斗与此消彼长，往往会削弱司法的权威性和一贯性。前文指出，最高统治者推行"一命一抵"的一项重要意图，就是使司法裁量的标准整齐划一，减少涉外司法领域的舞弊现象，但实际效果恰恰相反。

法国社会学家米歇尔·克罗齐（Michel Crozier）曾经指出："统治者使用两套互相冲突的工具来实现他的目的：一面是理性化和制定规则；另一面是制造例外和无视规则的权力。他的策略是寻找两种工具的最佳结合。"[1] 以此来形容中国古代的皇帝专制最恰当不过。皇权处于至高无上的地位，皇帝们既重视以规则化的法律体系来约束成千上万的官僚来为他服务，实现统治机器的常规运转。与此同时，他们同样重视以超越规则的行为方式来实施更有效的统治。不过从根本上说，最高统治者从来都是以工具主义的态度对待规则与法律，他们既是法律规则的制定者，又是它的破坏者。在实践中如何对待既定规则，完全取决于君主个人的需要。一般说来，皇帝对司法的干预常常

──────────

① Michel Crozier: *The Bureaucratic phenomenon*, the University of Chicago press, 1964，第63—164页。

基于两种用意：一种情况是为了实现某种特定的政治目的，如对械斗案和华洋刑案适用"一命一抵"；另一种情况则是基于皇权主义的本性，是对所谓"帝王之术"的实践，其目的或是为了加强对官僚系统的操控，随时检验官僚群体的责任意识和运作效率，譬如乾隆帝一手导演的所谓"叫魂"案①；或是为了向天下宣扬"王道"，标榜君主的无上权威与英明仁爱，皇帝们一贯高唱"体恤民命"可为注脚。这在官僚们的眼中就变成了难以捉摸的帝王心思：皇帝不断对案件审理过程施行干预，时而对"外夷"极端严厉，要使"众夷""共知惩儆"；时而对外国人过分宽缓甚至法外开恩，极尽所谓"绥德怀远"之意；皇帝对地方官的因循作风也屡次表示不满，要么斥责他们过于宽缓而"示弱于外夷"（如华夷命案），要么责其处理过严，有失"柔远"之道（如对于死刑执行方式的特别开恩，另如商欠案的处理，见后文）。

与皇帝相比，官僚群体的行为特征则更多地表现为循规蹈矩、照章办事，这也是专制政体的必然要求。由于皇帝与官僚在传统政治权力结构中的地位不同，以及双方的利益要求和权力意志存在着冲突，制度性的对立矛盾在所难免。无论是法外施仁还是法外用刑，皇帝的干预都会破坏司法秩序的统一性与稳定性，而那些从事日常具体事务的大小官僚，不得不在体察圣意与照章办事之间来回权衡，疲于取舍。结果是既无助于贯彻皇帝的意旨，又不利于执行帝国的法典。其消极影响显而易见：

其一，直接导致司法原则的前后不一乃至前后矛盾。清朝皇帝对于华、洋之间的命案一贯积极推行"一命一抵"，将法典抛在一边；但对于外国人之间的命案，其处理态度则表现得极其淡漠，甚至不闻不问。乾隆十九年（1754），广州发生了法国"夷目"时雷氏枪伤英国水手喳治啵唧致死案件。乾隆皇帝称，对于这种"化外人相犯"案

---

① 关于叫魂案的研究参见［美］孔飞力《叫魂——1768 年中国妖术大恐慌》，陈兼、刘昶译，上海：上海三联书店 1999 年版。

件，因为不直接危及己方利益，所以"不必以内地律法绳之"，只要
将犯人交由其本国自行处理即可。① 应该说，这种态度与《大清律例》
中"凡化外（来降）人犯罪者并依律拟断"的精神截然相反。② 这种
实用主义的处理态度受到了广东政府的抵制。乾隆四十五年（1780）
年底，广州有一个法国水手在斗殴中杀死英船"斯托蒙特号"（stor-
mont）一名葡籍水手。广东巡抚李湖以强硬的态度迫使法国人交出肇
事者并立即处死。西方人惊呼："这是欧洲人在这个国家因杀害了另
一个欧洲人被处死刑的首次事例。"③ 李湖对自己违背先例的做法进行
了辩解，"理由是他负责维持治安，如果依照请求，将被告解回本国
审讯，就无法保证被告会受到应有的惩罚，而对那些沉醉于'酒、暴
乱及吵架'的水手，只有用严刑才能使他们就范"。④ 李湖的话不无道
理：地方官是基层事务的亲力亲为者，他们面临的各种现实困难是远
居京城的皇帝无法体会的。他们在做出某项抉择之前，不得不先考虑
自己的处境和安全，考虑决策的可行性，而非不假思索地照行皇命。
在处理具体政务的过程中，他们这些事无不统、责无不负的地方官，
既要避免自作主张而招致"专擅"之罪，又要避免无所作为而遭到斥
革。总须小心翼翼，兼顾左右，才能免生是非，不受牵累。权衡之
下，照章行事的作风是一种相对稳妥的选择，起码比起捉摸不定的帝
王心思，"这些烦琐的规章条例至少也为他们的职责划定了某种边界，
从而为他们提供了一定的保护，使他们得以对抗来自上司或君主本人
的专制要求"。⑤ 客观地说，李湖对"斯托蒙号"案的处理，才真正贯
彻了清朝律典中"化外人"犯罪"并依律拟断"的原则精神。不过，
他的处理方式同样没有成为定例。嘉庆十九年（1814），广东官厅在

---

① 《高宗纯皇帝实录》，卷四百七十六，乾隆十九年十一月己丑；另见《史料旬
刊》，第十期《乾隆朝外洋通商案》，乾隆二十年六月《杨应琚折》。

② 参见《大清律例》，卷五，《名例》篇之"化外人有犯"条的内容。

③ ［美］马士：《东印度公司对华贸易编年史》，卷二，第381—382页。

④ 同上书，第382页。

⑤ ［美］孔飞力：《叫魂——1768年中国妖术大恐慌》，第250页。

处理澳门葡人水兵杀死英国水手一案时，态度更加暧昧：他们既未主动要求葡方交出凶手，也没有完全放任自流、不闻不问，而是要求葡人"夷目"将处理结果上报"以凭察核"。① 总的来说，对于外国人之间的命案，清王朝始终没有形成一项统一的处理原则。对此，官府也承认："外国夷人在粤东、内地与夷人斗殴毙命，从前成案有按律定拟者，有照夷法处治者，办理不一。"② 近代学者谭春霖也指出："（清代）关于外国人致毙外国人之案件，固无一定之成例，足供办理之依据。"③

　　其二，为地方官消极不作为创造了更多借口，甚至从反面鼓励着官员们徇私舞弊的作风。道光十年（1830），广州城内发生了英籍港脚商吡咧治等人杀死荷兰商人美治坚的命案。案件发生后，两广总督李鸿宾本欲介入案件的处理，但在要求英方交出凶手时遭到后者的强烈抵制。李鸿宾无计可施，只能眼睁睁看着英国人把凶手送回国去。为了掩饰自己的无能，向道光皇帝作出交代，他在奏折中编造了一套说辞，声称自己先是援引乾隆处理陈辉千案的先例，积极地向英国大班追讨凶手，却得知英国大班因为"不谙定例"，已经将案犯"解回本国"去了（实为英方拒交）。于是便改为援引乾隆帝处理喳治啵唥案先例，"令该大班寄信回国，自行分别处治"。④ 李鸿宾老奸巨猾，他在上奏中不但巧妙回避了自己的失职之责，甚至还拐弯抹角地把责任推到死去多年的乾隆皇帝身上，在应付皇帝方面可谓左右逢源，密不透风。道光皇帝意欲斥责却无处开口，无可奈何之下，只能批复："知道了。"诸如李鸿宾之流经验老到且处事油滑的官僚绝非少数，他

---

　　① 《东波塔档》，第1402、1403、1404号。

　　② 《清代外交史料（道光朝）》，第312—315页，道光十年九月二十日《两广总督李鸿宾奏英吉利夷人殴毙荷兰夷人查照旧案按律定拟饬令英大班寄信回国折》。

　　③ 谭春霖：《广州公行时代对外国人之裁判权》，《燕京大学政治学丛刊》第28号，1936年印行，第17页。

　　④ 《清代外交史料（道光朝）》，第312—315页，道光十年九月二十日《两广总督李鸿宾奏英吉利夷人殴毙荷兰夷人查照旧案按律定拟饬令英大班寄信回国折》。另见〔美〕马士《东印度公司对华贸易编年史》，卷四，第245—247页。

们常常借着各种幌子文过饰非，推脱责任，可谓滴水不漏。他们既可以打着皇命的旗号对抗规则，也可以用规则做招牌来对抗圣意，最终使两者都化成一纸空文，皇帝也常常无计可施。在广州，地方官根据自己的利益需要，随意变换案情、改重作轻、纵脱凶手的事例屡见不鲜。如嘉庆十二年（1807），英船"海王星"号多名船员与广州百姓斗殴，造成一名当地百姓死亡。依照"一命一抵"的原则，凶手叙恩应被处以绞刑。但官府兴师动众地举办了三次会审，结果只是责令英方赔偿受害者家属 12 两 5 钱银子了事。西方人大感意外："中国当局对此事态度的突然转变，是难以解释的"，如果按照正常程序交出被控水手，"他会被判无故杀人，以死抵罪……为什么这种要求如此降低，差不多是将一个严重的刑事案变成玩笑？"很快他们便弄清了个中缘由："总督和巡抚可能觉察到这样一宗普通治安案件，会发展成为严重的外交问题，同时海关监督则恐怕他所管辖下的大规模贸易将受到严重的阻力。于是这些大人物就呼唤几个司法走卒并命令将聚殴杀人——此罪的刑罚是处绞刑——减为意外杀害，可以用一笔小的罚金赎罪。"[1] 此类地方官员集体蒙骗中央的事例还有多起。如前文提到过的简亚二、李廷富命案就是一例：简、李二人系外来入澳务工人员，西历 1748 年 6 月某夜（乾隆十三年农历四月），二人"犯夜"外出，被两名沿街巡逻的葡兵亚马卢、安哆呢捉住，遂引起争执。二人被葡兵殴打致死并弃尸海中。澳门同知张汝霖亲理此案。在收到澳门众葡商进献的巨额贿金后，张汝霖纵容葡人总督若些将两名凶手流放帝汶。为了向上面交代，他故意歪曲案情，称简、李二人夜里潜入葡人家中被亚马卢、安哆呢捉住殴毙，因此按照"夜无故入人家"律将亚马卢、安哆呢判为杖流。张汝霖捏造的案由为纵容葡人总督将凶犯偷送出境创造了机会。[2] 广东总督岳濬于乾隆十三年八月二十九日

---

① ［美］马士：《东印度公司对华贸易编年史》，卷三，第 44 页。
② 关于张汝霖在处理简亚二、李廷富案的舞弊行为，当代学者金国平有详细考证，见氏著《张汝霖诈贿隐史》一文，收录于金国平《西力东渐——中葡早期接触追昔》一书，澳门：澳门基金会 2000 年版。

（1748 年 10 月 21 日）上呈乾隆皇帝的奏折显示，张汝霖汇报上来的案情为简亚二、李廷富趁夜"潜入夷人若瑟吧奴家内，被亚马卢、安哆呢起身捉获，廷富、亚二求脱不得，詈骂不休，遂被亚马卢连殴毙命，安哆呢亦将李廷富殴伤致死"①。但张汝霖在后来他本人与印光任合著的《澳门纪略》一书中又改口说简、李二人是"夜入亚马卢、安哆呢家，毙之，弃其尸"②。究竟简、李二人是入何人之家？张汝霖提供的情况前后不一，显然是在隐瞒事实。另外，当代学者金国平先生也指出，张汝霖的陈述在逻辑上存在着明显的破绽：

> "夜入亚马卢、安哆呢家"的行文也有纰漏。我们不禁要问的是：李、简同入"亚马卢、安哆呢家"？分别入之？李闯亚宅？简破安门而入？……《澳门纪略》这段关于李、简命案的记叙中，唯有"弃其尸"一语符合事实。在作者的笔下，二人夜闯番宅，非偷即盗，业主正当防卫，将其击毙。若此系致死理由，实无"弃其尸"之必要。③

在简、李案之后，道光元年（1821）的"土巴资号"（Topaze）案又被称作一起臭名昭著的舞弊事例。清前期广州一带经常发生外国船员水手醉酒后与当地百姓斗殴的事件。省城一带的命案，大半发生在外国船员、水手与地方百姓之间。地方官屡次严饬行商、通事对外国人严加管束，不准外国人与民人百姓私下接触，以及不准百姓向外国人私售酒水。④ 但当地百姓的违规行为还是屡禁不止。根据当时任英属东印度公司翻译的马礼逊在一封信中的描述，该事件发生的简况如下：

---

① 《明清时期澳门问题档案文献汇编》，第一辑，第 238 页第 164 号，岳濬折。
② （清）印光任、张汝霖：《澳门纪略》，卷上，《官守篇》。
③ 见金国平《张汝霖诈贿隐史》一文，出处同前。
④ 参见《东波塔档》第 835 号。

英国某军舰（即停泊在伶仃洋面的英国皇家战船"土巴资号"）上，有几个不带武装的水手，上岸去取水，便受了攻击。船上看见它自己的人受着中国人棍棒刀枪的攻打，绝无援助，便开起它的炮来，并且派一队水兵去救护。结果，英国的水手有十四人受伤，有六个人伤势严重。中国人中，有两个人死了，四个人受伤。①

在此须就"土巴资"号事件的背景稍作交代：19 世纪初，中国东南沿海海盗横行，过往中外商船频遭劫掠。一些西方国家的商船从事对华贸易时，政府往往派出军舰随行护航。根据当时清朝政府的规定，这类船只只能停泊在澳门以东伶仃洋面的碇泊所，不准进入内河，"土巴资"号就是这样一艘军舰。东印度公司的一份内部咨情报告显示，这一事件的发生很可能有另外一种原因，即"'土巴资'号水手的军官将中国人埋在沙里以便给水手们的两坛酒打烂，所以前者进行上述的报复"。② 巧合的是，当时的两广总督阮元就此案给朝廷的奏折中也提到了打翻酒坛这一细节，但其表述却是英国水手"误将民人酒坛踢翻"。③ 两方措辞明显不同，究竟谁在撒谎？因缺乏进一步证据而无从得知。值得一提的是，依据当时的有关规定，官府禁止民间与外国人私相交易，尤其严禁百姓私自向外国人兜售酒水。如果英方文件中所述属实，则广东地方政府对此事件的发生有不可推卸的失察

---

① 见［英］清洁理（Katharine Green）《马礼逊小传》，费佩德、杨荫浏译，广学会 1935 年版，第 94 页。关于"土巴资号"事件的前前后后，奥贝尔书中记载尤详，见氏著China ：A Outline of Its Government，Laws，and Policy，London：Parbury，Allen，and Co. 1834. 第 288—308 页的记述和马士《东印度公司对华贸易编年史》卷四第 32—42 页的汉语译文。另可参见德庇时的记载，见 John Francis Davis：The Chinese：A General Description of the Empire of China and Its Inhabitants，New York：Harper & Brothers Publishers，1836，Vol. I，第 106 页。

② ［美］马士：《东印度公司对华贸易编年史》，卷四，第 31 页。

③ 《明清时期澳门问题档案文献汇编》，第二辑，第 161 页，另参见本书附录《两广总督阮元奏报英国护货兵船伤毙民人畏罪潜逃饬令交凶折》。

之责。

事件发生后，该舰舰长投书至两广总督阮元，试图就本事件提出申诉。后者则要求负伤的英国水手上岸受审，遭到英国舰长拒绝，于是争执又起。"广州总督的主要条件，是要将英国水手中两个人论抵，作为杀死两个中国人的凶手。他并不问要定罪的是哪两个人，只要是两个人，便算数了——只要他的颜面能够顾全，他能够报告到北京去，说凶手已经抵罪便好了。"① 英方断然拒绝，理由是官府举行的审判必将是"不公正"的："在中国所有的凶杀事件，是要求一命偿一命的，故与外国人有关，必然随而产生极其紧张与纷扰的争论，而地方当局则诉诸最不合理的办法，以实行这个帝国的法律。"② 此次事件造成了广泛的社会影响，地方官厅因处理不力致使凶手逃脱，不仅颜面尽失，还难以向上交代。为了蒙混北京朝廷，推脱责任，地方官在有关该案件的奏折中再次变换案情，称案件的发生是由于该船士兵潜入伶仃岛南塘村盗挖百姓所种番薯，而且私自在山坡放羊，纵容山羊跑入薯田践食秧苗，引起争斗。英人存心报复并炮轰该村，致死民命云云。③ 如此一来，该事件发生的主要责任统统被推到了英国人头上。英商得知消息后，称这份奏折"充满极大的谎言，提供了地方当局对皇帝及其大臣实行欺骗的一个惊人事例"。④ 英国人也并没有就此罢休，直至1823年，他们还在盘算着要越过广东地方政府，"直接送一份真实报告给北京以消除广东当局的谎言"，但他们自己也知道"这个企图没有任何成功的希望"。⑤

总之，最高统治者操弄司法的做法看似直接有效，实际却削弱了国家的司法权力，也为官僚们的徇私舞弊留下了余地。当时身居广州

① 《马礼逊小传》，第95页。

② ［美］马士：《东印度公司对华贸易编年史》，卷四，第31页。

③ 详情参见书后附录中《两广总督阮元奏报英国护货兵船伤毙民人畏罪潜逃饬令交凶折》的内容。

④ ［美］马士：《东印度公司对华贸易编年史》，卷四，第40页。

⑤ 同上书，第81页。

的西方人曾经讽刺说："中国律例所夸耀的不变性是空想的，中国法律，最低限度在广东，很大程度上是总督的意志。"① 对于广东地方官来说，共同的利益和安全需要使他们之间结成共同进退的联盟，利用公开的、私下的条件达到互相保护的目的，被称为"广州利益集团"。② 他们的暗箱操作娴熟、周密而又不留痕迹，蒙骗了皇帝，玷污了朝廷的法律，政府的颜面尽扫一空，司法的威信荡然无存。可以说，"一命一抵"的实施十分不力，其原因既有西方人的对抗，更有来自司法体制内部权力运作的消极影响。统治者确立"一命一抵"是为了"上申国法"、"俯顺夷情"，最终却使得王法尊严受到更大的损害。

三 翻译——涉外刑事审判中的程序问题

一般而言，涉外司法中的各方参与者之间，首先面临如何跨越语言障碍、实现沟通。因此，翻译就成为实现涉外司法审判公开及公正的前提，同时也是涉外司法在程序方面有别于一般司法活动之处。传统时代的司法既不是专业化的职业体系，也不是独立性的职能体系。在这种条件下，全知全能的统治者或父母官如何看待和安排涉外司法中的翻译环节，以保证其司法实体性目标的最终实现，这是客观评价清代涉外司法活动的重要依据。事实上，翻译问题也一度成为困扰清代中西外交的重要因素。在涉外司法领域，因为翻译问题引起的争执也屡见不鲜。详细考察清代涉外司法中的翻译问题，有利于客观评价清代涉外司法与对外政策，而以往的研究恰恰忽略了这一问题。本文拟从以下三个方面做一分析：

---

① ［美］马士：《东印度公司对华贸易编年史》，卷四，第246页。
② ［美］费正清：《剑桥中国晚清史》，上卷，中国社会科学出版社1993年版，第177页。

1. 翻译的角色与处境

清代前期，活跃于通商口岸，在中外商贸往来中充当翻译的人叫作"通事"。在中国被迫开关之前，他们是接触西方商人与商业文明最为密切的群体。值得一提的是，他们并非仅仅从事翻译，在鸦片战争以后中国出现的早期商业买办中，有的就来自于早期的"通事"。

图 2—2　清代广州外销画家所描绘的通事受刑场景

据记载，这些从事"通事"业务的人，大都先由当时垄断对外贸易的"广东十三行"商人出具"保结"，再向官府申领充任通事的营业执照，这样才算正式迈入"通事"行当。清前期受到官府正式认可的通事，由粤海关监督发给执照，开张营业。道光时期，广州有一位被外国人称作"老汤姆"的华人蔡懋，就曾经营过一家

"宽和通事馆"。① 广东十三行中"东裕行"主人谢鳌官早年也做过通事。② 在一些涉外场合，这些通晓外语的行商也往往充任翻译的角色。事实上，行商及通事所扮演的角色并非仅仅局限于商业领域，在清王朝"以商制夷"的外交理念下，他们还被赋予了更多政治、外交职能。"在条约签订以前，还没有任何一个外国的领事或副领事被当局正式承认，因此这些外国官员如果要和海关监督联系，必须通过行商，行商又通过通事来递交函件。"③ 通事在行商具结担保之下，负责与外商、官府、行商之间的联络事务，或者受雇于外国人为其提供贸易资讯服务，如在外国商船到港后，代为联系各行行商，协助官方检验出入口货物，代为填写税表并呈报海关等。外商船只离港时，通事还要代办各种交费单据后呈交海关，并将海关回执"大单"转交外商大班收领。外商在广州期间，外出活动，都必须由通事跟随。官员审讯外国犯人时，常常命令通事在现场充任翻译。

鸦片战争以前，官府与西方各国往来交涉事务不断增多。但上至统治者，下至大小臣工，素来鄙视"外夷"，倡导华夷之防，对于西方各国语言文化的了解十分有限，也不注重培养此类专门人才。这给双方的日常往来造成诸多不便，譬如华洋案件的处理，必须借助于"通事"来应付局面。道光初任两广总督的阮元称："各夷船久停泊粤洋，与民人争殴伤毙，事所常有。内地官吏与夷人言语不通，是以向办章程均系责令该国大班查出正凶，询问明确，即将凶夷交出，传同通事提省译讯，录供究办。"④ 的确，翻译者（通事）对于弥补官员语言方面的不足，保证审讯顺利进行十分必要。不仅是涉外司法领域，在其他各类"民蕃交涉"事务中也是如此，譬如在处理边远少数民族

———————————————

① ［美］威廉·C. 亨特：《广州番鬼录》，冯树铁等译，章文钦校，广州：广东人民出版社 1993 年版，第 37 页。

② 梁嘉彬：《广东十三行考》，广州：广东人民出版社 1999 年版，第 328 页。

③ ［美］威廉·C. 亨特：《广州番鬼录》，第 37 页。

④ 故官博物院文献馆：《史料旬刊》第六册，《道光朝外洋通商案》，《阮元奏审办伤毙民妇之夷船水手折》。

事务方面，清律"化外人有犯"条例规定："蒙古案件有送部审理者，即移会理藩院衙门，将通晓蒙古言词司官，派出一员，带领通事赴刑部公同审理"。[①]

在涉外司法领域，由于清政府在涉外司法程序上的变通，客观上使得翻译的作用更为突出。传统的司法制度采取口供主义，"断罪必取输服供词，律虽有'众证明白，即同狱成'之文，然非共犯有逃亡，并罪在军、流以下，不轻用也"。[②] 这表明，定罪的根本依据在于案犯的口供，而不是证据。基于这一宗旨，官吏审问犯人时可以合法使用刑讯手段，根据清代法律的规定："凡讯囚用杖，每日不得过三十。熬审得用掌嘴、跪铼等刑，强盗人命酌用夹棍，妇人拶指，通不得过二次。其余一切非刑有禁。"[③] 清律对于刑讯有严格限制，皇帝也一再下旨严禁滥用刑罚。[④] 但刑讯是取得口供最为简单有效的途径，清代各地衙门为取得口供而滥用刑讯的现象十分严重。就广东而言，嘉庆十年（1805），仅南海、番禺两县就被查出私设班馆刑堂多达66所，官吏们甚至用逼迫女犯卖淫的方式来创收牟利。[⑤] 南海、番禺作为一省之首府首县尚且如此，嘉道时期地方州县滥设班房刑堂，滥用刑罚的现象可谓多见。道光时，广东南海、番禺、顺德、三水、香山

---

①　《大清律例》，卷五，《名例》。

②　《清史稿》，卷一四四，志一一九，《刑法三》。

③　同上。

④　（民国）叶觉迈、陈伯陶：《东莞县志》，卷三十三，《前事略五》（台北：成文书社1967年版）载：乾隆五十三年谕："申禁地方私造非刑"，嘉庆十六年又"谕禁州县用鹦哥架、天平架等非刑"，嘉庆十九年再谕"申禁地方官擅造非刑"。

⑤　嘉庆十年六月（1805年8月）："那彦成、百龄参奏玩视刑狱，滥羁人犯，并听任蠹役官媒，私押男妇，致毙多命之县令，请旨革职一折。地方官私设班馆，本干例禁，粤东狱讼繁兴，省城首县，即因待质人犯较多，自应禀知该管上司，妥为办理，设法羁押。乃南海一县，设有班三处，差役私馆五十处，番禺县则有待候所一处，差役私馆十二处，且听蠹役于各馆安设木栅四围堵塞，将讹诈不遂之人闭锢其中，竟同黑狱，致令无辜拘系，瘐死多人；甚至将各案未结女犯，发交官谋收管，设立女馆名目，遇有年少妇女，官媒竟通令卖奸得赃，该令等置若罔闻，尤为可恨"。（《仁宗睿皇帝实录》，卷一百四十六，嘉庆十年闰六月己亥。）

等许多州县均有私设刑堂班房的恶行，不良官吏们"串同土棍讼师，日夜聚集其中，吓索愚民"，其酷刑手段名目繁多，可谓花样百出，闻之不寒而栗，例如：

> 用铁杆三尺余长，竖立于地，上顶喉颈，周身捆缚，锁镣手足，作盘踞状。欲坐不能，欲起不得，名曰"饿鬼吹箫"；又有将人倒悬墙上，鞭挞拳殴，名曰"壁上琵琶"；或将一手指一足趾用绳从后牵吊，名曰"魁星踢斗"①。种种非刑，难以枚举。

刑罚残酷是当时西方人批评清朝司法制度的重要根据。但现有资料表明，清前期广东地方官审讯西方犯人时并不使用刑讯，所有西方人的著述中也未有任何相关的记载或评论。同时，官府为了使外国人"怀德感恩"，从1807年海王星号案以后，往往在外国犯人过堂时邀请外国人旁听，故而也就没有当其面动用刑讯的道理。在缺乏刑讯手段的情况下，地方官审理外国犯人时，必须更多地依赖质询方法取得供词，这使得通事（翻译）的地位更为重要。与此同时，其责任也更为严重。清律中对于汉番交往过程中通事的责任有众多详细规定，如："福建台湾地方，民人不得与番人结亲，违者离异。民人照违制律，杖一百；土官、通事减一等，各杖九十。"②"在京在外军民人等，与朝贡外国人私通，往来投托，拨置害人，因而透漏事情者，俱发近边充军。通事并伴送人系官革职"；③"福建台湾地方，民人与番人结亲，其土官通事嫁娶违律，主婚媒人罪例"。④除了此类一般性规定外，清律对于通事在司法审判中充任翻译的法律责任做出了尤为详细的规定：

---

① 《宣宗成皇帝实录》，卷二百五十一，道光十四年四月辛酉。

② 《大清律例》，卷十，《户律》。

③ 《大清律例》，卷十九，《兵律》。

④ 《大清律例》，卷四十一，《吏律》。

若官司鞫囚而证佐之人有所偏徇，不言实情，故行诬证，及化外人有罪，通事传译番语有所偏私，不以实对，致断罪有出入者，证佐人减罪人罪二等。证佐不说实情，出脱犯人全罪者，减犯人全罪二等。若增减其罪者，亦减犯人所得增减之罪二等之类。通事与同罪。谓化外人本有罪，通事扶同传说，出脱全罪者，通事与犯人同得全罪。若将化外人罪名增减传说者，以所增减之罪坐通事。谓如化外人本招承杖六十，通事传译增作杖一百，即坐通事杖四十。又如化外人本招承杖一百，通事传译减作笞五十，即坐通事笞五十之类。①

在清代广州的涉外场合，通事是与外国人往来最密切的中方人员。一旦外国人的言行激怒官府，通事也难逃株连。例如上文提到的通事蔡懋，就多次因为涉外案件的牵累而遭受牢狱之苦。道光元年（1821）发生美国商船"爱米莉"号船员德兰诺瓦误伤民妇案。蔡懋当时为该船通事，他与该船的"保商"——广东十三行商人之一——"资元行"行商黎光远同时被抓入监狱；② 1829—1830年，广州连续发生外国妇女违反官府禁令进入城区的事件（1829年盼师夫人事件，1830年怀特曼夫人事件），通事蔡懋又一次受到牵连，被判处杖刑；③ 1831年，官府和外商因为"夷馆"区的垃圾清理问题发生争执，蔡懋再一次被抓入监狱，广东巡抚还威胁要处死他。④

总之，法典的规定和地方官的监控共同形成了一张针对通事的制度潜网，有力地牵制着他们的言行。在这样的氛围中，老于世故的通事只有尽量揣摩官吏的心思，尽力迎合、蒙混过关，才能维护自身的安全，这在很大程度上决定了他们在涉外司法中的实际作用。

---

① 《大清律例》，卷三十六，《刑律》。
② 《清代外交史料（道光朝）》，第22页，《两广总督阮元奏审办咪利坚水手伤毙民妇一案折》。
③ ［美］马士：《东印度公司对华贸易编年史》，卷四，第292页。
④ 同上书，第291页。

2. 从"广东英语"到"印度水手"案——翻译的素质及其表现

在中西双方语言不通的前提下，翻译的素质将对涉外司法过程产生重要影响。对于翻译者的一般水准进行考察与评估，是评价清代涉外司法活动的一个重要环节。当时的翻译一般素质如何？其对清政府的涉外司法活动又产生了怎样的影响？对此问题，以下分析可以为证：

19 世纪后期，包括英国人在内的西方各国在上海洋泾浜一带设立了多处租界。当地百姓在与西方人打交道的过程中渐渐学得一些半生不熟的英语，后人戏谑地称其为"洋泾浜英语"。直至今天，"洋泾浜英语"一词还常常被用来取笑那些英语水平低下的人。殊不知，早在鸦片战争以前，在清王朝对外商的最重要的口岸广州，早已流行着"洋泾浜英语"的前身，名为"广东英语"。所谓"广东外语"，是流行于清前期广州一带的中国人与西洋人之间，用于商业交易和日常交流的独特语言交流手段。16 世纪以来，葡萄牙、英、法、荷等众多欧美商旅先后来到广州从事经贸活动。然而，当地的中国人没有机会接受正规外语的训练，他们只能运用某些听惯的外语词汇，依照汉语单音节的表达方式，夹杂着广东土话和肢体语言，与外国人进行日常交流。当时流传着一个笑话：一位外商至行商家赴宴，热情的主人在向外国朋友介绍菜品时，用"广东英语"将"煲狗肉"译为"煲汪汪！"（Bow-wow-wow）[1] 当时一位驻广州的美国商人称："广州的中国人，没有一个是能够读或写英文的。"在当时的贸易活动中，中外商人之间所用的期票，也仅仅注明金额、日期、开票人姓名。[2]"广东英语"这种不伦不类的表达方式，居然成就了一笔笔巨额贸易，支撑起广州数百年的对外通商，所以又被戏谑地称为"商业英语"（Pigeon English）。这是当时广州的通事们外语水平的真实写照。有些外国商人毫不客气地说："他们之所以被称为通事，是因为他们只通中文，

──────────

① ［美］亨特：《广州番鬼录》，第 32 页。

② 同上书，第 33 页。

并不通外文。"① 事实上，当时外国人的汉语水平也好不到哪去，当1807 年马礼逊来到广东时，在"英国人中，能流利操中国语的，就只有他一人"。正是由于汉语人才稀缺，所以马礼逊被聘请为东印度公司中文翻译后，年薪一度高达 1000 英镑。②

"广东英语"代表了鸦片战争前广州口岸华人的一般外语水平。有意思的是，这种"草根外语"并非仅仅存在于广东对外通商领域，据称在清代恰克图中俄贸易中也曾存在过与之类似的"买卖城俄语"。③ "广东英语"的长期存在的原因是多方面的，它首先是清政府严守"华夷之防"政策的产物。官府在当时严格限制华洋之间的接触，更严禁西方人学习中文，目的就是为了杜绝外国人因熟悉中国法律而制造麻烦。具体说来，官府除了强化保商对外商的监督管理职责，更严令禁止汉文书籍出口，禁止华人向外国人教授汉语（详细情况参见本书第五章的有关内容）。总之，"广东英语"给清政府涉外司法活动造成不可估量的消极影响，很难想象那些只会说"广东英语"的通事如何在司法中从事翻译，他们如何设法传递各方的意思，应付复杂的审讯过程。有关情形在清朝官方档案资料中从未有任何记载，美国商人亨特于 1837 年 5 月旁听了一次广州地方官对外国水手的审讯，他的对审讯过程的记录恰好可以说明通事的真实表现：

> 上一年 10 月份的《中国丛报》上刊登过这样一则短讯："福建巡抚的差官日前到达，解来夷人一名。该夷人据悉为一名印度水手，至于被何人于何时遗落在福建海岸，尚未查

---

① ［美］亨特：《广州番鬼录》，第 38—39 页、第 44—45 页。

② 前引《马礼逊小传》，第 61 页。米做一个不太严格的估算：在 19 世纪 20 年代英国确立货币金本位制之际，一英两黄金（约 30 克）值 3 英镑 17 先令 10 又 1/2 便士（见克拉潘《现代英国经济史》，上卷，姚曾廙译，北京：商务印书馆 1964 年版，第 331 页）。以今天 1 克黄金市场价约 200 元人民币来换算，当时马礼逊的年薪 1000 英镑相当于今天的 200 多万人民币。

③ 参见蔡鸿生：《俄罗斯馆纪事》，广州：广东人民出版社 1994 年版，第 158—160 页。

明。"按类似情况下的惯例，这个人被交给行商，而行商则把他送到行商公所……然后进行正式的审判，要弄情他来到海岸上的经过。

审问由广州知府主持，陪同者还有其他一些官员。两三个行商……还有就是首席通事老汤姆（即上文提到的通事蔡懋——引者注），都是必须到场的……老汤姆有点不走运，他一点都听不懂要他传译的话。不过他自有妙计渡过难关，他从木匠广场带来一个做箱子和盒子的工匠，名叫阿树（Ashoe）。他由于提供自己的产品与港脚船的水手做私人交易，所以能说上几句水手们的话……老汤姆事先给他戴上圆锥形的官帽、穿上蓝色长袍，手上拿着一把扇子，将其扮成为他本人的通事班子的一名助手。

肃静下来以后，首席法官便说："问那夷人的乡里、籍贯、姓名、年岁和职业。"阿树瞥了老汤姆一眼，就转向那个印度水手，用孟加拉国语问到："你要什么？你要水吗？"对这个问题那个印度人回答得非常清楚：不，他既不喝水也不要别的什么东西。可是，阿树跪在地上，却是这样翻译他的答话：──

"大人，夷人说他名叫拉姆·汗，[1] 三十岁，职业是水手。"然后他站起来，转身向着我们这些外国人，显出一副很得意的神气。

大人对老汤姆问道："你说这夷人是由一艘番鬼船上岸的，那艘是哪里的船？"

老汤姆用广东英语问了拉姆·汗几句，他当然一点都听不懂。老汤姆只好看着阿树。阿树问那黑人："要樟木箱吗？还有象棋盘。一等一流的货色，太漂亮了！一等便宜。"

那个水手做了好几次鬼脸，牛头不对马嘴地答了一阵子，然后看着外国人，用很好的孟加拉国语说："先生，他说什么？我听不懂他的意思。"这时，阿树又赶快跪下，把他的话翻译出来：

────────────

① 根据本书记载，此人真实姓名叫阿卜杜拉（Abdoolah）。

"大人，黑鬼说他的船是从孟加拉国来的。"

然后老汤姆又奉命问那艘船航行了多久？船是受哪里管束？怎么样停靠在该处海岸？载的是什么货？通事一本正经地操着广东英语，小声问那个不知所措的囚徒："大人说你船什么时候开行，里面载什么货，去什么地方？"这是直来直去、极简单的，可是阿树却帮他加上些话："到我店里来，我带你去，在木匠广场九号；名叫'昌和'（Chang-Ho）很多船长、很多大副到我的店铺去。"他一面这样尝试着推荐自己的货色，一面跪着，用虔诚的眼光望着那位官员；而那黑鬼则嘎啦嘎啦嘎啦地嚷了起来，发出一连串听不懂的语音，有些是马来语，有些可能是僧伽罗语。他拼命地做出各种姿势，并且用哀求的眼光看着我们这些外国人……老汤姆把那些相当凌乱的答话在自己脑子里经过一番整理加工，说："大人，这番鬼说，船上装的是大米，是从孟加拉国开来广州的途中起了大风，又遇上猛烈的大海潮，船被迫在福建靠岸……这个拉姆·汗由于过度疲劳，倒在地上很快睡着……后来他就被带走，关进了监狱。过了很长一段时间，一位委员要来广州，就委派他把夷人解来这里。"

广州知府转向坐在他下手的知县说："你看，通晓番话真是很有用呀！"然后，他又对着老汤姆说："通事君，你学识渊博，聪明过人，令人敬佩，不过这船是哪个国家的呢？"那"聪明"的通事看着阿树，阿树对印度水手说："一定来我店，九号。有三苏，一等货色，一等便宜。两元一瓶。"这一切使可怜的拉姆·汗差点发疯。他就像鸭子在雷雨里那样，翻着白眼，绝望地举起双手，发出一些听不懂的声音，最后累得快要坐下来了。

老汤姆对大人说："那船是属于红毛国的。"

"不足为怪，"那大人物推论似的说，"那些人，像老鼠一样，到处无孔不入，总想私自潜入中华领土……通事，你问问他，自从他有幸来到我们国土，他受到怎样的对待？"

阿树总是想着关照自己的店铺和货物，他对拉姆·汗说：

"千万别忘了，九号，木匠广场，那里，最公道的价钱，卖樟木箱和航海箱。随便比哪家店铺都便宜、都好！"那黑人越弄越糊涂，他朝四周看着，哀声说着一些语无伦次的话。

"大人，"老汤姆提高了声调说，"这个夷人对于他上岸以来所受恩惠，铭感于心，难以用言辞表达。这是今天聚集在这里的外国鬼都可以作见证的。"（然后，他向站在附近的一个外国人得意地问道："你看我哄他哄得很漂亮吧？""是的，"那外国人回答说，"你把那老头子当傻瓜骗了！"）"你告诉他，"那位官员吩咐道："我们中华的荣光，辉耀环宇，我们对他扶危济困，说明我们无限的仁慈，足可为天下万国垂范。你叫他回国以后，应该劝诫他本国君王，定要一心向往教化。这样才好！"

阿树接着对有点绝望的囚犯说："晚饭准备好了，镜子九号有；不能——"谁也听不懂他掺进来的这些话。那个印度水手又大声嚷起来，这回用的是马来语："那个人是笨蛋，先生，他都说了些什么？"老汤姆却翻译道："大人，夷人说他很留心听着，他说一定勉力从命。"（然后他又转过身来，向他的外国朋友诡谲地一笑，从容自若地说：'你以前知道我这么聪明吗？'）广州知府说："通事君，你真是学识渊博，出类拔萃。只可惜我未能按你应得的来行赏。"说着，他从椅子上站了起来，这是一个信号，表示审问已经结束。①

对于此次审判的描述带有几分荒唐的色彩，但官员与通事的表现却有充分的现实依据。在中国传统社会，司法既不是专业化的职业体系，也不是独立性的职能体系。从根本上说，当时的司法不过是官僚行政体系的一项附属职能。传统官僚群体中虽不乏个别熟悉律例者，但就整体而言，其司法专业素质的低下却是普遍现象，地

---

① 关于此案审讯情况的详细记录，参见［美］亨特《旧中国杂记》，沈正邦等译，广州：广东人民出版社1992年版，第23—30页。

方官们对于刑名师爷的依赖就是明证。相对于一般司法实务来说，处理涉外案件尤其需要更多的专门性知识和技能。官僚们有限的知识储备更无法应付。在听讼需要翻译时，他们只能求助于蹩脚的通事，甚至面对后者的故意蒙骗浑然不知，时常弄巧成拙，贻笑中外。翻译角色在此不过是徒具形式而已。作为旁听的外国人，却在无意中扮演了这种闹剧的看客。最后，由于这名来历不明的水手并未被查出有任何不法行为，所以审判结束后不久，他就被遣送回国。由于此案性质比较轻微，且在西方人看来极富娱乐性，也谈不上定罪量刑，所以，其审判结果充其量不过是茶余饭后的谈资。因而，在这样的司法活动中，翻译水准的高低良莠对于审判的最终结果而言，不会产生多少实质性影响，西方人也不会因为不服判决而借故挑起外交争端。但是，在死刑案件的审理中，虽然只是徒具形式的翻译，却一再成为引起外交冲突的导火线，著名的"德兰诺瓦"事件就是一个典型案例。

3. "德兰诺瓦"案：翻译问题引发的外交矛盾

道光元年（1821）发生于广州的"德兰诺瓦案"，就是广受中西

图2—3　肉豆蔻，西方早期殖民商人从事的香料贸易物资之一

方关注的著名案例，这一事件在中美关系乃至中西关系发展史上产生过重要影响。此案大致情况是，供职于美国商船"爱米莉"（Emily）号的意大利水手德兰诺瓦被控误杀一名华人妇女，该水手被处以绞刑。① 清朝官方档案对案发情形记载如下：

> 道光元年八月二十八日午候，有向在该处河面贩卖果子之民妇郭梁氏，同女郭亚斗坐驾小艇从该夷船边经过，该水手"佛兰西吐爹剌非吖"呼其拢近，将钱五十文贮于水桶，用绳坠下，指买蕉橙。郭梁氏收取钱文，将蕉子橙子各十余枚仍贮桶内，吊上夷船。该水手"佛兰西吐爹剌非吖"嫌少索添。郭梁氏稍谙夷语，答称须再给钱，方可添果。"佛兰西吐爹剌非吖"不依，致相争闹。郭梁氏高声吵嚷，"佛兰西吐爹剌非吖"恐夷船主听闻斥责，一时情急，顺取船上瓦坛从上掷下。瓦坛底棱打破郭梁氏头戴箬帽，伤及偏右，翻跌落河。郭梁氏之女郭亚斗在船喊救，适有粤海关弹压夷船之差役叶秀，在船妇陈黎氏船内闲坐。陈黎氏在船瞥见，喊同叶秀求捞不及。郭梁氏之夫郭苏娣近在河口，

---

① 关于此案的记载，可参阅的中外文献较多，如：《史料旬刊》，第六册，《道光朝外洋通商案》；《清代外交史料（道光朝）》，第22—26页；朱樽：《粤东成案初编》，卷三，《命案·斗杀共殴三》；王之春：《清朝柔远记》，北京：中华书局1989年版，第175页；*Relation between American and China*，见*The Chinese Repository*，Vol. v，sep，1836，第223—228页；G·W·Keeton，*The Development of Extraterritoriality in China*，Vol. Ⅱ，London，Longmans，Green And Co.，1928，第183—201页；[美] 马士：《东印度公司对华贸易编年史》，卷四，第14页、第25—29页；《中华帝国对外关系史》，卷一，张汇文等译，上海：上海书店2000年版，第120页；[美] 赖德烈：《早期中美关系史》，北京：商务印书馆1963年版，第56—58页；[美] 丹涅特：《美国人在东亚》，北京：商务印书馆1959年版，第75页；*Peter Auber，China : an outline of its government，laws，and policy*，London：Parbury，Allen and Co.，1834. 第296页；John Francis Davis：*The Chinese : A General Description of the Empire of China and Its Inhabitants*，New York：Harper & Brothers Publishers，1836，Vol. Ⅰ，第105—106页。李定一：《中美早期外交史》，台北传记文学出版社1978年版，第74页。除此之外，当代学者论及德兰诺瓦案的成果相当丰富，限于篇幅不能一一列举。

闻知赶至。与官差叶秀问郭亚斗、陈黎氏询知情由，捞获郭梁氏尸身，业已毙命。箬帽浮于水面，亦即捞起。查看瓦坛尚在郭梁氏船内。[①]

德兰诺瓦案先后经过两次审讯。中美双方关于案情的分歧很大。官府认为，德兰诺瓦投掷瓦坛打击郭梁氏入水，是致其死亡的直接原因。但美方质疑德兰诺瓦曾打中郭梁氏头部这一情节的真实性。另外，根据官府的描述，命案最初缘于当事人之间因购买水果的 50 文价款所引发的争执。但德兰诺瓦的供述则显示，他向郭梁氏换取水果的不是铜钱，而是数枚被称为"肉豆蔻"（mace）的香料。[②] 这种作物原产于非洲中部的矛屋（Banda）和东南亚的摩鹿加群岛等地，因价格较高被欧洲人视为奢侈品。早在汉代，此类香料产品就已经沿着丝绸之路进入中国。到了清代，在由广州进口的各项奢侈品名单内，肉豆蔻常常名列其中。[③] 因此，外国水手持有此类物品实在不足为奇。德兰诺瓦的供述与官府认定事实的关键证据何以如此不同，目前因缺乏更为翔实可靠的证据资料，不得而知。其他各类中文历史文献以及学界的有关研究成果，对这一细节从来未有丝毫涉及。更重要的是，在此案的审讯过程中，由于语言传译问题而引起的中西双方的争吵贯穿始终。阴历十月六日，该案的首次审讯由番禺县在爱米莉号上主持进行。这一次是公开审讯，被传到现场听审者有部分美国商船代表，还有包括十三行首领伍浩官在内的八位行商。现场翻译由两位十三行商人谢鳌官和"爱米莉"号保商"伯官"共同担任。美方曾试图聘请英国人马礼逊担任翻译但遭到拒绝。审讯开始后，"伯官与鳌官被传上前去，双双跪下，听从吩咐。对此，美国人得不到任何翻译……虽

①　道光元年十月十四日《两广总督阮元奏审办咪唎坚夷船水手伤毙民妇一案折》，见《史料旬刊》第六册，《道光朝外洋通商案》；《清代外交史料（道光朝）》，第 22—26 页；朱橒《粤东成案初编》，卷三，《命案·斗杀共殴三》。

②　*The Chinese Repository*, Vol. v, sep, 1836, p. 224.

③　［美］马士：《东印度公司对华贸易编年史》，卷五，第 536、624 页。

然浩官与两位翻译都很想帮助这名犯人，但很明显，他们连他（德兰诺瓦）自行辩护的一半内容都翻译不出，每当他们试图做出解释，就立刻遭到制止"。与此同时，知县也在"竭其所能地从两名水平有限的翻译口中寻找着想要的东西"。① 当番禺县讯问本案的关键证人船妇陈黎氏时，争吵再次出现。据美方人员称：

> 她通晓英语的程度远远好于浩官和鳌官，为了被告方的利益起见，她应该被允许用英语再次重复她的证词。如果这与从汉语转译过来的那一份不同，谎言就会被揭穿。但这项要求遭到拒绝。她刚刚用英语说了几句就被打断了。美方人员只能被迫去听那些断章取义的翻译。陈述完毕后，番禺县立即阴沉地传谕伍浩官上前，要他将证词翻译出来……（浩官译）："她刚才说，她从靠近爱米莉号的海关巡艇上看到坛子被扔下来；她看见郭梁氏头部被打中后沉入水中，再也没有浮上来；她知道就是这个人（德兰诺瓦）扔下了坛子。"②

但在审讯结束后的第二天，她又向"爱米莉"号船长考珀兰（Cowpland）提供了截然不同的证词，称"她对当时的情形并不知晓，当时她在自己的船里，只听到外面一艘舢板上传来孩子哭泣，紧接着爱米莉号从她的船尾旁经过，旁边的水面上漂浮着一顶帽子"。③ 由于美方人员的频频抗议，一再触怒番禺县，审讯草草结束。数日后，广东按察使再次提审德兰诺瓦，外方人员一律被拒之门外。据称他们通过间接渠道了解到第二次审讯德兰诺瓦的如下情形：

> 一些出席现场的中方人士透露，在向这个可怜的人问过几个

---

① *The Chinese Repository*, Vol. v, sep, 1836, pp. 224—225.

② Ibid. , p. 225.

③ Ibid. , p. 226.

问题，并讯问了两位证人后，他们出具了一份文书，他们让他用红墨水在上面按上手印。他们告诉他那仅仅是一份审讯过程的陈述，必须在做出进一步处理之前把它上交北京接受审核。看起来似乎一旦文书上交后得到回音，他就会马上被释放。

这个不幸的人，面对着那些陌生人，得不到任何指引，于是他对行商和通事们做出的郑重保证信以为真，这些人装作是他的朋友，把他的手印按在那张纸上。所有的程序马上停止了。那份文书作为他的罪行供状被送到北京……这个可怜的人，仍对自己的命运一无所知，他被送回监狱，摘去枷锁，得到一顿丰盛的酒饭。

之后的第四或第五天的凌晨四点左右，参加审讯的保商与通事前来看他，告诉他有必要进城去聆听京城的回音，却丝毫没有提及这个回信的主要内容。这个不幸的人满怀自由的希望，高兴地答应了。在行商的陪同下，他被用轿子抬到城中的一间小屋内，被告知要在里面稍候。随即，几名士兵进来，将他从另一扇门中带出。眼前出现的刽子手和刑具向他昭示了可怕的命运。①

德兰诺瓦就这样被秘密地执行了绞刑。有西方人评论说："这位不幸的水手，可能直到被押到刑场处以绞刑时，才明白他在上面签字画押的是什么。"②

作为中西关系史上一起著名的外交事件，"德兰诺瓦案"的审判对于中西关系的消极影响是显而易见的。首先，美国人表示不服，他们在上呈清政府的函件中挑衅性地表示：

---

① G. W. Keeton, *The Development of Extraterritoriality in China*, Vol. Ⅱ, London, Longmans, Green And Co., 1928, pp. 200—201.

② ［美］爱德华：《清朝对外国人的司法管辖》，载高道蕴、贺卫方等《外国学者论中国法律传统》，北京：中国政法大学出版社 1994 年版，第 455 页。

　　我们认为在这个案件的处理中存在偏见。我们一旦置身于你们的海面上，我们不得不服从你们的法律，尽管它是这样的不公正。你们曾经遵从你们的正义观念，把一个没有机会为自己辩护的人定为有罪。但是我国的国旗决没有被玷辱。它现在还飘扬在你们头上。服从于你们这样一个周围有势不可当的武力，背后以一个庞大帝国为支援的权力，并不是耻辱。你们有力量强迫我们这样做。①

　　与美国人的态度相比，英国人的反应似乎更加强烈，首先便反映在他们对美国人的强烈批评中："至于美国人，他们竟这样把一个在他们旗帜下工作的人，卑鄙地抛弃给这个帝国的残忍法律，毫未努力为他争取公道，他们的行为，应该受到每一个有道德、有自尊的和有感情、有良心的人所永远诅咒。"② 口诛笔伐之余，英国人还把对清朝司法的不满转化为实实在在的对抗行动。就在德兰诺瓦案过去不久，广州发生了著名的"土巴资号"事件，该英船船员与广州当地百姓群殴，后者一人伤重而死。官府强令交凶，英方则针锋相对，始终拒绝交出肇事船员。此次抵制行动取得了成功，官府缉凶活动不了了之。一些对清朝司法不满的西方国家立刻找到了效仿的榜样。西方人的不合作也给清朝其后的有关司法活动造成了更大的混乱。

　　事实上，清政府与西方人因为翻译问题而产生的矛盾并不局限于德兰诺瓦一案。1759 年英国人洪任辉事件中的四川人刘亚匾就因为私自为西方人提供翻译服务被处死。之后，清朝政府开始禁止外国人直接呈交中文信函，规定必须以外文书写并交由行商翻译、转递，外国人则抱怨："停止这种办法，则当局有权将英文函件随意翻译"；③ 单

---

① ［美］丹涅特：《美国人在东亚》，第 76 页。
② ［美］马士：《东印度公司对华贸易编年史》，卷四，第 29 页。
③ ［美］马士：《东印度公司对华贸易编年史》，卷三，第 281 页。

就司法而言，当时身在中国的美国人称：清朝司法体制中即无陪审团，又无律师，所有事实推定、被告人有罪无罪以及刑罚的裁量等一切权力，全都掌握在主审官员一人之手，这是中国与其本国司法体制最大不同之处。① 在清朝当时的司法体制下，在所有合法的诉讼参与人当中，审判中的翻译是外国犯人申诉案情、进行申辩的唯一媒介，也是其避免死刑的最后希望。但是，对于充任翻译的行商和通事们而言，他们自身尚且难保不受牵连，面对官府的施压和勒索，他们唯有俯首帖耳、任听驱使，按照官员的指令进行翻译，对于被告的主张和请求装聋作哑。尽管翻译者外语素质的低下确实曾给清朝涉外司法造成消极影响，甚至招致西方人的嘲笑和讽刺，然而翻译的水准其实并不会从根本上影响审判的结局。早在 1743 年对陈辉千案的处理过程中，乾隆皇帝就已经钦定了在外国人杀死华人的案件中，实施无差别的"一命一抵"立决死刑的原则，并一直沿用。德兰诺瓦案的最终判决同样照此办理。② 在这一原则面前，无论翻译者水平的良莠高低，还是程序如何变动，都已不再重要，因为"判决在开庭之前就已经做出了"。③ 根据最高统治者的主观意图，不论外国人由于什么原因致使华人死亡，等待他们的都是死刑立决。清朝对于华洋刑案的裁判，本质上是一种以威慑西方人为根本目的的政治手段，司法不过是其外在形式。一切审判的程序或形式，都服务于这一政治目标。在统治者看来，尽量使外国人闭目塞听，才更容易造成"刑不可知、威不可测"的氛围和效果，才能更好地震慑和驾驭不知礼法的"外夷"。对此，地方官在涉外司法审判中操控翻译的种种行径，处处流露出这一精神。

在鸦片战争之前，清政府与西方国家之间曾因司法领域中的种种问题争执不休，而翻译问题就是其中之一。一方面，由于种种原因所

———————————

① ［美］亨特：《旧中国杂记》，第 130 页。

② 阮元在其奏折中专门援引了乾隆八年的定例，出处同前。对于"一命一抵"原则的实施，笔者已另文详论，此不赘述。

③ *The Chinese Repository*，Vol. V，sep，1836，第 225 页。

导致的翻译素质低下，的确给清政府的涉外司法带来了消极影响；另一方面，涉外司法一直被官府视为"治驭外夷"的政治工具，因而审判中的翻译也就成了地方官执行皇帝命令，操控审判走向的工具。反过来，清代涉外司法中翻译问题的长期存在，不仅成为激化中西矛盾的导火线，最终也成为西方人攻击清朝涉外司法政策，谋求在华领事裁判权的一项重要理由。

第三章

涉外商事纠纷的处理模式：
广东十三行商欠案^①

康熙二十三年（1684）以后，随着东南沿海抗清势力的肃清，清朝实行开海贸易政策，设立江、浙、闽、粤四海关管理对外贸易，依据清朝政策，各通商口岸对外贸易主要通过官商组织垄断的形式进行。乾隆二十二年（1757），朝廷为了强化对西方人的防范，关闭其他三个海关，仅留广东一口对外通商，此后直到鸦片战争爆发前的近百年里，西方各国与中国内陆地区的经贸往来，主要通过广州十三行。由于这一贸易体制包含着种种缺陷，致使众家行商纷纷陷入资本短缺及周转不灵的困境，继而形成对外商的巨额债务。针对这种情况，当局各方本着不同的立场和处境，采取了不同的解决方式。商欠案解决的最终走向，反映了自然经济与专制制度下商人阶层的社会地位和必然命运。

---

① 清前期有官方档案中关于十三行"商欠"的内容，或指行商积欠外商债务，或指行商积欠国家税饷，下文以前者为主要研究对象。

一　18 世纪以来行商资本短缺之缘由

18 世纪以降，经营对外贸易的官商垄断组织十三行纷纷陷入了资本短缺，濒临破产的境地。究其原因，大致有以下几个方面：

1. 交易方式的固有缺陷

清朝例禁金银等贵重金属出洋，外商赴粤贸易，只能以货易货。各国商团货船到粤，将货物议定价格后交各行商报税发卖，并由行商为外商代购所求货物。清朝历来严格限制外商逗留广州省城的时间。康熙二十四年（1685）议准："番船贸易完日，外国人员一并遣还，不许久留内地。"[①] 乾隆二十四年（1759）洪任辉事件发生后，清朝进一步强化对外国人的监控及防范政策，对于行商与外商货物交付期限的限制更为严格："夷商在省住冬应请永行禁止，外商夷船向系五、六月份收泊，九、十月份归国。即间有因事住冬，亦在澳门居住……一切销货归价，自应责成殷商公平速售，按期清楚不得任意拖欠。"[②] 根据这些规定，外商船只春夏之际到达广州以后，将货物暂存行商货栈，经后者评估并与外商共同商定货物价格，再由行商代销货物，并代购外商所需茶叶、丝绸等货物，在当年秋季外国商船离粤返航之前交付外商。其间报关纳税事务均由行商包揽代办。

客观地说，对外贸易本身即须承担巨大的市场风险和海运风险，远非陆上贸易所能比拟。而这种形成于政府指令之下的贸易制度非但全然无视交易规律，更人为制造出许多额外的政策性风险。统治者曾断言："夷船所贩货物全籍内地销售，如呢、羽、钟表等物，中华尽

---

① （清）梁廷楠：《粤海关志》，卷十七，《禁令一》。
② （清）梁廷楠：《粤海关志》，卷二十八，《夷商三》。

可不需，而茶叶、土丝，在彼国断不可少"。① 客观上，中西方商品在对方市场中的表现的确存在较大的反差：中国所产的茶、丝、大黄等大宗货物在海外销路看好；外来商品，除了有作为奢侈品输入的钟表、琥珀、香料、海参、象牙、皮货等项目以外，更多、更大宗的进口货物是布匹与毛纺织品，如长厄尔绒、宽幅绒、羽纱等西方机器工业品。这些货品因为不适应中国国内市场需要而常常造成积压。外商也承认：中国对英国货没有真正的要求，比如他们所需要的铅和长幅呢仅占英国投资需求总额的 2%。② 英国人于 1637 年第一次尝试到广州贸易，结果没有卖出一件商品，只是抛出了 8 万枚西班牙银元；东印度公司第一批驶往中国的船只，卖出的英国货也极少；康熙三十八年（1699），属于"新英国公司"的"马克莱斯菲尔德"号（Macclesfiled）商船载来 54745 磅货物，主要是呢绒，其中有 1/4 没有卖出。③ 由于进口货物经常滞销，造成资金周转困难，行商们往往无法在官府所要求的五六个月内，顺利完成为外商代销、代购的贸易环节，资金周转不灵，资本不足的困境很快就在各家行商中间蔓延开来。随着贸易的持续运转，众家行商的资本缺口也越来越大。为了缓解这一情况，18 世纪中期，在行商的要求下，双方改变了早期商船到达广州后才订合同的惯例，采取提前一个贸易季度订立下季贸易合同的办法，并且由外商预付出口货价，"预付定款的习惯是，付茶叶成本额的半数，生丝成本额多至十分之九。"④ 采取这种方法，在一定程度上缓解了行商的资本压力，减少交易风险。但这笔债务只能在出口货物移交后才能偿清。于是，行商经营中的负债比例及所承担的经营风险成倍增加。

---

① （清）梁廷枏：《粤海关志》，卷二十六，《夷商一》。
② ［美］马士：《东印度公司对华贸易编年史》，卷一，第 224 页。
③ 以上均参见 ［英］格林堡《鸦片战争前中英通商史》，第 5—6 页。
④ ［美］马士：《东印度公司对华贸易编年史》，卷二，第 411 页。

2. 官府对行商的勒索

十三行组织自从成立之日开始，一直受到上至朝廷、下至官吏的盘剥与勒索。首先是各种名目的捐输，凡是国家举办各种工程，筹备军需、赈济灾区，都要向行商索要捐输。据吴建雍统计，自乾隆三十八年（1773）至道光十二年（1832）的60年间，十三行向国家捐输钱物有18次，总价值达到395万两白银；① 张小宁的统计数字更为惊人："乾隆三十八年至乾隆五十九年（1773—1794）的27年间，行商至少捐款178.5万两。从嘉庆五年至道光十二年（1800—1832）33年

图 3—1　清代粤海关

中，行商捐输增至 5403000 两以上。"② 实际上，这些捐资名目大多是官府勒索行商的幌子，比如"所谓水灾的严重性是被夸大了的，即使

① 见吴建雍《1757 年后的广东十三行》一文，收录于中国人民大学清史研究所：《清史研究集》，第三辑，成都：四川人民出版社 1984 年版，第 106 页。

② 张小宁：《广东十三行衰败原因试探》一文，见《中国社会经济史研究》1996年第 2 期。

真有其事，从他们的捐款中，也只有一小部分被用来修理河堤，官员们拿走大部分以满足自己的私欲。行商可以商量，可以少拿，但不能逃避"。① 除捐输外，还有种种献给皇帝和各级官吏的贡献、报效。行商按例每年要献给皇帝大笔贡物和贡银。在 18 世纪行商进口货物的清单中，"可以见到私人贸易购入的钟、表价值甚巨。这些东西，除了可能是收藏家的嗜好对象外，但在行商处必须把它看作是一种贿赂的专款，因为其中的多数，无疑最后是作为礼物送给官员及其属员的"。② 这一类的进口物品在当时有一个专有称呼，叫做"打簧货"，其主要是"由伯明翰和其他地方专为东方市场制造的钟、表以及样式奇巧的机器玩具（例如'藏着一只宝石镶嵌的小鸟、盖子揭开就发出叫声的鼻烟壶'）。这些自动玩具的长处是在机械时代以前，西方所能制造的使东方发生兴趣的少数物品之一。它们得到广州和北京官员们的欣赏，并被行商们选用作为馈赠政府官员的年礼"。③ 行商耗费巨资购买这类精巧器玩，不仅要用之打点各级官吏，更要进献给北京的皇室。18 世纪中期，这类贡物"每遇需用一件，关宪与内司、地方官向各行索取，奚啻十件，日无宁晷，以一件借办贡物之需，或借为某大人自贡之用，余则归其私橐，任意单派"。④ 由于各类衙门中的大小官吏均可利用职权牵制行商，这些权力无论大小，都可以成为向行商要价勒索的条件，后者不敢不从，且有苦难言。乾隆皇帝曾下旨声称要免除行商的贡物，减轻他们的负累，但行商的进贡却从来未曾停止。至嘉庆十九年（1814），行商在给英国东印度公司特选委员会的一封信中诉苦说，每年全体行号仅花费于钟表一项就达 10 万

---

① ［美］亨特：《广州番鬼录》，第 28 页。

② ［美］马士：《东印度公司对华贸易编年史》，卷二，第 576 页。

③ 格林堡：《鸦片战争前中英通商史》，第 20 页。

④ 乾隆二十四年"法国商人致两广总督要求改善通商关系禀"，见汤象龙《十八世纪粤海关的腐败》一文，收录于包遵彭、李定一等《中国近代史论丛》，第一辑，第三册，台北正中书局 1956 年印行。

余元，全体行商已经陷入了财务困境。① 到嘉庆二十五年（1820），内务府竟然宣称："毕献方物，若一概停止，究于体制未协，且无以申芹献之忱。"为了向上讨好邀宠，这帮官僚又向皇帝上奏获准，声称其后"所有方物，仍照旧例呈进。海关监督遵奉行知，准进朝珠、钟表、镶嵌挂屏、盆景、花瓶、珐琅器皿、伽楠香手串、玻璃镜、日规、千里镜、洋镜"。② 朝廷的勒索犹如千斤重担，重新落回行商头上。乾隆五十八年（1793），官府查抄"而益行"行商石琼官财产，共计 1478576 两白银，其中购买钟、表、千里镜等贡物的价值有222650 两，占财产总额的 15% 以上。③ 清代行商受官府盘剥摧残之重，由此可见一斑。

在直接的捐输、报效以外，官府还对行商实施各种变相勒索：首先海关监督经常收到内务府札发参勒、珍珠之类，以高价发商，售变价银；另外，官府还将行商捐输的白银"发商生息，以备公用"，④ 也就是把从行商那里勒索来的银两，存于行商处，生息收利，实施二度勒索。清代前期，官府的肆意盘剥已使众家行商不堪负累，经营状况不断恶化。更为严重的是，由于十三行商人要充当外商的"保商"，一旦出现中外外交争端，或者由其担保的外国人发生违法行为时，行商就会受到株连，从而又给大小官吏趁机勒索创造了机会。嘉庆十四年（1809），英国兵船在澳门强行登陆，数家行商被治罪；另如前文所述，一旦外国商船上的水手、船员与当地华人之间发生冲突，或有外国人致死华人的案件发生，行商往往被勒令参与查追凶手。一旦受到外方抵制，或案犯脱逃，行商就会成为地方官办案不力的替罪羔羊，并受到肆意勒索。嘉庆五年（1800）伍沛官、昆水官各自所担保的外商船员被指控走私，二人受到牵连，分别处外商所偷漏税款的 50

---

① ［美］马士：《东印度公司对华贸易编年史》，卷三，第 192 页。

② （清）梁廷楠：《粤海关志》，卷二十五，《行商》。

③ ［美］马士：《东印度公司对华贸易编年史》，卷二，第 576 页。

④ （清）卢坤：《广东海防汇览》，卷十一，《财用》。

倍、100 倍的"罚款"。① 外商走私应属海关稽查不力，但责任也要由行商来承担。再如前文所述，行商茂官在 1807 年海王星号案件中因受官府勒索而耗尽财富；嘉庆二十二年（1817）发生"沃巴什"号案件，官府又借故向数位行商勒索巨额罚款。十三行总商伍浩官拥有近两千万两白银的身家，更屡屡成为官府勒索的目标。② 一名东印度公司的职员曾明确地说："老实说，广州政府的官吏没有一个人是干净的。"③

3. 商业利润的非资本化投向

除了以上两个方面，经营利润的非商业化流向也是造成十三行资本短缺，经营恶化的重要原因。十三行商人坐拥巨额财富，却无法获得制度性的保障。为免受贪婪的君主及官僚集团的勒索盘剥，他们被迫将大量的财富投入官场以求得平安，并以种种渠道为自身谋取"官商"的身份。于是，商人们的财富越多，其官商色彩越浓厚。在明清时期兴起的著名区域商人集团中，具有代表性的地域性商人集团如山西介休"皇商"、两淮

图 3—2　富甲天下的怡和行行首伍浩官

盐商，以及广东十三行商人，等等，无不如此。以十三行中"怡和行"伍氏家族为例，嘉道时期，伍氏在十三行中财富位居首位，拥有财产曾多达 2600 万元。为了维护自己的财富，伍氏不得不想方设法与

① ［美］马士：《东印度公司对华贸易编年史》，卷二，第 663 页。

② ［美］亨特：《广州番鬼录》，第 34 页载：1841 年英军占领广州城，官府要行商捐巨资赎城，行商们共捐出 200 万元，其中仅伍浩官一人的捐献就占据 110 万元之份额；道光元年（1821），官府又以他所承保的外商货船私带鸦片为由，摘去他的三品顶戴，并借机要挟向他勒索巨额钱财（事见《清朝外交史料（道光朝）》第 27 页，《两广总督阮元奏行商伍敦元徇隐夷船夹带鸦片请摘去所得顶带并责令严禁杜绝折》；马士：《东印度公司对华贸易编年史》，卷四，第 16 页）。

③ ［英］格林堡：《鸦片战争前中英通商史》，第 67 页。

官场交结：

> 伍家财富的增长，引起官府的注目，连皇帝都知道伍怡和有钱。在官为刀俎、商为鱼肉的封建社会，伍家很容易变成一只被剥光的肥鹅或肥羊，不断遭到勒索，甚至面临抄家破产的厄运。伍家父子却能以富求贵，以官养商，牺牲部分利益来换取官府的庇护，以达到既富且贵，长享富贵的目的。全家通过贿赂、捐输和报效，同清廷和广东官吏建立了密切的关系。据不完全统计，嘉庆六年至道光二十三年，伍家的贿赂、捐输和报效共达1600余万两。伍家利用官吏品级商品化的捐纳制度，捐输报效的巨款，换来许多官衔、封荫和官职。从伍秉鉴的曾祖到伍崇曜五代俱晋一品荣禄大夫。秉鉴之兄秉镛由贡生捐官至湖南岳常澧道。伍崇曜、伍绍棠父子等五人俱钦赐举人……这样，伍家便成为亦官亦商、半官半商、上通朝廷、下连市廛的名副其实的官商。①

行商将大量的商业利润投向官场，通过种种手段交结官府，甚至直接踏足官场，为自己寻找靠山和保护伞。外界对广东十三行各家商号经营者的称呼，大多在各人名字之后附以"官"字，如经营"怡和行"的伍氏称"伍浩官"，"广利行"卢氏称"卢茂官"，"同文行"潘氏世称"潘启官"，"天宝行"梁氏称"梁经官"，"丽泉行"潘氏称"潘水官"，"东裕行"谢氏称为"谢鳌官"，等等。② 这可以视为十三行"官商"身份的一种标志与象征。总的来说，"亦官亦商"或"以官养商"是传统商人阶层的价值归宿，可谓"官官商商，商商官官"。专制王朝本以商人阶层为鱼肉，更不可能主动为其财富提供制度性的安全保障。后者只有委身于官场，割舍大量财富以为交换，才

---

① 参见章文钦：《十三行行商首领伍秉鉴和伍秉曜》，见广州市文化名城研究会、广州市荔湾区地方志编纂委员会：《广州十三行沧桑》，广州：广东地图出版社2001年，第208页。

② 详细情况参见梁嘉彬所著《广东十三行考》一书的考证。

能获得生存和延续。社会财富的这种流向导致明清商业资本积累及其产业化转型难以为继。行商的遭遇也是明清商人阶层及商业资本发展状况的缩影。

此外，行商还将大量财富投向土地、田宅，以及个人奢侈消费等方面。1860 年 4 月 11 的《法兰西公报》刊登了一封法国商人的信件，其中有这样的描述：

> 我最近参观了广州一位名叫潘庭官的中国商人的房产。他每年花在这处房产上的花费达 300 万法郎……这一处房产比一个国王的领地还大……据说他拥有的财产超过 1 亿法郎。他有五个妻子和八十名僮仆，还不算三十名花匠和杂役等。他在中国北方还拥有另一处更好的房产。①

这种生活方式在一定程度上影响了商业利润资本化的进程，给行商经营造成消极影响。有时直接影响到资金的周转，如行商茂官拥有巨大的地产，这也成为拖累其商务的一个因素，"如果不从欧洲人那里借钱，他就没有充分的现金来经营公司分配给他的生意"。②

以上是 18 世纪以来广东十三行资本短缺，经营状况恶化的几项主要原因。西方的历史经验说明：经济的市场化并非仅仅意味着产品市场的繁荣。商业的发展和扩张更离不开成熟、完备、发达的资本市场，尤其是高效、便捷的融资市场，因为资本是市场经济生存发展的营养和血液。同时，资本市场的发达程度也是衡量经济市场化程度的标杆。然而，与产品市场相比，资本市场的繁荣和健全，必须依托于由国家构建及不断完善的制度体系。中国古代的宏观制度精神及官府的抑商政策基调恰恰与之相矛盾。中国古代的商业贸易与商人阶层的繁荣，在很大程度上只是充当着专制集权体制与自然经济结构的附属

---

① ［美］亨特：《旧中国杂记》，第 89—90 页。
② ［英］格林堡：《鸦片战争前中英通商史》，第 59 页。

品和润滑剂。商人阶层没有独立的社会地位，只能沦为官僚肌体的附庸。这一局面反过来抑制了经济的市场化趋势，资本市场尤其先天不足。广州行商所面临的资本支持的薄弱与融资渠道的匮乏，在很大程度上即是这一宏观背景的注脚。另自 18 世纪末开始，英、美、法等西方国家之间的商业竞争，散商与公司之间共存与竞争的复杂关系，以及行商之间的恶性竞争等诸多因素相互交织，也直接或间接地造成行商的经营恶化，形成大量积欠朝廷税捐的局面。多数行商濒临破产，急于寻求融资渠道以维持经营，缓解资本危机，摆脱困境。在这种情况下，十三行除了向外商举借债务别无良途。

二 清前期广州外贸领域的金融机制与商欠的形成

历史经验说明，商品经济的发展与发达离不开资本市场的支持：从宏观方面来看，它整合社会资本投入再生产，推动社会财富的进一步增值；从微观方面看，它为市场中的经营者提供资金保障，从而降低经营风险，提高经营效率。资本市场与产品市场的相互支撑与协调发展，是市场经济不断扩张，社会财富不断增长的基本条件。从西方历史经验看，古希腊罗马时代就已经出现了银行和银行家。中世纪以后，位于地中海沿岸的一些商业发达城市已经出现了经营信贷业务的金融公司，欧洲各地的私人银行也逐步发展起来。这种机制的形成，离不开社会经济本身的发展，更离不开国家积极有为的政策推动和制度保障。西方公营、国营银行或金融机构的出现可视为一重要标志。自 15 世纪初至 17 世纪末，西班牙、热那亚、荷兰、威尼斯、英国等欧洲国家和地区纷纷出现了此类国营（或公营）金融机构。1694 年，英格兰银行成立，业务范围包括执行国家有关的货币政策、储蓄、转账、发行有价证券等项目，这对于提高经济运转的效率和保障交易安

全，推动海外商业扩张及促进产业经济的发展，起到了举足轻重的作用。① 相比而言，中国古代经济社会及制度体系的发展则延续着截然不同的轨迹。到明清时期，中国商品经济曾经有过显著的发展，但没有从根本上突破以自然经济为主体的经济结构。其时，民间虽然出现了诸如银号、钱庄、票号等金融组织，但无论从力量还是功能来看，都十分有限；尽管商业经营中也出现了诸如合股、合伙等某些融资手段，但资本的社会性整合的深度及广度与西方比较相差远甚。由于资本市场本身发育不足，其无力为全面社会化的经济运作模式提供充足的资金保障，从而无法支撑整体社会经济市场化的大格局。资本市场的发育程度是社会经济市场化程度最根本的反映。更重要的是，历代王朝一贯奉行"重农抑商"的基本国策，视商业为末业，将商人阶层视为"四民之末"，商人与商业的发展均受到压制。这是整个传统时代的大环境，也是各家行商所面临的实际困境。

1. 清前期广州对外贸易中的金融角色

在金融市场极不发达的条件下，广州经营货物贸易的中外商人或商行常常兼职金融家的角色，如办理商业汇兑、存取款、发放贷款之类的货币业务。

从外商方面来看，在对华贸易中占最大份额的是英商，英属东印度公司在广州的账房可以行使银行的各项职能，可以直接开出伦敦董事会和孟加拉政府的汇票；公司账房还通过控制汇率，经常从汇票贴现中获得可观收益。除此之外，"它还对中国行商发售所谓的'转账票'（transfer）……把购买茶叶欠下的款项转移给出售印度货物给中国人的债权人，因而避免了对行商的债务。在十九世纪初的英法战争期间，它更依靠大量发行转账票渡过难关"。② 另外还有散商。如前文

---

① 参见［法］布罗代尔《十五至十八世纪的物质文明、经济和资本主义》，顾良等译，卷二，北京：生活·读书·新知三联书店1993年版，第418—419页。

② 见吴建雍《1757年后的广东十三行》，《清史研究集》，第三辑，第109页。

图3—3　清代十三行俯瞰图

所述，1834年以前，港脚商要从事对华贸易，必须从享有贸易垄断权的东印度公司购买许可证；他们从对华贸易中的盈利，则要通过东印度公司开出的伦敦汇票才能汇到英国。进入18世纪后半期，英国对华贸易份额受到西方新兴国家的竞争挑战，英属东印度公司对华贸易呈现萎缩之势，这种局面很快便影响到它在欧洲的资金周转。至19世纪70年代初，它一度只能开出很少的汇票。"港脚商既不能将资金汇到英国，又受到处于困境的中国商人所出的东方的高利率的吸引，就将大量款项借给了他们"。① 散商们与东方往来贸易的机构是"代理行"，这种行号虽然主要是贸易行，但也做银行家、票据捐客、保险代理人等业务，② 其中著名的如麦尼克行、孖地臣行，等等。"由于广州货币市场的特殊性质，就发展出来一桩很突出的存款和放款业务……向行商放款，是在十八世纪七十年代最初前来中国的'英国散商'的目标"。③

---

① ［英］格林堡：《鸦片战争前中英通商史》，第18页。
② 同上书，第131页。
③ 同上书，第139页。

相比起资本雄厚、实力强大的东印度公司来说，散商们资本较小，经营海上贸易的风险较前者更大。于是，这帮人更倾向于以经营投机性的项目快速回笼资金并获得暴利。在清前期中英贸易结构中，港脚商是从事走私违禁货物、偷漏关税最为踊跃的商人群体；在罪恶的鸦片走私活动中，他们又是最不光彩的活跃分子。当十三行商家纷纷陷入资本危机的时候，他们再一次发现了新的投机机会。这些人越来越多地通过向行商放贷获得高额而稳定的收益。对他们来说，发放贷款比起海上贸易和鸦片走私来，几乎没有任何风险。由于回报丰厚，18 世纪晚期以来，许多代理行大都改做这种放贷业务而不再从事一般性的货物生意，据称经营这类业务的代理行"从利息项下取得的利润要比从交易佣金项下取得的多得多"。① 当时出贷给行商的钱款多出自海外商人的名下，在实际操作时常常由各自的代理行预先垫付，并向前者收取利息作为佣金。出资人和代理行之间相当于一种信托投资关系，代理行的职能类似于今天的信托经理。到 19 世纪初，这类专向行商开展的借贷业务通行利率为 12%，"代理行对于垫款是从来不收少于 10% 的利息的"。② 这种收益要远远高于代办货物贸易的回报。

　　在中方商人行列中，十三行"怡和行"的经营者伍氏也一度扮演着金融家的角色。凭借几代人苦心经营积累起的巨额财富，除了作为英美商人"诚实可靠"的贸易伙伴以外，还是"英公司的'银行家'和最大的债权人。公司大班每年结束广州的交易前往澳门暂住时，总是将存款和金银交给伍秉鉴保管。公司有时资金周转不灵，也向伍家借贷"。③ 凭借雄厚的财力，伍氏能在其他行商陷入危机的情况下保持稳健姿态，并向各家行商或外商放贷，还常常代理外商向行商放贷。实际上，由于当时中国社会资本市场及金融体系极不健全，外商经常

---

① ［英］格林堡：《鸦片战争前中英通商史》，第 59 页。

② 同上书，第 142 页。

③ 章文钦：《十三行行商首领伍秉鉴和伍崇曜》一文，前揭《广东十三行沧桑》一书，第 208 页。

将一些货款或盈余资金暂存于行商处以备使用。当行商们纷纷陷入困境时，外商便趁机将这类资金储备转化为借款。

2. 外商对行商的债权形态与利率分析

18 世纪以来的十三行商人，一面经受资本严重短缺的困境，一面承受官府的盘剥，纷纷走向没落。为了生存，众家行商纷纷向外商举借债款。对于行商来说，这是最为现实可用的融资渠道。一般来说，东印度公司对行商的债权形式"只是当季的预付款，或者当季到下季而已"。① 这类债务的形成是预付贸易制度的自然产物。真正向行商发放贷款并收取高额利息的多为私人债主，这些人主要包括东印度公司的高级雇员及公司之外的私商，其中有不少是大班代理远在印度殖民地的食利者经营放贷业务所形成的债权。② 私商对行商的债权主要表现为两种形式："有时是将进口货物以高价赊给中国人，最多的是放债赚取高利息"。正如一位债权人写信给特选委员会所说的："一些人在做这样一种生意，他们从印度各个居留地以低利息借入债款，以高利息贷给中国人。"③ 与公司债权相比，私商的债权在行商债务总量中通常占据大半比重。例如，在 1779 年，各家行商积欠英方的私人债务总额超过了 4347300 元，次年更达到 4400222 元，折合白银超过 310 万两。而直到 1795 年，行商们欠东印度公司的债务总额只有 1521875 两，犹不到前者一半。④ 由于清政府向来不许中外商人之间以现银交易，尤其严禁白银外流。于是，外商在回国时常常将售卖未完的货物作价留给行商代售，售出银两言明年月几分起息，不少借贷交易是通过这种方式来实现的。⑤

---

① ［美］马士：《东印度公司对华贸易编年史》，卷二，第 366 页。
② 同上书，第 369 页。
③ 同上书，第 366 页。
④ 同上书，第 369、377、578 页各项列表。
⑤ （清）梁廷楠：《粤海关志》，卷二十五，《行商》。

　　行商向外商借贷的情形早已出现，但对于早期的利率，还未见有正面的详细记载。道光十一年（1731），英属东印度公司广州管理会的大班已经向公司提出建议，废除以往将剩余资金锁在保险箱交行商保管的做法，将它作为"存款"交给行商，这样"每月可收回利息1%"。① 由此推断，这一时期广州中外贸易中的借贷年利率一般应在12%上下水平。此类利率并非一直维持在这一水平上。早在18世纪70年代，由于各家行商经营危机频发，急于寻找融资渠道，使得贷款利率上涨到18%—20%。② 18世末至19世纪初的数年内曾回落到12%。③ 之后逐步走低。"当1810年许多行商陷于困境的时候，很快地就修改了存款的通行利率，将10%至12%的利率率先降到8%，随后又降到7%。'在中国同行商照常例通融款项是有困难和风险的，由于他们当中一些人——实在太多人——的艰难情形，我们和所有其他代理行都不得不降低人们的利率'……在1814年情况缓和的时候，利率又上升到10%"。④ 19世纪30年代，猖獗的鸦片贸易造成中国白银大量外流，"现金缺少又将通行利率抬高到过去的年利12%的老水平，甚至还要高一些"。⑤ 客观地说，12%—20%的年利率明显低于国内借贷市场的平均水平。根据刘秋根的研究，明清时期民间借贷市场的利率虽受到时间、地域、数额、借贷种类等诸多因素的限制，且私人之间的货币借贷利率也不乏月息五分（5%）、十分（10%）至年利数倍于本金的高利及月息一分五厘（1.5%）左右的低利，但"总以二分、三分至四分、五分为多"。⑥ 照此来看，即便不计复利，民间借

---

① ［美］马士：《东印度公司对华贸易编年史》，卷一，第206页。
② ［美］马士：《东印度公司对华贸易编年史》，卷二，第366页。
③ ［英］格林堡：《鸦片战争前中英通商史》，第59页。
④ 同上书，第141页。
⑤ 同上书，第143页。
⑥ 刘秋根：《明清高利贷资本》，北京：社会科学文献出版社2000年版，第202页。与西方金融市场通行年息制不同的是，中国传统社会借贷市场中通行月息制，三分利即月息3%。

贷的年利也都高达 24%—60%。① 事实上，复利计息方式在民间借贷中十分普遍，耳熟能详的有"利滚利"、"驴打滚"等多种名目。在人口占大多数的广大乡村地区，百姓的借贷行为，常常是以解决衣食温饱为目的的生活性借贷，而不属于以资本增殖为目的的商业性借贷。这反映了在以自然经济为主体的中国社会中，由于资本的流动性差，资本市场的流动性，社会资本的整合及融通程度均十分低下。这使得融资困难且融资风险较高，从而使得借贷利率也相应偏高。明清法典即明文规定："凡私放钱债及典当财物，每月取利，并不得过三分。年月虽多，不过一本一利。"② 清律例文对此有进一步的解释："如借银一两，按每月三分取利，积至三十三个月以外，则利钱已满一两，与本相等，是谓一本一利，年月虽多，不得复照三分取利，即五年十年亦只还一本一利，此债当取利之禁限也。"③ 根据以上清朝法律的有关规定，当时民间借贷实行月息制，利率为三分（3%），即便不计复利，借贷的年利率也高达36%。此为清代法定的利率上限，也是当时中国国内借贷市场利率的一般水平。这远比同期西方尤其欧洲大陆地

---

① 民国时期民间借贷的利率情况与此大致相仿。根据李金铮统计，在民国时期，即便是长江中下游一带商品经济比较发达的地区，社会中借贷的年利率也普遍维持在30%乃至更高。而借贷年利率低于20%的只有不足20%的比例。见李著《民国乡村借贷关系研究——以长江中下游地区为中心》，北京：人民出版社2003年，第152—155页。时至今日，中国资本市场的发育依旧很不健全。市场融资机制单调、融资渠道匮乏，由银行唱主角的局面并未根本改变。地下融资机构普遍存在，民间借贷中高利率盛行，且商品经济越发达的地区高利借贷越普遍。比如长江三角洲一带，自2007年下半年开始，由于美国金融危机和国家紧缩货币政策等因素的影响，这一带许多企业面临资金链断裂及融资困难的局面，经营难以为继。进入2008年上半年，这一地区的地下钱庄业已经十分兴盛，借贷利率水涨船高。据中国中央电视台经济频道2008年7月15日、16日"第一时间"新闻栏目的报道，当时浙江尤其温州一带的民间借贷月利率已经高达6%，年利高达至72%。继而，上海、温州等地已经开始出台政策，经营民间借贷业务的小额贷款公司（即所谓"地下钱庄"）已经开始走向公开化与合法化。

② 见《大明律》，卷九，《户律六·钱债·违禁取利》，嘉靖重刻本；又见《大清律例》，卷十四，《户律·钱债·违禁取利》。

③ （清）陶骏、陶念霖：《大清律例增修统纂集成》，卷十四，《户部·钱债》，光绪三十三年刻本；《钦定大清会典事例》，卷七百六十四，《户律·钱债》。

区资本市场利率要高。由此，"在中国缺乏流动资本以及由此而来的高利率吸引了外国的投资人"。①

　　高昂的回报是吸引外商从事借贷活动的根本动因，如此高额的融资利率在同一时代的西方社会是不可想象的。就此可稍作对比：在欧洲大陆的资本主义发展阶段，商品经济的发展伴随着金融市场的成熟，为资本的社会融通创造了积极、便利的环境，从而造就了资本市场利率走低的趋势。据称："十八世纪的法国'游资过多，闲得发慌'，不知作何用处。例如，在十八世纪下半叶的马赛，资本拥有者愿以5%的利率把钱借给商人，竟很少有人接受。对于愿意'惠顾'借款的人，他们无不千恩万谢（1763）。"② "1807年法确定的民事借贷的息率为5%，商事借贷为6%；超过以上水平，便被视为高利贷。"③ 再以欧洲大陆之外的英国为例，在中世纪，由于利息在理论上违反了宗教价值观而遭到严格禁止。而到16世纪中期时，情况有了变化，法定最高借贷利率一度为10%，只有超过这一法定利率上限的借贷才属于被禁止的高利贷行为。1571年资本利息被正式解禁。此后至1625年，法定最高借贷利率由10%降至8%，1651年后又降至6%。17世纪晚期，信贷市场实际利率在5%左右，1714年，5%被列为法定最高利率。④ "十八世纪时……就大多普通商业往来而论……市场利率不到5%"，⑤ 而且在18世纪的大部分时期内，法定利率一直还是高于而不是低于市场利率的。⑥ 19世纪初的英国法律将最高法定利率稳定在5%，只有存在较高风险的以船为担保的抵押借款和以船货为担

　　① 　[英]格林堡：《鸦片战争前中英通商史》，第59页。

　　② 　[法]布罗代尔：《十五世纪到十八世纪的物质文明、经济和资本主义》，卷二，第427页。

　　③ 　同上，第620页。

　　④ 　参见侯建新、赵文君《工业化前中英乡村借贷比较研究》一文的研究，《史学月刊》2005年第2期。

　　⑤ 　[英]克拉潘：《现代英国经济史》，上卷，姚曾廙译，北京，商务印书馆1964年版，第432页。

　　⑥ 　同上书，第431页。

保的抵押借款准许较高的利率。① 1826 年英格兰银行对于商业汇票的贴现率是 5%，1827 年降为 4.5%，1828 年再降为 4%，"它一直都保持在那个水平上。由于高利贷法的缘故，它不能高到 5% 以上"。② 此后的 10 年间，英国国内市场的实际利率一直保持在 5% 以下。③ 须特别指出的是，欧洲各地借贷市场历来通行的利率制度为年利。正如布罗代尔所说："也许正如低息率促进资本主义的发展一样，资本主义的发展也造成了低息率。"④

3. 扶持与控告：外商对欠债行商的态度

客观地说，行商借贷的利率并不见得高于国内借贷市场的一般水平，也未高于法律规定的标准。但制度的制约及官府的盘剥使行商的经营不断恶化，严重影响了行商的清偿能力。当时有外商称："贷款给行商所冒风险非常大，垫付现款的当事人非有胆量不可……因为行商的信用靠不住了。"⑤ 以乾隆四十四年（1779）为例，当年充任行商的共有 8 家商人，全部都有负债，总额达 4347300 元，次年增至 4400222 元，折合白银约 340 万两。在这 8 家行号中，除两家有清偿能力外，其他各家已经破产或濒临破产。其中负债最重的是"泰和行"经营者颜时瑛（商名"瑛秀"），其债务达 1000000 元，"他仍然做生意，但已无人信任"。⑥ 沉重的债务负担严重影响了行商们的信用，这是 18 世纪以来多数行商共同所面临的问题。到 1807 年贸易季度末，行商的负债已经达到 350 万两白银之巨。⑦

与中世纪以后西方的重商主义政策不同的是，中国历代王朝一直

---

① ［英］克拉潘：《现代英国经济史》，上卷，第 431 页。

② 同上书，第 352 页。

③ 同上书，第 434 页。

④ ［法］布罗代尔：《十五世纪到十八世纪的物质文明、经济和资本主义》卷二，第 631 页。

⑤ ［英］格林堡：《鸦片战争前中英通商史》，第 143 页。

⑥ ［美］马士：《东印度公司对华贸易编年史》，卷二，第 367—369，377 页。

⑦ ［美］马士：《东印度公司对华贸易编年史》，卷三，第 135 页。

延续着重农抑商的基本国策。商人、商业的发展受到抑制，经济的市场化程度低下。近代西方商品经济的发展带动市场结构的二元分化，即在传统的产品市场之外，逐步形成了成熟而发达的资本市场。后者在西方近代经济发展中扮演着至关重要的角色。它以资本融合与资金融通作为基本形式，向产品市场源源不断地输送血液和给养，从而维持整个经济体的生机与活力。相比之下，中国古代产品市场的发育虽不乏可圈可点之处，但在资本市场的发育上相形见绌，不能同日而语。在缺乏资本市场有力支持的情况下，简单商品经济的发展就难以实现质的飞跃，这正是明清商品经济发展所面临的困境。遇到周转困难的行商，因为缺乏融资渠道，只能选择从外商手里借款。客观地说，客观环境赋予外商以金融角色，他们对行商的贷款利率虽相对较低，但行商依然难以清偿。在行商纷纷陷入困境之后，同为债主的东印度公司和散商（港脚商）采取了明显不同的立场和策略。对前者来说，其背负着为商业殖民帝国开拓海外商场的使命，打开中国市场是其长远的目标。在当时的体制下，行商的破产意味着公司将失去可靠的贸易伙伴，自身的长远利益必然受到影响。故而，东印度公司管理层针对行商债务问题的态度十分明确：

> 这样多的行号同时倒闭的结果，比之那些行号继续营业，对公司及私人债权人来说是更为不便与损害的，因而委员会决定不能为了公司的账项，采取会使他们破产的任何行动，而是继续和他们交易，同时还提供足以使这些行号克服困难的绝对必要的帮助，由于缴付政府捐税是不可少的，因此一定要设法供给他们。[1]

东印度公司在采取各种措施，尽量帮助行商维持其商业信誉的同时，也在试图号召私人债主采取同等态度以挽救陷入危机的行商。如1783

---

① ［美］马士：《东印度公司对华贸易编年史》，卷三，第180页。

年1月，行商文官通知英国东印度公司管理委员会求助，据公司的一份内部文件显示：

> 如果我们（东印度公司）不预付他10000两白银，他就没有办法完成武夷茶的合约（上年的），由于这是一个很不平常的要求，而会开一个很不好的先例，我们非常认真地考虑他的要求。我们注意到这个人的事业已处于如此绝望的地步……假如我们拒绝他的要求，他一定会立即被看成一个破产者，而内地商人就觉得他在欧洲人面前不再有信用。

文官的求助取得了成效：

> 文官……答应如收到预付款后，15天内将他的茶叶交来；在不得以此为例的默契下，他收到了他的预付款。①

类似的例子很多。与东印度公司相比，私商债权人的利益和要求完全不同。十八世纪后期以来，港脚贸易几乎就等同于鸦片贸易。此外，走私、偷税等违犯禁令的活动无不是港脚商的专长。他们将快速暴富的希望寄托在种种冒险及投机性的商业活动中。这使其在通过控告行商追讨债务时没有太多顾虑。从乾隆二十四年（1759）起，外商控告行商拖欠债务的案件开始出现，逐渐引起了清政府的注意，并在司法过程中形成了一些专门的制度和原则。由于官府通常只愿跟"公班衙"即东印度公司打交道，并责成其管理普通的英国侨民，而港脚商、私商又领有东印度公司的业务执照，扮演着"自由英国人"的管理者角色。于是，这些私商向官府提出追讨行商债务的控诉时，须通过东印度公司转交呈控禀词。

---

① 以上见［美］马士《东印度公司对华贸易编年史》，卷二，第411—412页。

三　朝廷对商欠案的处理措施

清政府对于商欠案的处理措施大致包含三个方面：一为"交结外国诓骗财物例"的适用；二是实施"一商拖欠，众商派填"的连带清偿责任；三是以国帑偿还商欠，是为特例。自乾隆二十四年（1759）之后，这些措施陆续用于十三行商欠案的处理之中。

1. 对行商的制裁："交结外国诓骗财物例"

"交结外国诓骗财物例"始见于明律。清律沿袭此条并有所变动。在律典的宏观结构上，明律与清律大致相同，主要包括吏、户、礼、兵、刑、工六个方面的内容。明清律在有关军事的"兵律"中，都专门列有"奸细"罪名，并附相应的制裁手段，其律文规定："凡缘边关塞及腹里地面，但有境内奸细走透消息于外人，及境外奸细入境内听事情者，盘获到官，须要鞫问接引（入内）起谋（出外）之人，得实，（不分首从）皆斩（监候）"。① 明朝万历《问刑条例》中载有"盘诘奸细条例"，作对"奸细"罪的具体适用，其文曰：

> 川广、云贵、陕西等处，但有汉人交结夷人，互相买卖借贷，诓骗财物，引惹边衅，及潜住苗寨，教诱为乱，贻害地方者，除真犯死罪外，俱问发边卫，永远充军。②

这是清代"交结外国诓骗财物例"的前身。入清以后，律典编纂

---

① 明清律文相同，参见：《大明律》，卷十五，《兵律·关津·盘诘奸细》；《大清律例》，卷二十，《兵律·关津·盘诘奸细》。律文中括号内为小注，顺治年间增入，其演变情况参见（清）吴坛：《大清律例通考》，卷二十，《兵律·关津》的有关考证。

② 参见《大明律》所附《问刑条例·盘诘奸细条例》，此项条例最初出现于明代哪一年尚待进一步考证。

采用律、例混编，即律文在前，条例附列于后的体例。顺治三年（1646）《大清律集解附例》书成，并于康熙九年（1670）有所校正。该律卷第十五《兵律·关津》保留了《盘诘奸细》一款，律文与前明相比措辞有所差异，文后所列第一项条例为：

> 交结外国，互相买卖、借贷，诓骗财物引惹边衅，及潜住苗寨，教诱为乱（如打动民财，以强盗分别），贻患地方者，除真犯死罪（如越边关出外境，将人口、军器出境卖与硝磺之类）外，俱发边卫，永远充军。①

到乾隆五年（1740）《大清律例》编修完成，"交结外国诓骗财物例"的内容也趋于定型：

> 交结外国及私通土苗，互相买卖借贷，诓骗财物，引惹边衅，或潜住苗寨，教诱为乱（如打劫民财，以强盗分别），贻患地方者，除实犯死罪（如越边关，出外境，将人口、军器出境，卖与硝磺之类）外，俱问发边远充军。②

至晚清修律，自光绪三十一年（1905）至三十三年（1907），沈家本率人将原《大清律例》删定为《现行刑律》，其中"因时事推移及新章递嬗而删者"共计393条，《兵律·关津》中删除"私越冒度关津"、"诈冒给路引"、"递送逃军妻女出城"、"私出外境及违禁下海"、"私役弓兵"各条，唯"盘诘奸细"一项则得以保留。③

以上为清代"交结外国诓骗财物例"的大致来历及演变概况。这项军法条款在清代被用于处理中西民商之间的债务纠纷，始见于乾隆

---

① （清）沈之奇：《大清律辑注》，卷十五，《兵律·关津》，怀效锋点校，北京：法律出版社2000年版，第494页。

② 《大清律例》，卷二十，《兵律·关津·盘诘奸细》。

③ 《清史稿》，卷一四二，志第一一七，《刑法一》。

二十四年（1759）的英国人洪任辉赴京呈控案。洪任辉，原名 James Flint，早在乾隆六年（1741），当时洪仁辉尚在幼年，已经被东印度公司选拔并安置在澳门学习汉语。乾隆二十一年（1756），已经成年的洪任辉被东印度公司派到宁波，担任贸易事务中的翻译。[1] 此后不久，出现越来越多的英国商船因浙关课敛较轻而屡屡自广州北上宁波贸易的情况。这一现象引起统治者的警觉，恐"以夷并市宁波，日久又成一澳门，民风土俗之有关系者大"。[2] 为了避免出现再出现类似葡人占据澳门的局面，朝廷下令提高浙海关关税，勒令英商重新回到广州贸易，双方关系恶化。英商不听禁令，多次北上宁波从事贸易。清朝遂于乾隆二十二年（1757）关闭了江、浙、闽三海关，仅留粤海关一口对外通商，西方各国对此十分不满，纷纷寻机与朝廷交涉。这时，广东海关的贪污腐化给西方人借机上访提供了口实。乾隆二十四年（1759）六月，洪任辉乘船北上京师投递呈词，控告粤海关监督李永标及其下属贪桩舞弊，欺压外商，呈词原文如下：

英大班为派洪任辉赴天津诉告粤海关监督李永标
任纵关口刁索事呈文

　　具呈，英吉利国夷商公班衙等为负屈情极，越省呼伸事。窃英吉利向慕天朝怀柔，不惮重洋险阻，梯航阅市中华。初到宁波，次到厦门，贸易多年，缘厦门行商拖欠，报官不理，迟误风信，致酿事端。嗣后各夷船骈集粤东，荷列宪抚绥，关宪优恤，凡有陋弊，得于禀见面陈，遂蒙革除，唐夷安业乐利，各国闻风，踊跃争市。迨关宪莅任以来，不察利弊，年倍一年；勒派行商办公，日甚一日。商业繁耗，势必拖累远夷，厦门前辙，立可复见，安能久市粤地。是以，本国发船到宁波贸易，明冀两省关

---

① 分别见〔美〕马士《东印度公司对华贸易编年史》，卷一，第278页；卷五，页442页。

② （清）梁廷楠：《夷氛闻记》，卷一，清刻本。

宪有所瞻顾，行商有所忌惮，不然岂有舍近趋远，避轻就重之理。奉禁不准宁波贸易，夫外夷既悦市于中华，浙粤均属一体，但关宪李原无体绥之仁，复加船往宁波之怒，愈纵胥役苛刻，比前尤甚。

本国仰承皇仁浩荡，煦宥万邦，敢驾小船遣班等洪任辉，往附近京师叩伸屈情，前沐浙省列宪恩恤，只得先叩宪恩，俯念外国通商，有关国课，宪怜远夷负屈情极，万里奔呼，迅赐伸雪，国课商业永赖，倘未殷恩准，不得不由天津叩达阙廷……谨将负屈条款历陈，伏乞电伸。

一、纵关口勒索陋规。每船放关，总巡口索礼十两，黄埔口索礼十两，东炮台口索礼五两；充每船买办，总巡口索礼五十两、黄埔口索礼三十两；每船验货，总巡口索定费一百两，每日家人验货索轿金七钱，俱通事、买办经手。据切一船，除货税外，先征银三千三四百两不等。内有规礼一款原无此例，查其始，乃蒙关宪恩恤优渥，馈送礼物酬谢，乃后以礼物折银，递年渐加至一千九百五十两，沿为成例，既而归公，已属哑受，尤冀邀免。况陋规之外，又有陋规，年年倍加，稍不遂意，万般刁难，呜呻无门。负屈一也。

一、关宪不循旧例俯准夷商禀见，致家人、吏役勒索之害。窃外国一船，携资十余万，逐年不下十余船，计资数百万，未尝无益于廛市；出入口征税数十万，未尝无裨于关课。关宪不念关市綦重，无怀来之政，而吝惜夷商一见，故纵刁索，使下情不能上达。负屈二也。

一、资元行故商黎光华拖欠公班衙货本银六万余两，伊子黎兆魁藉父身故，兜吞捍偿，赴禀关宪不恤，赴禀督抚不怜，仍出示不许再渎，如违重究。窃公班衙领帑本涉洋贸易，货本遭吞，向讨不还，报官不返，迫至回国，削骨难填，财命两悬。负屈三也。

一、随带日用酒食器物，苛刻征税之苦。缘外国远涉重洋，迟速到港，难以悬定，不得不多备粮食器物，及到广各班人色上馆居停，必须食用，随带上行，一来一回，逐一盘验征税。窃外国一船出入口，输征税规不下万余两，而口粮器用之物，均要来回重征，似非天朝仁厚之风，且无粮何以行船？征于食用之物，是使各船不敢多备粮食，陡风不顺，阻滞洋面，则通船人等势必待毙。负屈四也。

一、夷船往来澳门勒索陋规。批手本，关吏索银四两，总巡口索银五两四钱，西炮台口索银四两四钱，紫泥口索银二两二钱，香山索银二两五钱二分，防厅书吏索银二两二钱，关闸口索银一两五钱，澳门口索银三两二钱四分。经前督宪杨出示革除，众夷唧激，迨督宪杨调升，陋弊复索更甚。窃思澳门离省咫尺，一往来需索银数十两，远夷何堪。负屈五也。

一、勒补平头。从前兑饷，惟照库平，迩年兑饷，每百两加平三两，名曰解京补平。未闻部颁库码有前后之异，窃外国涉重洋，冒巨浪，往返三载，一船百余命寄之沧海。且发船十只，只得五六只顺风到港，惊险万千，冀觅蝇利。况前例正项之外，又有估价每两征银五分，名曰分头；又有担头，每担征银九分。今复加平头，重叠苛刻，致多亏本。关宪专理权政，既不能查怜夷商冒涉之艰，题请恩免，则应循旧例办理，安可额外加增，剥削远夷？负屈六也。

一、设保商贻累。凡夷船到港，必先托行商保结，方许开舱贸易。从前概无保商，该船应输钞税，出口时扫清完纳，税无补欠，船无耽搁，即宁波亦如是办理。且夷商每船挟资十余万，凛遵法纪，自保身家，何待行商保结？自设保商之后，外国之船受累多端，因通船入口货饷总归保商输纳，而保商任意挪移，一旦亏耗，不得不将外国货银转填关饷，是以公班衙被黎光华拖欠，皆由于此。又，关宪取用物件短价，千发无百，百发无十，保商填赔，累万有一，赔办不前，即延搁该船移浅放关，不惟迟误风信，且水梢日用，每船多费七八百两。现去年英吉利六船迟阻，多费银四千余两。负屈七也。①

　　洪任辉呈词中细数了粤海关营私舞弊、盘剥商旅的多项弊政。其根本意图在于通过揭露清海关弊政，借以申诉西人对清政府闭关政策的不满，从而促使朝廷对现有贸易制度和海关管理体制进行变革，一改官商垄断和一口通商的限制，最终实现自由贸易。洪氏呈词中对李永标和黎光华的控告，很大程度上是用来作为幌子，以便引起统治者的注意。早在康熙二十三年（1684），清廷在基本肃清了台湾郑氏集团及东南沿海的抗清力量后解除了海禁政策。次年，设立江、浙、闽、粤四海关，实行开海贸易。其中，由于粤海关拥有优越的地理位置，吸引了大部分的对外贸易份额，国家也因此得到了丰厚的财政收入。乾隆中期以后，国家每年仅从粤海关征收的税饷就达到白银 100 万两左右，最多的年份更有 1850046 两。② 其余各种捐摊、勒索更是不计其数。这些财富有的作为"关余"落入皇帝财库，另有相当一部分落入大小官吏的私囊。广东对外贸易远较其他通商口岸兴盛，粤海关的腐败也尤其突出，当时每届海关监督的任期大致为三年左右，③"这些海关吏都知道他们官运亨通的时日是很短暂的——因为不几年负责人就有一次更动，接着便是僚属的调换——所以必须在他们的短暂任期内，尽量利用一切能够抓住的机会"。④ 乾隆六十年（1795），

① 中国第一历史档案馆：《清宫粤港澳商贸易档案全集》，第三册，北京：中国书店 2002 年，第 271 号，第 1258—1264 页；另参见中国第一历史档案馆等：《明清时期澳门问题档案文献汇编》，第一册，第 315—318 页《英大班为派洪任辉赴天津诉告粤海关监督李永标任纵关口刁索事呈文》。前者载黎光华债务额为六万两，后者载为五万两，今从前者所载。

② 参见萧致治、杨卫东《鸦片战争前中西关系纪事》，附录一，《粤海关进口船舶与税收表》武汉：湖北人民出版社 1986 年版，第 589—592 页。

③ 参见萧致治、杨卫东《鸦片战争前中西关系纪事》，附录三，《粤海关监督年表》，第 596—598 页。

④ ［英］莱特：《中国关税沿革史》，姚曾廙译，北京：生活·读书·新知三联书店 1958 年版，第 3 页。

当时舒玺就任粤海关监督仅仅半年，就已经捞取了240000元的个人收入，折合白银近20万两，这还不算他以向皇帝进贡为名勒索的大量财物。① 依照当时的制度，像他这一级官员的年俸养廉银仅有五六千两。② 为了能够筹足皇帝要求的税饷及"关余"，并尽可能地中饱私囊，历任关督无不竭尽所能地勒索中外商人。以本案被告关督李永标为例，他将众多家人私属一一安插到粤海关各个大小职位，把持税口，滥立收费细目多达60余项，横征暴敛。乾隆二十四年，在洪仁辉之外，已有法国商人为此投递过控诉呈词。③ 地方官的腐败行为往往相互关联，牵一发而动全身，外商在广东省内的控告亦如泥牛入海，毫无作用。依据惯例，外商呈交官府的文书应通过行商和通事翻译并转呈。但两者都畏官如虎，不敢照办。外商们称："我们无法说服行商或通事替我们翻译那份已压缩到必需程度的请愿书……没有人敢替我们写请愿书。"④ 更重要的是，他们在华贸易及其他诸项事务多由行商、通事包办，因而缺乏与官府的直接接触，对清朝体制了解有限，若无人点拨则投告无门，原在情理之中。可以说，英国人授意洪仁辉采用京控这一极端做法，既属无奈之举，同时也是对官府容忍底线的又一次挑衅。对此，清朝统治者不可能一无所知。乾隆皇帝非常重视此次事件，严令彻查，将李永标革职并"解部发落"。李永标受到严惩。至于洪任辉，由于他"屡次抗违禁令，必欲前往宁波开港"，且"名虽呈控海关陋弊，实则假公济私，妄图邀恩格外"，⑤ 因而押解至

———————————

① ［美］马士：《东印度公司对华贸易编年史》，卷二，第577页。根据《粤海关志》，卷七，《职官表》记载：舒玺于乾隆五十九年十月接任粤海关督，次年又继续留任。

② 《清宫粤港澳商贸易档案全集》，第二册，第148号，第647页，乾隆二年六月，两广总督鄂弥达奏请将粤海关督的养廉银定为每年六千两。

③ 详见汤象龙《十八世纪粤海关的腐败》，包彭遵、李定一：《中国近代史论丛》，第一辑，第三册，台北：正中书局1956年版，第144—155页。另可参见《史料旬刊》第四册，《乾隆二十四年英吉利通商案》，《新柱等奏明李永标各款折》。

④ ［美］马士：《东印度公司对华贸易编年史》，卷五，第491页。

⑤ 详见《史料旬刊》，第九册，《乾隆二十四年英吉利通商案》，《李侍尧折三》。

澳门圈禁三年，继而驱逐回国。当时的官商贸易体制原是清政府贯彻
"以商制夷"外交方针的制度基础，统治者绝不可能容许西方人逾越
雷池。朝廷对于原告洪任辉、被告李永标双双施以重罚，实为一次严
厉警告，意在敲山震虎，吓阻西方人打开对华自由贸易门户的进一步
尝试。

不过，本案没有就此了结。与惩治官吏贪污、处罚"外夷"相
比，统治者更为关心的是揪出事件背后为"外夷"指点门径的"内
奸"。粤督李侍尧认为："夷人远处海外，本与中国语音不通，向之来
广贸贩，惟借谙晓夷语之行商通事为之交易。近如夷商洪任辉于内地
土音官话无不通晓，甚而汉字文义亦能明晰，此外夷商中如洪任辉之
通晓语言文义者亦尚有数人，设非汉奸潜滋教诱，焉能熟悉？"他认
为，洪任辉能够突破制度限制赴京上控，必定有"内地奸民教唆引
诱"。① 乾隆帝看过洪任辉所交呈词后更是断言："番商洪任辉控诉呈
词必系内地人代写"，② 称"原呈字迹并不类外夷揣摩书写，此中情节
必须详悉根究"。③ 随即特别关照军机处："洪任呈词……词语字迹似
非出自番人之手，恐有内地奸人为之商谋……事关海疆，自应彻底根
究，以戢刁风。"④ 由此，洪任辉案的审理重心由惩治海关腐败转为缉
拿"汉奸"。不久之后，官府就查出曾与洪任辉过从密切的华人数名，
即徽商汪圣仪父子和四川人刘亚匾。其中汪圣仪父子与洪任辉有私下
贸易往来，而且曾向其"借领资本"；刘亚匾不仅向洪任辉借过钱物，
而且正是受雇在幕后"教授夷人读书"并"主谋唆讼代作控词"的
人。在统治者看来，"外夷"干犯例禁锢属不法，"内奸"为其指引门
路则更为可恨。于是将刘亚匾严刑处死，"俾奸徒知所惊惧，外夷共
仰德威"。⑤ 统治者对本案的处理传达了两个方面的意图：一为吓阻西

---

① 《史料旬刊》第九册，《乾隆二十四年英吉利通商案》，《李侍尧折三》。
② 《高宗纯皇帝实录》，卷五九七，乾隆二十四年九月癸亥。
③ 同上。
④ 《高宗纯皇帝实录》，卷五九二，乾隆二十四年七月壬戌。
⑤ 《史料旬刊》，第九册，《乾隆二十四年英吉利通商案》，《李侍尧折三》。

方人实现对华自由通商的努力；二为震慑百姓，杜绝私自交结洋人，扰乱官府统治秩序的行径。不仅如此，他们还发现：像本案汪圣仪父子及刘亚匾等人，或以借贷资本，或以接受雇佣，都与外商存在着种种利益往来，由此认定："内地人勾引外夷作奸犯科，事端不一，总缘利其所有，遂尔百般阿谀，惟图诓骗财物"。① 洪任辉京控事件过后不久，两广总督李侍尧即颁布了有关禁令，其中特别申明严禁华人"借领外夷资本"或者受其雇佣，否则将作为"奸细"受到严惩，其文曰：

> 夷商航海前赴内地贸易，向来不过将伊带来之货物售卖，就粤改买别货，载运回国。而近年狡黠夷商多有将所余资本盈千累万，雇请内地熟谙经营之人立约承领，出省贩货，冀获重利。即本地开张行店之人，亦有向夷商借领本银，纳息生理者。若辈既向夷商借本贸贩，借沾余润，势必献媚逢迎，无所不至，以图邀结其欢心。如汪圣仪现因领取洪任辉本银营运，与之结交。刘亚匾亦因图借谋利，甘为词唆讼。而夷商既将赀财分散在外，断不能舍粤而遽行归国。久之，互相勾结，难免生端。除汪圣仪父子现在钦遵谕旨严审按拟外，其余借领夷人本银未经犯事之人，若一概拘究，未免滋累繁多。应请仰邀圣恩，既往免其深求，仍令据实首明勒限请还。嗣后内地民人概不许与夷商领本经营，往来借贷，倘敢故违，将借贷之人照交"结外国借贷诓骗财物例"问拟，所借之银查追入官。至夷商所带番厮人等，尽足供其役使……乃复有无赖民人贪其资财，甘心受雇夷人服役，亦与体制有乖，应请责成通事、行商实力稽查禁止。②

---

① 《史料旬刊》，第九册，《乾隆二十四年英吉利通商案》，《李侍尧折三》。

② 参见《史料旬刊》，第九册，《乾隆二十四年英吉利通商案》。此议实为《防范外夷规条》之内容，相关内容还可参见（清）梁廷楠《粤海关志》，卷二十八，《夷商三》，乾隆二十四年《部复李侍尧议》。

此后，"交结外国诓骗财物例"成为惩治华人向洋人借贷行为的主要法律依据。至1831年，两广总督李鸿宾奏准颁布的《防范夷人章程》中再次重申了这条规定。[①] 由于洪任辉呈控"资元行"行商黎光华拖欠英商债务尚在《规条》颁布以前，且黎光华已经去世，因而对黎光华没有按照"交结外国诓骗财物例"处理，只是下令地方官查明黎光华之子黎兆魁的家产数目，再按照"黎光华生前所欠各夷商银数按股匀还，以示平允"。[②] 第一起正式适用该条例处理的商欠案为乾隆四十一年（1776）倪宏文案，是年广东十三行"丰进行"行商倪宏文被控拖欠英商"货银万两无还"，广东官厅将倪宏文"减等拟徒"并"援赦杖责"。乾隆帝闻讯后认为量刑过轻：

> 此案李质颖办理甚属错谬。外国夷商贩货来售，内地民人与之交易，自应将价值照数清还。若因抱欠控告到官，尤宜上紧严追给领，并将拖欠之人从重究治。庶免夷人羁滞中华，而奸徒知所惩儆。今倪宏文拖欠夷商货银盈万，实属有心诓骗远人，非内地钱债之案可比……将倪宏文减等拟徒援赦杖责，殊属宽纵。又令该犯戚属互结保领，在外设法措缴，是倪宏文仍可借端延宕，徒使夷商旅居守候，而赀本终归无着，岂为平允？幸而部臣议驳，改拟监追，若竟朦胧照覆，则是地方官庇护奸商而令外夷受累，屈抑难伸，其事实乖平允，殊非体恤远人之道……仍将倪宏文照部拟发配。[③]

在乾隆帝的干预下，倪宏文仍旧判为充军，广东巡抚李质颖与总

① 详见（清）梁廷楠《粤海关志》，卷二十九，《夷商四》，道光十一年《两广总督李鸿宾、监督中祥奏》。

② 《史料旬刊》，第四册，《乾隆二十四年英吉利通商案》，《新柱等奏审明李永标各款折》。

③ 《清宫粤港澳商贸易档案全集》，第五册，第2590—2592页，第473号。

督李侍尧因量刑过轻受到惩处，本案处理结果用"廷寄"方式通报各省督、抚。① 自倪宏文案开始，直到鸦片战争爆发前，"交结外国诓骗财物例"一直是处理商欠案的基本法律依据。对于拖欠外商债务的行商，不仅要抄没家产变抵债务，还要按照"发配边远充军"的标准，予以轻重不一的刑罚制裁。如乾隆四十五年（1780）"泰和行"、"裕源行"颜时瑛、张天球案，乾隆五十六年（1791）行商吴昭平案，乾隆六十年（1795）"而益行"石中和案，嘉庆十四年（1809）"万成行"沐士方案，嘉庆十五年（1810）"达成行"倪秉发案，等等。② 情况大同小异，不再赘述。有必要指出的是，行商在其债务清偿之前，通常先要经历"监追"程序，即负债行商被关押直至债务清偿完毕。其间行商饱受刑讯折磨，他们要向官吏进献贿赂才能免受刑苦。有的行商不堪刑苦，未等发配就已经死在牢里，如"而益行"的行首石中和的下场就是如此。在 18 世纪晚期，他曾经是"行商中的重要人物"，在乾隆五十九年（1794）之后陷入破产，"拖欠夷货价银除变产抵还外，尚欠五十九万八千余两"。③ 他被捕入狱，"在狱中受酷刑死去：他受鞭笞三次，最后一次打在脸上，因过于厉害而发高烧，结果他的牙齿尽落。高烧两天后，就结束了他生不如死的生命"。④ 嘉庆十五年（1810 年 7 月），行商谦官（郑崇谦）、亚成（吴士琼）、鹏官三人也遭到"监追"，其中鹏官同样由于不堪酷刑摧残，于次年二月死在牢中。⑤ 这种悲惨的下场给其他行商造成深重的恐惧。乾隆四十九年（1784）"义丰行"行商蔡昭复负债潜逃；嘉庆元年（1796），

① 《清官粤港澳商贸易档案全集》，第五册，第 2596—2597 页，第 475 号。

② 参见梁嘉彬《广东十三行考》，第二篇第三章的有关考证；另外，《史料旬刊》之《乾隆二十四年英吉利通商案》、《乾隆朝外洋通商案》、《道光朝外洋通商案》；《清代外交史料》（嘉庆朝、道光朝）；（清）梁廷楠：《粤海关志》卷二十五，《行商》等文献中也有大量记载。

③ （清）梁廷楠：《粤海关志》，卷二十五，《行商》。

④ ［美］马士：《东印度公司对华贸易编年史》，卷二，第 584 页。

⑤ ［美］马士：《东印度公司对华贸易编年史》，卷三，第 144—145 页，第 148 页。

"万和行"行商蔡世文负债自杀。① 行商因负欠外商债务而招致种种悲惨下场，不一而足。

2."一商拖欠，众商派填"的连带清偿责任

商欠的连带清偿责任来自于十三行中的"保商"制度。前文对此已经作过交代。这一制度出现于乾隆十年，由当时两广总督策楞倡设，具体为从众家行商中选出几家财力雄厚的行商强制其充任保商，职责主要是为申请充任行商的民间商人出具"保结"，以及为投行贸易的各国外商提供具结担保。其所担保的内容十分宽泛，被担保者日常言行的合法性皆在担保之列。平时，行商必须对其所担保对象的言论、行动进行监控；一旦被担保者违法，行商往往要承担连带罪责。保商制度即是在商贸管理中实施的保甲连坐。在商欠案的处理中，其表现为"一商拖欠、众商派填"的连带清偿责任，始见于乾隆四十五年（1780）颜时瑛、张天球案。是年两家商行共积欠英商债务达2018760元，折合白银超过150万两，另有大量国家税饷拖延未交。被告发后，二人"照交结外国诓骗财物拟军例从重发往伊犁当差"。由于二人被抄家产不足以抵偿外商债务，两广总督巴延三、粤海关监督图明阿在上奏中提出一项建议："将所有该二商资财房产查明估变，除扣缴饷钞外，俱付夷人收领。不敷银两着落联名具保商人潘文岩等分作十年清还，并请严立科条，自本年始。"② 此项提议获朝廷准许，并下令要求行商自行商讨摊派清偿债务的办法：

> 查连名具保行商共有六家：潘文岩、陈文扩、蔡世文、蔡晤复、石梦鲸、陈世积。虽俱身家殷实，而其行业之大小，获利之多寡，每年应如何摊派，自应令其公同酌议，以免偏怙，当即饬

---

① 此二人遭遇参见（清）梁廷楠《粤海关志》，卷二十五，《行商》；[美]马士《东印度公司对华贸易编年史》，卷二，第 585 页；梁嘉彬：《广东十三行考》，第 270—272，275—278 页。

② 《清宫粤港澳商贸易档案全集》，第五册，第 2689 页，第 501 号。

令该商等公议。去后，据六行商人潘文岩等公禀称：商等与颜时
瑛、张天球谊属行友，今伊等负欠夷人银两，力不能偿，商等情
愿遵照定限十年代为完缴，每年应完银六万两。商等共同酌议，
各行与夷交易行用，原系行中火足家口养赡之需，今情愿将各行
每年所得行用尽数归入公所存贮公框，先尽代赔夷欠及公费。所
有余剩再行按股均分交回各行，以为行中火足之用，俟夷欠还完
之日，然后将每年行用仍归各行。[①]

如示，对于行商无法偿还的债务，由各家保商共同负责清偿。
"泰和行"颜时瑛、"裕源行"张天球商欠案始行此例。据记载，行用
又被称为"公所基金"（Consoo fund），是行商从各自对外贸易利润中
抽出一定比例建立的一项公共基金，用以应付官府的勒索。自颜时
瑛、张天球案开始作为清偿商欠的支出。行用究竟出现于何时，梁嘉
彬《广东十三行考》未给出具体时间；费正清编《剑桥中国晚清史》
认为行用出现于 1775 年，但未注明出自何处。[②] 根据马士记载，十三
行商人于 1775 年重新筹设"公行"。次年 2 月，总商潘启官与英东印
度公司协商要求加征进出口货物的 10% 作为行用，遭到后者反对而作
罢。[③] 直到 1780 年发生颜时瑛、张天球案，十三行才开始第一次征收
行用。[④] 然观乾隆四十五年（1780）巴延三、图明阿奏折中"各行与
夷交易行用，原系行中火足家口养赡之需"一语，似又证明行用出现

① 《清宫粤港澳商贸易档案全集》，第五册，第 2694—2695 页，第 501 号。

② ［美］费正清：《剑桥中国晚清史》，卷上，北京：中国社会科学出版社 1993 年
版，第 177 页。

③ ［美］马士：《东印度公司对华贸易编年史》，卷二，第 339—344 页。"公行"始
设于 1720 年，旋撤；1760 年复设，1771 年再废；1775 年复设。公行的一个重要职能是
在行商之间建立价格同盟，公议进出口货价，避免彼此之间的恶性竞争，详情见梁嘉彬
《广东十三行考》以及马士《东印度公司对华贸易编年史》。

④ ［美］马士：《东印度公司对华贸易编年史》，卷三，第 58 页；关于该案档案，
可参见《清宫粤港澳商贸易档案全集》第五册，第 2694 页，第 501 号档案即总督巴延三、
关督图明阿奏折。

于 1780 年之前。真实情况有待于进一步考证。

从乾隆四十五年（1780）颜时瑛、张天球案开始，"一商拖欠、众商派填"成为其后清政府处理十三行商欠案的又一重要惯例，常常与"交结外国诓骗购物"例搭配适用。每当行商因拖欠外商债务被告发时，其本人照例发配充军，家产抄没变卖抵偿债务。不足之数责令众家保商共摊。

3. 倪宏文案——官府代偿商欠的特例

是为一项特例，根据现有材料显示，此例仅仅出现于乾隆四十一年（1776）倪宏文商欠案的处理。是年倪宏文因拖欠外商债务被发配充军，但抄家所得不足以清偿债务。乾隆帝下旨宣称："先将倪宏文监追，并转饬该犯原籍，查产变抵，照数给与夷商收领。其不敷之数，勒限一年追清。如限满不能全完，即令该省督抚司道及承审此案之府州县于养廉银内按数摊赔，即传朕旨，赏给该夷商清账归国，勿使向隅。"[①] 次年四月，广东巡抚李质颖上奏称："倪宏文赊欠英商货银一万一千余两，监追无着，经伊胞弟倪宏业、外甥蔡文观代还银六千两，余银五千余两遵旨于该省督、抚、司、道及承审之府、州、县照数赔完贮库，俟夷商喺等到粤给还。"[②]

就现有资料来看，商人负欠外商债务而由官府代为偿还的案例只此一件。自颜时瑛、张天球案以后至 1842 年中英《南京条约》签订之前，其间行商无法清偿的债务余额，一般由保商共同摊派清偿，官偿商欠的做法也未再见诸记载。[③]

---

① 《清宫粤港澳商贸易档案全集》，第五册，第 473 号，第 2592 页。

② 同上书，第 480 号，第 2618 页。

③ 在 1842 年的中英《南京条约》中，作为一项屈辱的条款，清政府不仅被迫废除了行商垄断对外贸易经营的制度，而且特别声明，对于此前行商"累欠英商甚多，无措清还者，今酌定洋银三百万元，作为商欠之数，由中国官为偿还"。这又是一次官偿商欠的特例。详见王铁崖：《中外旧约章汇编》，第一册，生活·读书·新知三联书店 1957 年版，第 31 页。

四 自治性缺位：商欠处理模式的历史透视

清朝统治者以严刑酷法处理行商与外商间的债务纠纷，以期杜绝商欠，但最终事与愿违：

其一，致使行商负债经营的贸易管理体制并未改变，许多行商为了缓解债务危机，获得交易或再次借款的机会，不惜接受散商们的苛刻条件，如大幅度地压低出货价格，抬高进货价格，甚至亏本买卖。这样一来，不仅直接损害了自身利益，还在行商之间造成恶性竞争，严重扰乱了正常贸易秩序，使十三行的整体经营状况雪上加霜。更重要的是，不少行商为了避免家破人亡的悲惨下场，他们不得不向外商举借更多债务并忍受更高的利率，他们甚至靠举借新债来偿还旧债，以致陷入恶性循环而不能自拔。嘉庆八年（1803），多家行商为了清交欠税，被迫向外商求借债务，利率竟高达40%。①

其二，"交结外国诓骗财物例"的适用，意味着官府的司法活动将商人作为"奸细"来对待，将商业关系及商事纠纷的解决政治化，以严刑酷法来解决商业纠纷。其所作所为意在宣扬"天朝"超然于物质利益之上，"加惠远人、抚驭四夷"的"德化"姿态，试图牺牲行商的利益来换取外国人"感而向化"，从而求得"海疆宁靖"，结果却弄巧成拙。十三行商欠案的处理，在表面上属于司法问题，骨子里包含着清朝统治者一相情愿的政治盘算。但这种愚蠢行径不仅没有换来洋人"怀德感恩"，反而进一步刺激了外商的投机欲望。外国散商们认准了官府会尽一切力量清偿商欠，便更加大胆地向行商放贷，且专门对势小力弱、陷入困境以致信用状况较差的行商放贷，从而在整垮行商的同时大发横财，许多人因此暴富。对于官府来说，行商的死活无关紧要，一家破产，自会有新的民间商人补充进来；对发放高利贷

① ［美］马士：《东印度公司对华贸易编年史》，卷三，第195页。

的外商而言，比起前途莫测的海上贸易，这种几乎没有风险的放贷尤
其称得上是一项"舒服的生意"，^①且贷款额度越高获利越丰。1830
年，一个名叫达卫森的英国散商在向英国上议院审查委员会出具的证
词中得意地宣布：

> 我常常拣破产户来往，因为我很少能同行商们在优惠条件下
> 来往；后者有些人已经满足于从公司生意中所得到的利润，并不
> 贪图做很多别的生意。……他同他们订立合同是"经常的，并且
> 敢于将大数目的金钱交给他们……我确实相信不管他们怎么样，
> 他们总能够付还我的钱。"……破产行户也极希望同达卫森这类
> 人往来，并且付出较高价钱是有明显的理由的——他希望继续营
> 业，否则他的破产就要变得明显。^②

与鸦片走私贸易相比，向行商放贷的风险更小，利润收益也毫不
逊色，它很快便成为18世纪英国散商来华经商的主要内容之一。这种
投机活动严重扰乱了广州的对外贸易秩序，加速了十三行的没落。

其三，制度约束机制的不对称状态，使外商的投机活动更加有机
可乘。清政府惩罚负债行商时不遗余力，甚至动用严刑酷法。对于外
商拖欠行商债务的行为，却无任何具体的责任制度或行之有效的强制
措施。面对外商拖欠债务的行为，华商的利益无丝毫保障。嘉庆六年
（1801），亚美尼亚商人贝本（G. M. Baboum）身负一名行商10万元的
债务溜之大吉，没有得到应有的制裁；道光十年（1830），多家行商
集体投诉东印度公司大班厄姆斯东拖欠债务，结果不了了之，据称：

> 詹姆士·厄姆斯东爵士（Sir James Urmston）……私人名下
> 欠了几个行商的款子好多年。当行商以浩官为首向董事会提出申

---

① ［英］格林堡：《鸦片战争前中英通商史》，第141页。
② 同上书，第64—65页。

诉，要它也按照公行在一切情况下都清偿"破产"行商债款的同样办法，来付清它的广州大班的债务的时候，董事会拒绝了，并且自己还觉得将厄姆斯东撤职也很够了。①

行商因外商拖欠债务却得不到救济，最终陷入困境的典型例子非"丽泉行"潘水官（潘长耀）莫属。其在长期贸易往来中，将大量资金赊给美国商人，常常出现久拖不还甚至赖账的情况。由于清政府从来无意于设立相应的积极救济机制或外交平台，像潘水官这样的中国商人在利益受到外商侵害时，根本没有可资利用的外交救济途径。无奈之下，潘水官一次又一次地远涉重洋，跨国兴讼。但由于审判过程的拖沓、越洋联络的延误和不熟悉美国的司法程序等原因，使潘氏屡屡处于相当不利的境地。美国人小弗雷德里克·D. 格兰特（Frederic D. Grant, Jr）《丽泉行的败落——诉讼对 19 世纪外贸的危害》一文提供了多起潘水官在美涉诉的案件，如：

> 1820 年 4 月，一桩新的诉讼提交到了费城的联邦法院，控告罗杰·史密斯（Roger Smith）拖欠 1806 年的债款 2766.15 元。这次努力又是毫无成效。这份欠款单于 1809 年 1 月经背书后交给了阿斯特（John Jacob Astor），再由他交给了威尔克斯去收款。史密斯还不过 600 元。被囚禁的债务人在给潘长耀的认罪书上，详细说明他缺乏还债的能力，证明该项判决对于偿还 6353.15 元的应付欠款无甚帮助（注：巡回法庭档案，1820 年 4 月期，卷宗 6，潘长耀控告史密斯案）。另一桩诉讼是在 1821 年 10 月控告斯图亚特（Henry B. Stewart）拖欠 1817 年的债款 4900 元，要求赔偿 10000 元，在"确认不会有严厉的规定对付我"的情况下，斯图亚特于 1822 年 5 月 27 日认罪（注：巡回法庭档案，1821 年 11

---

① ［英］格林堡：《鸦片战争前中英通商史》，第 64 页。

期，卷宗 44，潘长耀控告斯图亚特案）。①

另案如：

　　1822 年，潘长耀对威廉·里德的反诉，"去年 4 月由被告在广州宣誓"，送达费城。潘长耀首先在 1816 年控告里德拖欠 1805 年及 1806 年的债款 35000 元，里德以衡平法申请禁制令，致使诉讼停顿。由于得不到广州方面的答复，禁制令最终于 1821 年颁发，1822 年收到了来自广州的答复后，诉讼重开。为了支持解除禁制的动议，潘长耀的答复被交给了法庭。法庭以潘长耀的答复不够充分为由，将之驳回。巡回法庭法官沃斯本（Washburn）承认，"这并非不充分。根据英国大法官法院的惯例……该答复及宣誓应该根据授权法（dedimus potestatem）的规定之下进行"［注：dedimus potestatem 是'由衡平法院签发的命令或委任状，授权被委任人采取某些行动，如在衡平法院内为被告主持宣誓，并让被告答复，为治安法官支持宣誓，等等。'见 Henry C. Black，Black's Law Dictionary（4th ed. St. Paul，Mina.：West Publishing Co. 1968），p. 501.］。解除禁制的动议由此被驳回，同时"命令，根据法院的第九条规定，代判的案件（dedimus issue）交由现在广州的受托人处理，在他的指导下，用中国法律和习俗中最神圣的形式进行宣誓"。［注：理德控告潘长耀，20F. Cas. 353（C. C. D. Pa. 1822）（No. 11，607）。］②

　　从这些对诉讼过程不厌其烦的描述中不难想见，纵使美国的法院尽可能地做到了公正裁判，且不论债务能否成功追回，仅仅漫长的过

---

　　① ［美］小弗雷德里克·D. 格兰特：《丽泉行的败落——诉讼对 19 世纪外贸的危害》，周湘译，《史林》2004 年第 4 期。

　　② 同上。

程已经足以将丽泉行拖至绝境，"他成了形式化和策略性错误的牺牲品，也成了无力处置外贸纠纷的司法体系的牺牲品。无论是特别有技巧的美国律师还是向麦迪逊总统申诉，都无法拯救他。潘长耀在19世纪头十年无法收回借给美国商人的大部分债款，直接导致了丽泉行在1813年、1821年和1823年的削弱和破产"。① 情急之下的潘水官，甚至曾于1814年写信给美国总统詹姆斯·麦迪逊，诉说自己的绝望处境，并向其求助：

> 花旗人来往广东，寓省城时，昆②于中国官府处，不能告他们，因本处法律，严禁百姓与夷人告状之事。如此恳请花旗国头一位大人，勿以我之不先在本处官府前呈告为怪，此亦非犯中国之律法也。昆今呈此禀于头一位大人之前，因闻贵国律法公平，不论贫富，不拘近远之人，视为一体。昆乃远地之人，不晓贵处人告状时，当用何言何礼，又因隔涉，一时不能尽诉我之凭据，必要几年，此事之决方能到我处。
>
> 此禀单之意，只在求头一位大人秉公救处……若花旗人不还我债，实在之一家受苦不小，又必将亏本，且无人相信。③

麦迪逊总统对此事有无回应，不得而知。外商拖欠不还的大量呆账、烂账，使得丽泉行本已岌岌可危的经营状况雪上加霜，到了无以为继的地步。早在嘉庆十四年（1809）时，丽泉行的实力在众家行商之间一度位居第五，但到了嘉庆二十三年（1818），丽泉行潘氏已经成为"各行商中负债最重者"。道光三年（1823）八月，潘水官在丽

---

① ［美］小弗雷德里克·D. 格兰特：《丽泉行的败落——诉讼对19世纪外贸的危害》，周湘译，《史林》2004年第4期。

② "昆"指昆水官（Conseequa），即对丽泉行行首潘水官（潘长耀）的称呼。——笔者注

③ 该信件译文见上引小弗雷德里克一文。另外，美国人泰勒·丹涅特《美国人在东亚》一书也引述了该信件的内容，可以参照印证，见该书第75页。

泉行的迅速没落中惨然离世，身后留下了数十万两白银的债务，其中仅积欠英属东印度公司的债务就高达 30 多万两白银。水官死后，不仅其在广东的家产悉数被抄，其在福建原籍（潘氏原籍福建同安县）的家产也遭到抄没以抵偿所欠。其余不足之数，由各家行商共同分担清偿。①

面对外商拖欠债务的行为，行商得不到政府的法律救济，只有白白承受损失。自乾隆二十四年（1759）以后，统治者不止一次地宣称，对于外商私自向行商借贷资本，一律"查追入官"。通观朝廷对各起商欠案的处理，其中破产行商入狱、充军者比比皆是，外商因出借款项被"查追入官"的例子却从未见诸记载，反倒常常按照一本一利（即双倍本金）的标准获得清偿，满载而归。②

外商投机固然可恶，然商业的本性即是逐利。在市场化环境下，任何社会都面临着一大重要课题，即在最大限度地鼓励交易以增殖财富的同时，尽可能减少市场非理性行为的潜在破坏性，从而降低社会经济运行的风险。从行为主义角度来说，这涉及如何在激励个人追逐利益的同时，矫正其交易活动中的非理性倾向，避免利令智昏以至于为非作歹。其中，尽量减少经济与社会生活领域的"白搭车"现象，逐步成为制度变革的内在趋向和必然选择。然而，在外商利用制度上的漏洞大肆投机放贷，众家行商危在旦夕之际，官府却扮演了投机者的帮凶，在处理商欠案的过程中薄此而厚彼。这不仅没有使外商的投机活动受到实质性遏制，反而大大助长其贪欲，致使越来越多的行商被逼入了绝境。清统治者处理商欠案的最大败笔就在于试图以道德感化取代制度规制，愚蠢之形不胜言表。据称，西方早期国际商事纠纷的处理中延续着一项惯例：在两国当局出面预闻其事之前，当地可资利用的救济办法必须尽行利用，除非那里

———————

① 见梁嘉彬：《广东十三行考》，第 303—304 页。

② 参见（清）梁廷楠：《粤海关志》，卷二十五，《行商》，《史料旬刊》之《外洋通商案》，以及《清朝外交史料》的有关史料中对商欠处理。清律规定每一笔民间借贷的合法利息总额累计不得超过本金，见上文。

没有法庭，或拒不受理，这就是近世国际法中逐步形成的"用尽当地救济"原则。但"在广州，外国人可利用的法庭是没有的，经由仲裁所商定的办法又不能实行"。① 这是自 16 世纪开始，来华的西方各国商人共同面对的制度环境：即由单一的中央集权的专制政体所孕育的一元化的政治与司法权力格局，不可能允许独立于官府之外的裁判机制存在。真正体现商人自治精神的调判及仲裁制度直到清末民初时期才出现。这种局面之所以形成，非只言片语能够尽释，但不妨举一个例子：15 世纪晚期的一名法国南部的商人如因合同发生纠纷，他可以选择向多种裁判机构起诉，如王室法庭、市属法庭、商人法庭、教会法庭、地方贵族法庭等，而且"这些法庭中的每一个法庭都可能要按照一种不同的法律来审理该项交易"。② 多元化的裁判机制意味着多元化的社会权力结构，这是西方商人阶层兴起，以及"商人法"取得独立社会地位的现实依据。中世纪的欧洲，大小领主并存，各路政权林立。为了能在彼此之间残酷的战乱和竞争中生存下来，或者为了满足自己称王称霸、开疆拓土的野心，大小领主及各家政权无不殚精竭虑地寻求富国强兵之道。显而易见，在创造财富和税源方面，商人阶层拥有着其他社会阶层和集团无法比拟的优势。于是，商人顺理成章地成为领主及诸侯们互相争夺的社会资源。这给商人阶层的生存和发展创造了广阔空间，从而也为商人在多元社会权力结构中成为独立的一极创造了条件。早在 13 世纪，地中海沿岸的许多欧洲城市国家已经出现了大量专门服务于商人的裁判所；上文中这名 15 世纪的法国商人可以自主选择一种最有利于自己的裁判机构来处理其商业纠纷。这种例子从一个侧面反映出商人在多元社会权力格局中拥有了越来越多的自主话语权力，它将为这一社会集团争取到更高的地位及更广泛的社会权力（social

---

① ［美］马士：《中华帝国对外关系史》，卷一，第 188 页。

② ［美］泰格、利维：《法律与资本主义的兴起》，纪琨译，上海：学林出版社1996 年版，第 9 页。

power）。代表商人即资产阶级价值观念的法律体系——"商人法"由此崛起，在物竞天择的时代背景下脱颖而出，逐步走上历史舞台。反过来，"商人法"的兴起，商人阶层独立、自治地位的形成，也是西方法律走出中世纪的重要标志。①

相比之下，中国的社会与制度则是另外一番面貌：大陆性的自然地理环境孕育了以自然经济为主导的农业经济形态。这一经济形态的维持和延续，又需要一种强大的中央集权统治形态的存在。从而催生了以皇权主义为精神内核，强调大一统价值取向的"天下"主义观念。在古代，这种"天下"意识不仅流传于统治者与极少数政治精英之间，更是传统社会中衡量个人成功或成才的主流标准，即儒家讲求修齐治平的所谓"八条目"。主观的价值体系与客观的经济形态强化了一元性的政治权力格局，不可能为商人阶层追求独立的社会地位提供充分的空间；传统国家为稳固统治秩序而沿用的"抑商"、"贱商"政策将商人置于四民之末，商人既无社会地位，又无法律地位，他们有能力聚敛财富，却得不到制度的保障。行商的命运及商欠案的解决结果，就是很好的说明：商事纠纷的处理成为统治者"柔远"的政治工具，欠债行商竟然被扣上"汉奸"罪名，饱受摧残与迫害。十三行在商欠案的处理过程中，实际沦为清朝统治者"以商制夷"政策的牺牲品。在更深刻的层面上，行商的命运实际是中国古代"官商"乃至整个商人阶层的共同命运的缩影。在明清时期，中国社会曾经出现过许多地域性的商人集团，如徽商、晋商、浙商，以及闽粤商人为主体构成的海商集团，等等。其资本之巨，远远超过原始积累时期的西方商人。最终却都相继衰落下去；明清时期，在商品经济较为发达的南方省份，在生产及流通领域曾一度出现过"资本主义萌芽"的短暂生长。但其最终未能长成参天

---

① 详细论述参见泰格、利维《法律与资本主义的兴起》一书。泰格、利维所说的"商人法"是一个宏观的概念，它不是现代部门法中的"商法"，而是指以商业文明及其内在价值为基础的整个现代西方法律体系。

大树。在一元化的专制权力体系中，商人有关权利的诉求十分虚弱，无力通过自身的力量走向独立的、自治的道路，亦无力以自身之力影响或主导社会的发展方向。

第四章

华洋民事诉讼与中西价值冲突

　　十三行商欠案虽属商事纠纷，但常常牵动着清朝对外政策的神经，因而被统治者作为重大的政治事件来解决。相比之下，还有一类经常发生于华洋民商之间的普通词讼纠纷，属于比较典型的民间"细故"案件。官府的相关裁判活动也在很大程度上体现了传统民事裁判体制的精神面貌，从而也在这一层面引发了中西文化价值观念的又一番互动和交锋。

一　华洋民事纠纷的社会成因与类型特征

　　清前期外国人在广州的分布主要限于省城和澳门两个区域。省城一带不许外国人久居，各国商民的日常生活基本上被限定在商馆、码头以及几个位于珠江里的岛屿，而且受到行商与通事的监控，与一般百姓之间的往来机会很少，发生纠纷的机会也相对较少。相比之下，澳门的情况有明显不同。由于多种客观原因，此地逐渐形成"华夷杂处"的生活格局，中外居民之间日常接触的内容更为广泛与丰富，伴随频繁且琐碎的经济往来，各种"细故"纠纷引起的词讼官司屡见不鲜。

　　明清时期葡萄牙人聚居于澳门一带。万历四十二年（1614），官

图4—1　清代澳门

府为了防范葡人滋事并控制其人口数量的增加，便颁布法令严格限制葡人在澳门的房产规模："凡澳中夷寮，除前已成，遇有毁烂，准照旧式修葺。此后敢有新建房屋，添造亭舍，擅兴一土一木，定行毁拆，仍加重罪"①。清朝继承了这项政策，乾隆十四年（1749）下令："澳夷房屋庙宇，除将现在者逐一勘察，分别造册存案外，嗣后只许修葺坏烂，不许添建一椽一石，违者以违律论罪。房屋、庙宇仍行拆毁，变价入官"。②此后，官府又一再重申这一禁令。根据这项政策，葡人的房产只能在维持现有规模的基础上进行改建和翻修，不能以任何形式扩大房屋地基面积。为了杜绝葡人违章扩建房屋，香山县于嘉庆十三年（1808）下令："出示严禁夷人，不许白地兴建房屋，及禁止木板、灰石、砖瓦各店，毋得私卖。"③除了对葡人数量的限制，清

───────────────

① （清）申良翰、欧阳羽文：《香山县志》，卷十，《外志·澳彝》。
② （清）印光任、张汝霖：《澳门纪略》，卷上，《官守篇》；（清）梁廷枏：《粤海关志》卷二十八，《夷商三》，乾隆十四年《澳门同知张汝霖议》。
③ 《东波塔档》第78号。

朝政府还一度禁止华人移居澳门城内，严格限制葡人与华人之间的往来，避免外国人向华人传教及发生华夷冲突。官府于乾隆九年（1744）颁布条令："凡贸易民人，须在澳夷城外空地搭篷市卖，毋许私入澳内，并不许携带妻室入澳……从前潜入夷教民人，窜匿在澳者，勒限一年，准其回籍。"① 这一政策的实施恰恰迎合了葡人独占澳门的意图，葡方也曾经积极采取措施，限制华人进入澳门。早在康熙三十六年（1697），葡方自治机构作出规定：除了那些名字已经在议事会登记者以外，其他华人不得留在城中，自公告下达起，限华人三日内离开城区。拒不服从者将交由清朝官府处理。由于葡萄牙人"除从事商业和航海业外，不屑从事任何其他行业"②，因而澳门城内留下少许工匠和苦力提供各种劳务，但同样不准在城内定居。此外，葡方还曾禁止葡人向华人出售或出租房屋，对于葡人租赁给华人使用的房屋，一度出现强制拆毁的做法。③

即便如此，百姓赴澳门谋生、定居的势头终究无法阻挡。据称，明万历十一年（1583），澳门只有900余名葡人，外加部分奴隶儿童。④ 到18世纪末，澳门的人口数量已经达到12000人，其中华人达到8000余人。嘉道之际，澳门人口增加到22500人，华人达到18000人。至道光十年（1830），澳门华人更增加到30000人。⑤ 现实迫使清朝官府放宽百姓入居澳门的限制，并且在澳门华人之中编查保甲，实行正常管理。乾隆五十八年（1793），葡萄牙果阿总督开始批准澳门

① （清）梁廷楠：《粤海关志》，卷二十八，《夷商三》，乾隆九年《澳门同知印光任议》。

② 相关数据参见斯当东《英使谒见乾隆纪实》，叶笃义译，北京：商务印书馆1963年版，第523页；［葡］徐萨斯：《历史上的澳门》，第169页；［瑞典］龙斯泰：《早期澳门史》，第71页。

③ ［瑞典］龙斯泰：《早期澳门史》，第71—72页。

④ 同上书，第36页。

⑤ 徐萨斯：《历史上的澳门》，第169—170页；［英］斯当东：《英使谒见乾隆纪实》，第522页记载：1793年时，澳门人口12000人，其中华人约占一半。

葡萄牙人向华人出租房屋[①]，澳门房地产交易活动随之升温。尽管官府对葡人建屋规模、建筑材料进行严格管制，但华人拥入澳门以后，往往与葡人私下合谋，向官府谎称在原有地基之上改建房屋，骗取官府修建房屋的许可。[②] 明清时期，葡萄牙是西方国家中最早与中国进行经贸往来的殖民主义国家之一，一度在广州的中西贸易结构中处于举足轻重的地位。但后来因日本、马来西亚等地区先后中断与葡人贸易，加上清廷实行海禁，使得葡萄牙人在亚洲的贸易活动受到重创。18世纪以后，随着葡萄牙在世界殖民格局中的失势，在亚洲力量逐步减弱，其在对华贸易中的重要地位逐渐被新兴的西方国家如英、法、美等国家所取代。葡人在广东对外经贸往来中的地位进一步萎缩，澳门社会经济也跟着受到严重影响，遂陷入萧条。由于大多数葡人不愿意从事商业之外的劳作，他们的生计和处境越加困窘。到18世纪中期，"澳夷中已有流为匪类者，行乞之夷妇尤多"。[③] 移民型与商业化是明清澳门地方社会的两大属性。由于自然原因所限，除贸易外，澳门"别无地利可图，市面萧条，人情涣散，其坐困情形，可立而待"。[④] 以至于到了19世纪初期，"留给澳门居民唯一可靠的资本投资办法，就是投资房地产"。[⑤] 乾嘉以来，由于澳门的人口不断增加，加上官府政策的影响，澳门房地产的利润前景被不断看好，"它提供了一个获得金钱利益的前景"。[⑥] 正因为这一因素的存在，华葡居民之间在房屋租赁事务中发生的各类纠纷也日趋多见。

　　明清时期，官府关于澳门对外贸易的特殊政策，也是吸引华人不断入澳谋生的一个因素。根据当时官府的规定，粤省对外贸易向由十

---

① ［瑞典］龙斯泰：《早期澳门史》，第72页。

② 《东波塔档》第1505号。

③ 张甄陶：《澳门图说》，载南京图书馆古籍部编：《澳门问题史料集》，中华全国图书馆文献缩微复制中心1998年版，第468页。

④ （清）王彦威辑：《清季外交史料》，卷七，《粤抚吴大澂奏查明澳门占界及将占界拟即清厘折》，北平：外交史料编纂处民国二十四年印行。

⑤ ［英］马士：《东印度公司对华贸易编年史》，卷四，第162页。

⑥ 同上。

三行垄断。外商货物到广州后，必须与这一官商组织交易，不准自由选择贸易对象。但是，澳门一带的外贸政策比较特殊，此地"向许内地民人与各国夷商交易，与省城皆归行商者不同"。① 除澳门与省城之间的转口贸易须通过行商进行外，在澳门城内，中外商民之间可以自行贸易，官府不予干涉。伴随个人交易形式的逐步发展，一桩桩涉及钱货债款的"细故"纠纷时常出现，此为清代澳门民事纠纷的另一类型特征。

总的来说，清前期澳门涉外民事纠纷主要见于以上两类。华葡民人之间因为房产、钱债问题屡屡对簿公堂，官府的处理活动也随之受到关注。《葡萄牙东波塔档案馆藏清代澳门中文档案汇编》一书汇编了清代澳门地方政府档案 1500 余件，其中"民蕃交涉"类收录了 70 余件民事诉讼档案，比较全面地涵盖了以上两类案件，可以为了解清前期澳门一带的华洋民事诉讼提供佐证。

二　华葡房产诉讼

1. 房产"永租制"的流行与争讼缘起

清代前期，澳门华葡居民之间的房产租赁关系中流行着一种"永租权"的形式。葡人房主与华人承租者之间常常以中葡两种文字订立租赁契约，大致形式如下：

> 共大鬼先翁吁喏间嗲卢租到屋一间，在红窗门坐西北向东南，其屋原系瓦面墙壁，四处废烂，系叶宅自捐银修整，言明其屋租每年番面成员，上期租银六十大员（圆），订明其屋系永远任叶宅子孙世居，其屋主永远不能超租，亦不能清言（轻言）取回此屋变卖之话，恐（空）口无凭，现有大鬼番纸交执存照。实

───────────────

① 《宣宗成皇帝实录》，卷一五八，道光九年七月己亥。

建造修整支买砖瓦、石、木料、灰泥、钉板、桷、工共计支银五百四十九圆六钱三分。乾隆五十三年正月十九日[①]。

如上所示，入澳华人向葡人租用房屋，用作居住或开铺经营买卖，双方之间经常订立这种永远租赁的契约。葡人业主收取定额租金，将房屋永远租给华人使用，如华人不拖欠租金，则不能取回房屋，屋主为了保住对房屋的最终处分权，为了维持房屋原有的结构面貌，避免承租人随意改动，故经常事先声明不许承租人将房屋私自转租或转让，以及房屋损坏时要由房主自行修理，等等。[②]双方的合意是永租合同成立的前提条件。有一点值得一提，这种房产交易中的永租关系，与明清时期盛行于东南各省份乡村地区土地关系中的"永佃制"十分相似，可以一份"永佃"契约样式列出如下，与前述永租合同稍作对比：

> 某宅有田一段，坐落某处，今有某前来承租，每冬约经风干净谷若干，收冬之时，挑载至本主仓前量称，不敢升合拖欠。倘遇丰荒，租谷不得增减。永远耕作，如佃人不愿耕作，将田退还业主，不许自行转佃他人，任从业主召佃，不得执占。[③]

如上所示，这种永佃契约中一般都言明将土地租给佃户"永远耕作"，还有的契约用"世耕"、"永耕"、"永佃"、"永远给种"等不同的表达方式，但意思相同。永佃制的积极意义十分明显：其一，它在主、佃之间维持长期稳定的租赁关系。对于出租者来说，在土地生产仰给于天的条件下，能够保障长期获得稳定的地租收入；对于承租人来说，地主不能随意夺回土地，全家老小温饱就能有所保障。其二，

---

① 《东波塔档》，第505号，圆为当时流通于西班牙银币，1两白银约折合1.3圆。
② 《东波塔档》，第484、488、509、515号。
③ 杨国桢：《明清土地契约文书研究》，北京：人民出版社1988年版，第92页。

图4—2　西方人所绘清代澳门街巷

由于在永佃关系中地租额度相对较轻且较为稳定，佃户（承租人）的经营土地的积极性将得到提高，他们会更为积极地增加对土地投入，改良土地或生产方式，从而使土地产出的边际收益得到提高；其三，在永佃关系中，主佃双方的关系较为平等，后者对前者的人身依附性较轻，生产经营的独立性增强，这对于激励生产者经营的积极性意义重大，在宏观上有利于社会生产力的解放和经济发展。① 中国是农业社会，最基本的生产资料莫过于土地，最重要的生产关系莫过于土地的租佃关系。更为合理地安排这一关系，是推动生产发展的关键。这

---

① 相关论述参见上引杨国桢：《明清土地契约文书研究》，第94—99页。

种流行于土地关系中的永佃制适应了自然经济条件下农业生产关系的持续稳定状态，有助于兼顾主、佃双方的利益均衡，故而最终被国家制定的法律所吸收。晚清变法修律时期制定的《大清民律草案》，稍后民国时期编修的民法，均在各自的"物权"编中专门列有"永佃权"一章，说明土地租赁关系中永佃权的存在有其广泛的现实依据和深刻的合理性。然而，这类永租关系移植到华人与葡人的房产租赁关系中，最终竟成为引发重重纠纷与争讼的渊薮。其中的原因较为复杂，可借一些案例来做一分析。例如嘉庆十三年（1808）葡人"万威吡喱（Manuel Pereira）诉杨亚旺案"：

> 案据夷目禀称：哆（即万威吡喱）有铺一间，深二进……于嘉庆四年十二月租与杨亚旺开张，每年租银七十二圆，有批收可据，声明止许杨亚旺开张，不能另批租赁。今杨亚旺不遵批，遽将铺转租容成彩，是灭理背批，希图吞踞，伏乞押伊出铺，交物还主（略）。

> 随据杨尧达即杨亚旺禀称：切蚁生理亏本，原欠监生容可茂货银，除收实欠银二千三百六十四两……那铺后进系小的捐资建造，共用过工料银八百五十圆。因生理亏本，于嘉庆九年八月将该铺前后二进一并让与容可茂开张抵欠，迄今五载。兹夷目混禀踞铺，实图加租起见，只得赴案供明。质之监生容可茂，亦相吻合。

> 又据监生容可茂禀称：缘杨亚旺即杨尧达欠生货银二千三百余两。嘉庆九年，达情愿将其与夷人批地自造铺屋一进，原夷人自造一进，计深二进，递年纳地租银七十二圆，转让与生居住抵欠……迄今五载，纳租无异。兹夷人以背批另租事混禀宪台，忖思澳中居民所住铺屋，谁非与夷人租赁？或白地自造，或日久倒塌，屋客捐修，如不欠租，不能任意取回，百十年来无异。该夷混禀迫迁，暗图加租复赁。

> （澳门同知判决）：监生容可茂住铺即经杨亚旺情愿顶退抵

欠，并非拖欠吞踞，应准其居住，照旧收租，毋庸另议更张。①

如上所示，引起本案争讼的一个直接原因是承租人自行转租房屋。清初以降，由于葡萄牙在亚洲的势力不断萎缩，加上海禁政策的作用，澳门一带的葡人数量一度减少，经济陷入萧条，出现了"今在澳夷约六百家，每家约三男而五女，其楼房多空旷而无居人"的局面。② 因此，较早来到澳门的华人大多能够以低廉的价格租到葡人房屋。康熙末年，一间用于居住的房屋年租金约 6 元左右，折合白银不足 5 两，③ 营业铺面租金则稍稍贵出。到乾隆三十二年（1767）前后，一间铺屋的租金要 18 至 24 元左右，此后一路蹿升，到乾隆四十五年（1780）就涨到大约 36 元，到乾隆五十年（1785）以后至嘉庆年间蹿升至 60 元、70 元甚至 100 元不等。④ 以英属东印度公司为例，至 1827年，该公司"准许发给那些不得不在外找地方居住的商馆成员每年100 元，作为房租津贴，支付这种房租的供应常达 1200 元"。⑤ 由于市场环境的变化，房地产大幅度增值，在利润的诱惑下，租赁双方均想突破"不得私行转赁"、"不得增租夺屋"之类的约定，将房产转租、转典或转做他用，以取得更高的收益。本案就是典型的例子，杨亚旺能用一间铺面抵偿 2300 余两银子的债务，房屋市值之高可见一斑。不仅如此，有的华人租户将房屋提高价格转租与人，从中赚取数目可观的租金差价，"递年收租，多过夷租数倍"。⑥ 由于租金差额较大，有的房屋被二度、三度转手租赁或转典以后，仍具有相当的利润空间。当葡人屋主前去收取租金时，发现房屋已经数易人手，使用者素不相

---

① 《东波塔档》，第 509 号，括号内字句系笔者添加，原文结构在征引时有所变动。

② 见前引（清）张甄陶《澳门图说》，出处同上。

③ 《东波塔档》，第 477 号载：黄玉成等人祖辈约在康熙年间租葡人房屋七小间居住，年租银三十余两，每间小屋年租不足五两，合"番银"不到六元（1 两白银约为'番银' 1.3 元）。

④ 同上书，第 479、482、488、504、505 号。

⑤ ［美］马士：《东印度公司对华贸易编年史》，卷四，第 163 页。

⑥ 《东波塔档》，第 507 号。

识，且拒绝向他交纳房租，出现了所谓"将夷屋转租转典……不与原主商量，本主取租，反言屋是他置"的局面。① 对于葡人屋主来说，租户的"背约转租"的行为损害了他们的权益，但同时也给他们提供了一个通过诉讼索回房产的借口与机会，在私下找华人租户交涉未果后，纷纷提起控告。

房产市值的上涨，直接刺激了租赁双方的利益需求，继而引起争讼，成为影响永租关系持续稳定的外在环境因素。除此之外，将土地租赁中的"永佃制"模式移植于房屋租赁中，本身即包含有潜在的不安定因素。以嘉庆十八年（1813）"做遮山嗄（Jose Santos）诉黄怀贤一案"为例：

> 现据澳夷做嗄山嗄报称：夷有住居一所……租与华人黄姓居住，门外摆卖水果食物，每年租银六圆零五钱。当日议定，此房坍坏破损，系夷房主修整……后黄姓身故，伊子黄怀贤仍然在内居住。忽于本年三月中旬，怀贤向夷说称：伊现买备砖料，修补房屋。夷当即回复：此房如有破坏，俟缓数日，夷应带工匠修补。伊即买备砖料，照价退还。迨至二十六日夷前往看视，见该房业已动工拆卸改修，伊意墙垣全行拆毁，改作华人房屋，将来占为己业。夷见此情形，随即向问，据黄怀贤云：有伊亲戚要此房开铺，是以拆卸改修……且又探闻黄怀贤已将此房转卖与人，今系华人亚君租赁修造，每年租银六十圆。夷闻此言，殊觉骇异，复向怀贤理说，见其言语含糊，想必私卖情真，但未见确据，不敢指实……只得隐忍投诉案下，恳为转禀追究。②

诚然，本案房屋的修葺问题是引起争讼的直接案由，房主兴讼的根本动因来自于对房屋再租赁的高额预期收益。但房屋"永租制"所

---

① 《东波塔档》，第 498 号。
② 同上书，第 515 号。

包含的自身缺陷，也在一定程度上为房主兴讼创造了机会。房屋永租制与土地永佃制固然有诸多相似之处，然房屋与土地的物理属性却有着很大差异：在通常情况下，土地可长期维持其自然性状不变，这是永佃制存在的前提；房屋的使用寿命则相对有限，在缺乏养护与翻修的情况下，势必出现老化、损毁直至坍塌的结果。清代澳门的房屋租赁的期限通常较长。根据官府有关档案的显示，有的房产诉讼发生时，租赁关系已经维持了数十年甚至百余年之久。其间房屋的老化、损坏势所难免，需要不时维修或翻新。虽然出租者常常在签订租赁契约时声明保留房屋的维修权，不许承租人私自维修或翻建房屋，但实际上难以实现。制度方面的因素是主要障碍。如前文所述，明清官府针对澳门城内的房屋修建采取了一系列限制措施，目的在于抑制葡人数量的增加，具体表现在房屋修缮的申报程序、建筑材料的管制等环节。根据有关政策，葡人翻修房屋必须通过城中华人工匠向官府提出修屋申请，并提供工程设计图样等文本以备审查。[①] 在经过一系列繁琐的审查程序后才能准予翻修房屋。其间常有工匠故意高抬工、料价格，衙门中的差役也趁机索要钱物规礼肥私。有的官吏不仅自己从中渔利，还纵容家人亲戚浑水摸鱼，敲诈屋主的财物。嘉庆七年（1802）十月上旬，澳门连日大雨，有许多华葡民房倒塌，"因官亲在澳，要议妥规银，方许兴工，各不悦服"[②]。嘉庆八年（1803），澳门又"连日巨风大雨，华夷民房倾跌者不可胜数"，正当居民们各自准备维修房屋时，"有据称戌台官亲徐少爷座澳，遇有夷房修葺，其泥匠必与徐少爷议妥规银，方许兴工，惟夷等每被吃亏受苦"。[③] 不仅如此，房东们在取得修屋许可后，还要自行组织人力出城拉运各种建筑材料。在载料返回途中，各个关卡的差役、弁兵又会借各种名目进行勒索。据称，运载一车砖石"澳关要银十二圆，分防娘妈阁关口要银

──────────────

① 《东波塔档》，第 821 号；（清）梁廷楠：《粤海关志》，卷二十八，《夷商四》，嘉庆十五年《澳门同知王衷驳西洋国使议》。

② 《东波塔档》，第 40 号。

③ 同上书，第 799 号。

四圆，另铜钱五百文；码头查验船只，关口要银四圆，另铜钱五百文；每泥一载，要银一圆，各皆畏惧，不肯搬运"①。如此一来，刨除购买材料的费用，运载一车修屋用的砖料时，仅受官差、弁兵勒索一项，就多达20两白银。由此可见，葡人屋主自行修缮房屋的代价实在高昂。相比之下，由华人承租者修缮房屋则要容易得多。由于他们大多为当地或附近百姓，熟悉本地风俗且明于人事，能利用种种途径规避掉各类制度壁垒，从而能以较低的代价修缮房屋，甚至能够借修缮房屋之机扩大原有的地基面积。于是，葡人房主多乐于听任租户自行修缮而不加阻拦。乾嘉时期，澳门一带房产的实际建筑规模不断扩大，主要源于这一原因。据称："查澳门夷人历来添造房屋，俱系汉人瞒禀照旧修复，拼工包整，已照界溢出数倍。"② 这种现象在华葡之间的房产租赁关系中非常多见，它符合租赁双方潜在的利益需求，在彼此间逐步形成为一种心照不宣的惯例和默契，"所赁房屋遇有损坏，又系租户自行修整，屋主递年净得租利，毫无拖欠。历年既久，相安无事"③，它成为租赁关系得以维持下去的内在因素。但是，租户们在不断地对房屋的翻修、重建付出财力物力之后，渐渐地把这些"自修"、"新建"的房屋当成了自己的财产；有的华人从祖辈、父辈起就租住房屋，历经数十年甚至上百年之久，其间也不乏修葺、改建的情况。等到后代子孙接手使用该房屋的时候，早已将它看作自家祖传的财产。如嘉庆四年（1799）葡人屋主万味威先哋（Manuel Vicente）起诉黄玉成、郑德如、容大振等承租人侵犯其房屋产权，被告则纷纷辩称"房屋系伊祖所有，历年所纳系属地租，并非屋租"。④ 这种在永租关系中自然萌生的所有权意识在主观上排除了原葡人屋主对房产的所有权。由于受到这种观念的驱使，租户只承认其交纳的是房屋地基租金，而不承认所交纳的是房屋租金。其他将房屋转赁、转卖的行为

---

① 《东波塔档》，第38号。
② 同上书，第1505号。
③ 同上书，第474号。
④ 同上书，第478号。

也就屡见不鲜、不足为怪。面对这种情况，葡人屋主纷纷提起控诉，要求解除租赁关系并归还房产。

2. 诉讼价值取向及其影响因素分析

面对华人租户经常违背契约转租、转典甚至转卖所租房产的行为，葡人屋主大多只能望利兴叹。在实践中，他们很少能通过诉讼讨回房产，切实维护自己的房产所有权，这种局面主要受到以下三类因素的影响：

其一是当事者的诉讼策略与地方官的裁判理念。清前期，由于政策方面的原因，使澳门房屋规模受到限制，但外地来澳人口不断增多，加剧了两者矛盾。"澳门房屋，地窄人多，思住者众，夷人希冀加租，屡欲迁居易主，往往以欠租为由，禀请押迁。"① 面对市场环境的变迁，以及房地产的不断增值，租赁双方都想从其中获得更多的利润。这是引起华、葡房产争讼的内在原因。对于葡人屋主而言，华人租户"违约转租"、"转售"房屋的行为是其主要诉由，屋主们常用的策略是拒收房租，从而造成承租人拖欠房租的事实②，继而借故提起诉讼，要求解除合同，归还房产。对于租户来说，失去房产就等于失去在澳门安身立命的依托，所以无论如何都不能接受，正所谓"忖思澳中居民所住铺屋，谁非与夷人租赁？或白地自造，或日久倒塌，居客捐修，如不欠租，不能任意取回。百十年来无异。该夷混禀迫迁，暗图加租复赁"。③ 在诉讼过程中，华人租户最常使用的策略不是正面回应房产究竟属谁，而是极力渲染房主诉讼背后潜藏的"希图加租"、"贪租图利"的"不义"动机。这种策略往往很奏效，华人往往能博得地方官的同情和支持。因为后者多为饱受儒家正统义利观教育的读书人出身，深受"君子喻于义、小人喻于利"之类正统价值观念的影

① 《东波塔档》，第 513 号。
② 同上书，第 489、510 号。
③ 同上书，第 509 号。

响，对于贪财图利的诉讼目的向来鄙夷。乾隆时期担任澳门同知的暴煜，就曾经遵照儒家的义利观念处理过一起兄弟之间因分家产而争讼的案子："有弟讼兄者，薄惩之，复反复开导，皆感泣去。"[1] 他并没有对双方的利益归属做出正面的裁判，而是以"情理"说教辅之以"薄惩"的手段，终使得兄弟"感泣"而和好。这符合孔子所追求的"无讼"世界的价值观念。华人租户的这类修辞技巧往往能挑动地方官重情理、轻利益的正统义利观这根神经，在情感上已先博得了地方官的同情。相对而言，葡人积极主张权益的意识和行为却给官府造成"贪利"、"滋讼"、"刁狡混禀"的恶劣印象，以至未诉而先败。根据《东波塔档》的反映，葡人屋主对于房屋产权的主张大多未得到地方官的支持。葡人理事官对此屡屡不满，认为这种裁判倾向有失公允。嘉庆十二年（1807）葡人理事官向澳门同知上书称："华人租赁夷居，拒不交回，屡禀地方官，止许追租，不能押迁，以致踞为己业，且生齿日繁，断例不能添多一椽一石，势致无以藏栖，伏乞追回夷等房屋。"对于葡人理事官的声请，澳门同知不仅不以为然，还故意反口诘难："香邑地方辽远，内地民人世居土著，何以凭空踞住夷屋？"无非是夷人"贪得租利，将屋批赁"而已。[2]

葡人屋主"贪租"、"图利"，动辄兴讼的习性，虽已使得地方官屡表不满，但地方官更关心的是一方社会稳定，此其职责所系。澳门一带华葡人口不断增多，双方居民之间的房屋租赁行为非常普遍，"一旦遽情搬迁，无论人数众多，难营栖息之所。且此风一启，逐一效尤，纷纷禀请押迁，殊多滋扰"。[3] 官府唯恐一旦支持一名葡人屋主的诉求，其他屋主群起仿效，纷纷兴讼，不仅会导致讼累缠身，增加衙门的政务压力，更主要的是租户们如果流离失所，无处安身，则势必对澳门地方社会的稳定构成极大威胁。故而，最佳选择即是维持现

① （清）田明曜、陈澧：《重修香山县志》卷十二，《宦绩·国朝》。
② 《东波塔档》，第 817 号。
③ 同上书，第 474 号。

状，判决华人租户照旧使用房屋，交纳租金，而葡人"亦应安静营生，勿得节外生枝，致滋扰累"。① 由此，清前期澳门地方官在处理华葡之间房产诉讼的过程中逐渐形成了一项不成文的原则："铺屋建自夷人，则为夷业；建自民人，则为民业。或有典卖，即为受主之业，听居住各自收租，各守各业，勿得觊觎，共享升平之福。"② 在这种情况下，即使葡人确凿无疑地拥有房屋产权，也不能丝毫改变其在诉讼中的不利地位。

其二为华葡语言隔阂及翻译问题。除了当事人的诉讼策略和地方官的主观价值取向外，华葡双方的语言隔阂也是影响诉讼走向的重要因素。在对质的过程中，华人与地方官之间不存在语言方面的障碍，语言优势有利于华人陈述事实、表情达意，博得官吏的同情。葡人不通汉语，不能直接上堂质证，根据惯例，葡人屋主须将诉由禀报给葡方的理事官，由后者聘请的华人"番书"（翻译）将诉由译为汉语，③并以理事官的名义撰写成提交给华官的呈词，再由通事转呈香山县或澳门同知。其间，双方关于案情的意思交流及沟通，皆赖通事一人之力，以至于通事"偶不在侧，则上德无由宣，下情无由达"。④ 由于葡人的诉求经过层层转翻、转述，往往与原意、事实有所出入，其结果难免会对屋主的诉讼带来消极影响。另外，受雇于葡人的番书和通事为了获得好处，往往在代写禀词或转达案情等环节，有意帮助葡人屋主夸大事实、捏造证据。其行为一旦为官府觉察，则对葡人屋主的诉讼地位更为不利。嘉庆十年（1805），香山知县彭昭麟在审理一起葡人屋主控告华人"伪造字约占收夷屋租银一案"时，对暗助葡人的"番书"陈其昌予以严厉斥责，称："凡呈控事件，务须据情实书，不许捏饰，亦不许牵涉别事。呈告番书，为夷官翻译文禀之人，如所禀

---

① 《东波塔档》，第 511 号。

② 同上书，第 496 号。

③ （清）印光任、张汝霖：《澳门纪略》，卷下，《澳蕃篇》载："番书二名，皆唐人。凡郡邑下牒于理事官，理事官用呈禀上之郡邑，字遵汉文。"

④ （清）申良翰、欧阳羽文：《香山县志》，卷十七，《外志·澳彝》。

非是，即应阻止，何得听从该夷目任意书写，妄行上控?"① 继而下令对陈其昌"重究，决不姑宽"。② 类似情形非此案独然，清代前期澳门的各级地方官员，对于涉外司法领域内普遍存在的番书、通事"饰词混禀"、暗助葡人的行为，屡屡给予严厉斥责直至处罚。乾隆四十九年（1784），澳门同知多庆下谕警告不法通事及番书："其番书通事，自应谙晓一切，诸事留心办理。乃一昧糊涂，任听夷目指挥，更属胆玩。本应提究，除姑宽外，嗣后务须小心办理。倘仍敢混禀，定即提究，决不宽贷。"③ 地方官一旦发现案情事实与葡人陈述之间有所出入，不仅番书、通事要受到责罚，葡人理事官也难辞其咎，官府对于理事官一昧"任听多事番书混渎无汰，屡经严饬，竟不悛改"表示十分不满，屡次警告："如再率意妄禀，定行提究不贷在案。"④ 嘉庆十一年（1806），屋主晏哆呢（António Fonseca）控告租户谢清高拖欠房租。经查明，原来晏哆呢因为积欠谢清高债务，于是自愿将谢清高应交房租减免抵偿，造成"遂至两年之租未交"的事实，但房主转而"教夷目将欠租等情瞒禀"。⑤ 嘉庆十七年（1812）租户张老济、苏元超、叶罗氏等租户与葡人屋主因租金纠纷涉讼，经查葡人理事官所提交呈词不实，澳门同知再一次对其"偏听人言，捏情混禀"的行为予以斥责。⑥

其三是华、葡双方的诉讼管辖权之争。除上述两类原因以外，还有另外一种影响诉讼走向的重要因素。葡人理事官在诉讼中，往往习惯于用葡国法律作为支持葡人诉由的根据，以之对抗华人的诉求，甚至抗拒华官的裁判。此举不仅无助于纠纷的妥善解决，而且容易激化矛盾。嘉庆九年（1804），葡人屋主燕哪哧兰哒（Jeanette Miranda）

① 《东波塔档》，第 498 号。
② 同上书，第 496 号。
③ 同上书，第 654 号。
④ 同上书，第 655 号。
⑤ 同上书，第 499 号。
⑥ 同上书，第 512 号。

控告华人租户王宗岱随意改造房屋结构，要求索还房产，理事官随即在禀词中称，按照"西洋规例，不拘任何人租赁房屋，后来原主要还自居，或翻盖情事，即当给还原主。乞饬王宗岱迁出另召"①。香山知县彭昭麟听后十分不满："该夷目以夷例加以华人，所请亦属未便"，"王宗岱租用房屋既未欠租，又未过犯……夷人瘦鬼拒阻辖令搬迁另召，于情于理，均欠通顺"，最终判决维持租赁关系，葡人屋主只管"照旧收租"而已。② 由于葡人屋主的要求大多无法通过诉讼得到满足，"夷目"屡次自行拘审华人索取租金及房产，致使冲突升级，矛盾激化。如嘉庆七年（1802）葡人屋主万尔古（Marco）与华人租户张延芳之间的租赁发生纠纷，张延芳在诉讼中得到了地方官的判决支持，葡人心有不甘，理事官意欲绕开澳门地方官而自行处理，结果惹来更多麻烦。据张延芳向香山知县控称：

> 蚁承父遗下三角亭铺一间，开张油漆生理，递年按纳夷人万尔古地租十八圆，一向相安无异。忽于去年十二月内，该夷突着通事到铺，唤蚁到夷目家，押令加租，如不肯从，即行痛笞，随立夷人字样一纸，逼蚁签书。蚁时身入虎穴，不得不从。切思：阖澳民居铺户，虽属夷人管业，而或承父遗，或由己造，夷人不得加租，久成定例。自乾隆五十五年勒增泗和等铺租，经许前宪禁止，成案可据。今夷复萌故智，若非迅行谕止，必遭毒祸。③

知县许乃来受理呈词后，立即令"候谕夷目禁止"，并重申维持该租赁关系不变，张延芳照旧使用房屋并交纳租金，"禁止该夷妄思加租，以致滋生事端"④。这类纠纷发生后，葡人屋主往往赴控于葡人法庭，"夷目"擅自审讯华人的行为一再挑战官府的权威，为后者所

———————————

① 《东波塔档》，第 488 号。

② 同上。

③ 同上书，第 481 号。

④ 同上。

不容。普通的民事纠纷由此常常升级为司法管辖权之争，甚至演化为外交冲突。上文所述嘉庆四年屋主万味威先咄与租户黄玉成等人纠纷案就包含着华葡双方的司法管辖权冲突。当纠纷产生后，屋主先向葡人理事官投控，要求索还房产，租户们"以屋非夷造为辞"拒绝交还，屋主随即在理事官的帮助下，向黄玉成等人强行索还房产，并"毁其闩门屋壁"，香山知县李德舆多次"檄夷目禁止，不听"，直到新任知县许乃来上任后施加强硬干涉，"案始定"。① 乾隆五十二年（1787），葡人屋主与租户郭南泉等人房产纠纷的解决，竟然演变成一场严重的外交冲突。是年八月，租赁葡人房屋开铺经营的郭南泉等人卖酒给葡人黑奴，后者醉酒后沿街闹事并偷跑出城，窜至附近望厦村偷窃扰民，引起骚动。华官严辞斥责葡人对黑奴管理不严，葡人找租户交涉要求交还房屋不得，葡方总督及理事官亲率士兵前往索还房屋不成，遂强令拆毁多间房屋，并赶走租户。此事惊动了广州府，后者迅速出动军队围困澳门，并切断澳门葡人的一切水粮供应，撤走城中所有华人工匠及人役。严厉的制裁最终迫使葡方屈服，拆毁的铺屋13间悉数修复，当事理事官费咧啰嗺嗦（Filippe Lourenco e Matos）遭到撤职，事态才得以平息。② 客观地说，由于葡人的单方面行为，常导致华葡居民之间的民事纠纷升级为两国官方之间的政治外交冲突。华官往往视葡官的做法为挑战王法官威，不惜施加军事威慑与经济封锁，最终又会迫使葡人重新回到公堂之上来解决争端。

三　华葡债务纠纷

明清时期，葡人以澳门作为远东的贸易基地，在中国、印度、日本、马尼拉、暹罗、帝汶之间从事往来贸易，将中国的茶、丝、瓷等

---

① （清）祝淮、黄培芳：《新修香山县志》，卷四，《海防·附澳门》。
② 同上；另参见《东波塔档》，第475号。

货物运销海外，从海外运来金银、香料、宝石、毛呢、象牙等物品，扮演着海上马车夫的角色。在清代澳门社会经济结构中，对外贸易仍是主要支柱。由于官府在澳门实行比较特殊的对外贸易政策，允许当地中外民商之间可以自行交易，从而吸引了越来越多的内地百姓前来定居、谋生。客观上促进了澳门商业与社会的繁荣，"澳门地方华夷杂处，所有澳内铺店买卖及裁缝工作人等往往与夷人交涉，或相信赊欠，或熟识借贷，事所恒有"①。华葡居民之间的经济往来，主要表现为华葡中、小私商之间的生意往来，包括华人私商为葡人代购官府允许的小宗外贸货物，或者入居澳门之后，租赁葡人房屋来从事日用杂货、裁缝、食品、油漆、五金建材、器皿加工等小本店铺生意，或从事泥瓦匠、苦力等劳动性行业，为华葡居民提供各类日常服务。随着中外、尤其是华葡居民之间日常交易活动的日渐增多，由买卖、借贷行为带来的债务纠纷也十分普遍，是房产纠纷之外，华葡民事纠纷的另一主要形式。

1. 华葡民间交易习惯与债务纠纷的形成

清前期澳门华葡商人之间钱货交易繁多，"举凡唐番交易，无论赊借揭欠，须以字约为凭"。为了避免在交易过程中发生纠纷，双方商民之间往往订立字面合同文书，将约定俗成的交易惯例写入其中，作为交易的凭据；在发生争讼时，合同也作为呈堂的重要证据。有关合同大致分为两类：

交易合同。华葡民间之间进行有关货物购销、器物加工以及有偿劳务等交易，通常须订立相应的合同，其内容格式大致如下：

潮客光桃堂立与番商糖货交易合约

立合约人潮客光桃堂，（缺约十八字）余担左右，乌糖七十担左右，包载（缺约十一字）货两相合式。如有不好，两相包

---

① 《东波塔档》，第 549 号。

换，以合用为佳。其白糖二百余担，约实价银六十三。乌糖七十余担，每价七十四。载至该处，银交货交，无得另生别论。先翁言妥，该糖每担应谢用银一毫。光记□□糖三担，交先翁带至该处。潮客携银到船，另交银三千元作按。光记货三担，即交潮客发售，无得迟误。客银三千，按至该货交清，原银交回，三面言明。该船载货至埠，限以四十五日为期，以开行之日起计。其银水三十五寸。

　　道光十七年八月　　日立（下缺）①

另如修葺房屋的劳务合同：

容平立承接三巴寺泥水修葺合约

　　承接泥水工匠人容平，今与官库咪嗡嗳哆泥味咮哋接得大三巴正间瓦面一座，照旧重修。大神龛一个，又栏一页，周围墙壁，另重瓦照旧修葺。言明工价银九百贰拾圆。即收定银三十大圆。开工之日，其银陆续交收，至工竣银足。恐口无凭，立合约为据，交管库收执。

　　嘉庆二年七月廿八日，立合约人容平②

　　如示，华葡民商之间的交易合同首先包括交易项目，如货品种类、数量、规格、价钱、交易期限等内容，或者劳务种类、期限、酬金数量、给付方式，等等。此外，定银作为一种实现交易的信用担保方式被广泛应用并写入合约，交易双方言明货价、交易日期等基本内容以后，买方要向卖方预付一笔定金，作为交易信用担保，所谓"澳内民夷交易买卖，言明价值之后，即交定银，限期出货。如至期无

----

① 《东波塔档》，第109号。
② 《东波塔档》，第87号。

银，定银消去。至期无货，定银倍罚"①。嘉庆四年（1799），葡商西

洋舶图

图4—3　清人所绘澳门外国商船

满（Simā Vicente）委托华商梁亚信代购货物，双方签订合约并交付定
金，次年葡商控告梁亚信无力交货，要求返还定金，梁亚信一方反控
西满无力支付货价，且"欲图扣抵定银"。香山县判决要求西满遵照
定金惯例"毋任违抗"。② 华葡民商之间将订立合同作为保障交易安全
的主要手段，合约履行常受到各种现实因素的影响而无法按期实现，
如或因买方资金短缺、周转困难，或因卖方货源紧张、工期延长，等
等。为了延续交易，合同双方常常写具交易凭单，如华人容亚养与葡
人啲哇嗷所订五金加工交易货单：

> 乾隆四十年正月二十三日，二面算明，三十九年份共取货银
> 四十两零五钱五分。四十一年四月取钉四斤该银四钱，十四日取

————————————

① 《东波塔档》，第530号。

② 同上。

销匙三个该银四钱五分，整锁一把工银一钱，又取锁匙一个该银
一钱五分，取钉仔一百枝银□□□□，□取柜锁一把，银三钱六
分，锁匙一枝银一钱五分，草镰二张银三钱。九月十六日取桶柄
三斤银□钱。十一月廿八日交钉五百一十斤该银五十一两一钱。
十二月十八日交钉八十六斤银八两六钱。四十二年正月取锁匙二
个银三钱。二月初门脚柄、蚨蝶共五斤银五钱，取楼板钉一斤银
一钱。四月取门蚨蝶三斤银三钱，取楼板钉一斤银一钱。六月取
楼板钉一斤银一钱，取锁匙一枝银一钱五分，泥凿三枝重五斤银
五钱……计取货银一百三十四两三钱三分半。[①]

　　当双方之间有长期贸易或加工等合作关系，一方因为种种原因无
法实现钱货两清，于是便会写立"货单"，将分期交易的详细情况，
包括已交付的货量、劳务，赊欠的货款数额等内容记录下来，作为一
种阶段性的交易证明。一旦出现纠纷，这种"货单"往往作为重要的
呈堂书证。乾隆六十年（1795），葡人嗱哆呢唧咕（Antonio Joaquim）
控告经营器物加工生意的"华盛店"积欠货银，香山县在审理中要求
原告提供双方交易的"取回货单"以及积欠货银的"笔数单"作为呈
堂证据。[②]

　　如上所述，由于市场环境的复杂性，华葡民商间实现即时交易的
情况并不多见。卖方为了把握稍纵即逝的商机而往往预先出货，赊购
行为带来的积欠货款现象十分常见，诉讼常常因此而起。同样，买方
有时也会预先付支货款即"本银"。乾嘉时期，居澳华人数量不断增
加并超过葡人，华商之间的竞争日趋激烈，一些人为了能够获得与葡
商交易的商机，甘愿接受对方开出的苛刻条件，最为常见的一项就是
"货本生息"，即买方预先支付货款即本银，向出货人按月、日计收利
息，直到货物陆续交付完毕为止。乾隆三十八年（1773）葡人啵唑嗷

---

①　《东波塔档》，第 526 号。

②　同上书，第 527 号。

预支给华人铺主容传杰货银 100 元，"每月息银二分"①；乾隆五十九年（1794）十月，"华盛店"经营者陈维茂、吴登尧收取葡商嗳哆呢弱咕预付货银 320 元，到乾隆六十年十月为止，连本带利增至 356 元，减去本银后获净利 36 元，合白银约 28 两，获利相当可观。②"货本生息"本属不公平的交易方式，由它引起的争讼也经常发生。

借贷合同。清代澳门华葡杂居，日常往来频繁，民间借贷行为也相当普遍。中外民商之间的借贷行为都要订立契约作为凭据，如：

何亚清立向嚟喇嘆咖公头借银凭单

> 立借数人何亚清，借到嚟喇嘆咖公头银壹百圆，限至壹月交足，不得拖欠。恐口无凭，立此数为照。乾隆四十二年十月初五日，何亚清借数（花押图书）。③

如契所示，澳门中外商民之间的借贷合约内容通常包括借贷数额、借期。有时出借方要收取贷款利息，利率由双方协商决定。乾隆时，葡人妇女吗喱呀（Maria）的丈夫生前借得华人陈偕生银 40 元，每月利银 4 两④；嘉庆九年（1804），葡方通事陈大满借给林亚沛 83 元，月息 1 分 5 厘。⑤借贷者按照合同约定归还本利，通常每次还银时都要将每次所还数额、日期等写作字据并由双方签收，一旦发生纠纷，此字据就是地方官审判的主要依据。如上述葡人借华人陈偕生夫妇银两之后不久即去世，债务由妻子吗喱呀继承。但其妻贫困无依，无力偿还，遂与陈偕生遗孀林氏发生争讼。澳门同知要求林氏呈交"番纸收执凭据"，并"当堂查对，细核花押与林氏所供无异……着令协同澳差、地保向该夷妇理讨外，合行谕饬。谕到该夷目，即便遵

---

① 《东波塔档》，第 526 号。
② 同上书，第 527 号。
③ 同上书，第 96 号。
④ 同上书，第 521 号。
⑤ 同上书，第 544 号。

照，转饬该夷妇，俟林氏到日，即可当众算明清偿"①。由于华葡之间
的借贷行为不断增加，有时甚至互相纠结形成三角债务，如乾隆五十
九年（1794）葡人理事官控称华人蔡鸿德欠葡人嗳哆呢雷渣卢
（António Rosário）五十两银，要求清偿。但蔡鸿德此时已经去世，其
子蔡亚连称："蚁父所欠晏哆呢雷渣卢五十两已于五十二年还过银二
十两零四钱，尚欠银二十九两五钱六分……蚁父生前素有澳夷噎喱忌
欠本银一百五十两，嗳哆呢呀喇沙欠本银九十一两，均有番纸欠约
可凭。"②

　　清前期澳门华葡民间借贷行为与债务纠纷，既反映了中外民间经
济往来的广泛和深入，又诠释着清代澳门社会经济的市场化属性。繁
多的经济纠纷给一向奉行"平情息讼"、"政简刑清"为宗旨的司法体
制带来不小的压力和考验。

2. 官府的态度与司法效率

　　清代澳门中外民商之间经济往来繁多，由于各种原因引发的债务
纠纷和诉讼事件经常出现，标的额从几十圆直至数万圆不等。为了减
少发生纠纷的可能，官府对华葡民间经贸交易实施了一系列限制性
措施：

　　首先是对被允许入澳经营贸易的华人进行严格的资质限制，规
定："华夷贸易，惟赖殷实华人，方足取信"，③　必须"查系殷实，方
许居住"，即只有经济实力比较雄厚的华人，才能有更好的信誉保障，
才能减少发生纠纷的可能。只有这类实力雄厚的华人才被允许入城从
事经营。为了贯彻落实这一规定，官府还制定了某些配套措施，如要
求澳门的葡人予以相应配合，限制他们向华人租售房屋，"贸易之人，

---

①　《东波塔档》，第 522 号。

②　同上书，第 525 号。

③　（清）梁廷楠：《粤海关志》，卷二十八，《夷商三》，嘉庆十四年《广东总督百
龄、监督常显议》。

来向尔等租赁房屋，查明若非殷实，即不必租与居住"①。

其次，除了对于交易者的资格限制，官府还对华洋民商交易方式予以限制，乾隆十四年（1749）规定严格限制华葡民商之间赊购货物行为，尤其对黑奴，凡"出市贸易，俱令现金交易，不能赊给，亦不得收贷"②。但是，即时现金交易对于大多数交易行为来说根本不现实，因为它要求中外商人外出时必须随身携带大量货币，以备随时可能出现的交易机会，这实在是强人所难。官府的这些措施只考虑到其社会控制的需要，无视社会现实与大众生活的实际需要，给中外民间交易带来极大不便，遂难以被社会接受而流于一纸空文。

尽管官府为了减少纠纷和麻烦，不惜采取种种措施限制华洋民间商业往来，但随着中外民间经贸往来日益增多，由买卖、劳务等交易活动所引起的经济纠纷依然不断增加。客观现实要求官府投入更多的精力，找到更为合理有效的解决方法，尤其是在解决华葡钱债纠纷方面。对此，官府也并非无所作为。乾隆十四年（1849）年澳门同知下令："如有华人拖欠夷债，及侵犯夷人等事，该夷即将华人禀官究追，不得擅自拘禁屎牢，私行鞭责，违者按律治罪。"③ 当事人为了避免讼累缠身，往往自行索讨债务，继而引起争执和冲突，给社会治安造成威胁。官府虽屡次劝谕华夷民商要"公平交易，共享升平"，"勿因口角争闹，致酿事端"④。但是，越来越多的纠纷和争讼，还是让地方官感到力不从心。为了提高司法效率，减轻官府政务压力，地方官同意将某些纠纷交由葡方处理，即所谓"便宜行事"。乾隆五十七年（1792）香山县传谕给葡人理事官："尔等系夷人头目，夷人欠华人之

① 《东波塔档》，第 810 号。

② （清）梁廷楠：《粤海关志》，卷二十八，《夷商三》，乾隆十四年《澳门同知张汝霖议》。

③ 同上。

④ 《东波塔档》，第 826、827 号。

债，尔等可以便宜行事"①；道光五年（1826）又下令："嗣后如有夷
人少欠钱债等事，向讨无偿，务当据实指明，投赴夷目处代为追
给。"② 对于华人拖欠葡人债务的争讼，官府原则上不许葡方"便宜行
事"，要求"若华人欠夷人之债，尔等亦擅将货物搬至亭上变抵。华
人不能输服，必且滋生事端。仍应禀知就近衙门，严追给领，毋庸另
议更张"③。事实的确如此，正如前文指出的那样，葡方的裁判机构对
华人没有强制力，"也无法迫使执拗的中国人来到他的庭前听审"。如
果华人对葡官的裁判不满意，便会置之不理，转向香山县或澳门同知
府衙再行控诉。葡方无力强制执行对华人当事者不利的裁决，他们心
里清楚："无论怎样，为得到针对华人债务人财产的执行判决，就一
定得求助于中国官府。"④ 经过一番周折，处理此类纠纷的主导权又回
到了华官手中。

　　虽然官府做出种种努力，但传统的民事裁判机制确实难以适应商
业发展的社会现实。首先是诉讼程序给当事双方带来种种不便，由于
香山县丞不常驻澳门城内，香山县正堂衙署更是远在百里之外。往来
奔波耗时耗力，十分不便。地方官有时下澳处理华葡交涉事务，除了
要遵循一系列繁琐冗长的行政礼仪外，商人们在迎来送往中要付出大
量的财力物力。对此，葡商纷纷表示不满：

　　　　那个城市里的基督教居民一直同华人及中国官员签订合同及
　　赊购商品。当华人不按合同履行债务时，他们便向大法官申
　　诉……但中国皇帝的大臣们不希望澳门的司法机关受理针对其臣
　　民的案件或是逮捕他们，也不希望他们有审判权，所以迫使基督
　　徒将其请诉交与中国皇帝法院的大臣处理。去年在广州针对基督
　　徒作了一项判决，由一位中国官员前来执行命令，这样若要改变

①　《东波塔档》，第810号。
②　同上书，第549号。
③　同上书，第810号。
④　［葡］叶士朋：《澳门法制史概论》，第45页。

判决就得花费大量的钱财①。

官府司法效率低下不仅会延误纠纷的处理，还会使中外商人蒙受额外的损失。18 世纪中期以后，葡国甚至曾禁止葡人"同华人签订广东总督或其官员享有专有管辖权的合同"。② 当然，争议并不仅仅停留在程序层面，嘉庆二十五年（1820），华商曾永和、郭亚厚等人控告葡商眉额带呫拖欠数十万元巨额债务，香山知县要求其他葡商遵照十三行对外商的连带清偿先例，彼此之间承担连带清偿责任，共同替眉额带呫偿还债务，称："洋行一商拖欠，众商派填，久经定例。澳夷欠债，自应比照摊偿。"③ 这项判决做出后，马上受到外商的强烈抵制而最终没有了下文。由于不满官府的处理，葡商常常报怨澳门地方官吏"不识法律，不讲理性"，致使他们"无人可以申诉"④。

四　民事诉讼领域的中西价值冲突

清代前期澳门华葡民事诉讼过程，不仅蕴含着诉讼参与者对利益的争夺，也体现着中西之间对于权利意识和诉讼价值等方面存在的差异。

1. 权利意识的暗合与表达方式的差异

西方文明起源于希腊罗马，古代希腊罗马商品经济的繁荣为私法的发达创造了条件，形成了重视私权的传统，而财产所有权制度又是其私权价值体系的一项核心内容。在罗马时代的私法领域，家长对家庭财产乃至人身权利拥有许多绝对的支配性权利。西方在中

① ［葡］叶士朋：《澳门法制史概论》，第 74 页。

② 同上书，第 45 页。

③ 《东波塔档》，第 548 号。

④ 吴志良：《生存之道》，澳门：澳门成人教育出版社 1998 年版，第 392 页。

世纪以后，随着商人阶层的崛起，以其价值理想为基础和内核的新的法学理论体系和政治、法律制度体系逐渐登上历史舞台，对于私有财产的保护问题开始受到关注。到了启蒙时代，思想家们鼓吹"天赋人权"的首要意图便是希望以法律的形式确认和保护新兴商人阶层（资产阶级）的财富，这也是与专制王权及宗教势力斗争的思想武器。因而，关于财产所有权理论的探讨受到当时众多思想家的关注，如洛克、霍布斯等人，几乎所有启蒙思想家的著作中都充斥着关于私有财产权正义性问题的探讨。对于私产权的重视和保护，不仅意味着对新兴社会阶层的财富合法性的承认，更重要的是，这样的财产所有权制度本身就是一种高效的行为激励机制，它对于鼓励人们创造财富的行为，加速整个社会经济的市场化进程，起到了前所未有的推动作用。新制度经济学家道格拉斯·C. 诺斯（Douglas C. North）等人在探讨西方世界崛起的原因时曾经指出：近代西方的崛起源自于一种有效率的经济组织，它的合理之处体现在最大限度地减少经济生活中的"白搭车"的现象。而对于私有产权的尊重和保护则是构建这样一种制度的基础与核心。他们认为，这种有效率的经济组织在制度上会做出安排及确立产权，从而对人的经济活动形成有力激励，使社会收益率与私人收益率相接近，最终推动社会经济发展及财富增殖。[①] 客观地说，这确实是西方近代私法体系中财产所有权制度发展变化的社会依据。西方近代私法体系的发展，尤其所有权制度的发展状态与趋势，正是它与西方社会经济市场化、工业化的大势相互推动、相互适应的产物。在 19 世纪，欧洲大陆掀起了浩浩荡荡的法典化浪潮，其最突出的成就体现在民法的法典化方面，而民法法典化的成就首先是将资产阶级关于私有产权的理想和诉求通过法典化过程转变为国家意志。其中，拿破仑当政时制定的《民法典》长期以来被誉为体现西方私法精神传统与近代精神相

---

　　① 相关的论述可以参见 ［美］道格拉斯·C. 诺斯：《经济史上的结构和变革》、《西方世界的兴起》等书，以及 ［美］R. 科斯：《财产权利与制度变迁》等著作。

结合的典范，主要就是因为它把资产阶级所长久憧憬的"私有财产神圣不可侵犯"的理想写入法典，付诸实践。尽管它在这方面流露的绝对主义倾向并非完全有利于鼓励交易行为，推动市场经济持续繁荣，但它的问世毕竟迎合了大革命胜利后西方社会意识形态的主流价值取向，使西方人极力鼓吹的自由主义理想得到系统的实现，因而备受推崇。值得一提的是，此类权利意识在本文所涉华葡房产诉讼中也时有流露。例如，拿破仑《民法典》有一项关于房屋租赁的规定："如在租赁期间，租赁物急需修理，不能延至租赁期间终了时，不拘对承租人有何不便，甚或在修理期间被剥夺租赁物一部的使用，承租人均须忍受之。"① 在前文所述嘉庆九年味兰哒与王宗岱之间的房产诉讼中，葡人业主味兰哒为了阻止华人任意改造自己的房屋结构，就援引了类似的"夷例"来支持自己的诉讼要求，试图解除合同，索还房产。② 但地方官对"夷人"和"夷例"都嗤之以鼻，而且对于夷人竟敢用"夷例"对抗天朝王法大为光火，所以根本对其不屑一顾。

与西方相比，同类制度及其价值观念在中国传统时代的发展脉络有其特定的取向。中国古代为自然经济下的农业社会，而土地则是人们生活中最重要的、最核心的财产。传统时代，土地的买卖、流转向来有之。宋明以来，中国社会经济的商品化程度显著增强，土地交易活动更趋频繁。在这种环境下，如何在土地交易行为中既保持财产所有权关系的相对稳定，又满足土地投资者对边际收益最大化的追求，是交易参与双方都必须面对和解决的问题。永佃制应运而生，并盛行于明清时期经济商品化程度较高的南方省份，它的出现很好地诠释了中国传统物权体系发展中鲜明的相对主义取向。在永佃关系中，土地

---

① 参见《法国民法典》，第三编第八章第二节："物的租赁"，第 1724 条，李浩培等译，北京：商务印书馆 1979 年版。

② 葡萄牙统一的民法典出现在 19 世纪的 60 年代，19 世纪初期葡萄牙民法中对于房屋租赁中的此类问题如何规定，目前不得而知。在 19 世纪初，拿破仑执政时曾征服过葡萄牙，而拿破仑《民法典》对于葡萄牙民法的影响甚深，故在此暂引其条款以为旁证。

所有权的"骨"和"皮"（或称"田底"和"田面"）是可分的，土地所有人以最大限度地让度各种权能为代价换取了最大限度的收益，但却没有从根本上割断其与财产之间的权属纽带。另一方面，永佃权人以支付数额可观的费用或地租为代价，从所有人手里取得了"永世"（或"永远"）耕种其土地的权利。在永佃关系中，只要承租人不欠租，所有人不得"夺佃"即索回土地。这样，永佃权人及家人的生计有了较为可靠的来源，这不仅有利于社会安定，更大大增强了佃权人的再投资行为和改良土地及其他生产要素的积极性。这种激励因素对于进一步提高土地的边际收益又是一个积极的信号。由此，整个土地交易和经营进入了良性循环的发展轨道。类似永佃权的例子还有许多，如典权长期存在也是传统物权相对主义传统的一个典型佐证，详细内容将另文探讨。总之，这些都是中国传统私法体系与商品经济发展相互促进、相互适应的典型例证。也正是在这样的时代背景下，房屋的永租制度才能在澳门华葡房屋交易行为中存续下来。同时这也说明，在市场环境下，人们的逐利行为并不会因社会、历史及文化背景的不同而有本质区别，这正是中西私法文化的暗合之处。

由前文的描述可以看出，华葡诉讼中所反映的中、西民人的权利诉求在其本质及发展趋势上并无二致，区别在于各自表达方式有所不同。有西方人说："儒家礼的概念与我们对'人个权利'的态度截然不同。我们把维护个人利益奉为美德，为'权利'罩上一层神圣的光环。而他们轻视个人利益，解决权利纠纷的总倾向是让而不争。"① 这种观点虽有道理，但并不全面。中国传统法律建立于自然经济形态及"家国一体"的政治体制之上，具有与生俱来的宗族本位的伦理特色。儒家思想中原本就有"君子喻于义，小人喻于利"的观念，律典中关于私权利的内容多表现为消极的、禁止性的、惩罚性的规定。在调整财产关系方面，传统法典中诸如"卑幼私擅用财"、"别籍异财"、"典

---

① ［美］本杰明·史华兹：《论中国的法律观》，高鸿钧译，收录于张中秋《中国法律形象的一面——外国人眼中的中国法》，法律出版社2002年版。

卖田宅"等条款就是很好的证明。在调整个人债务方面，如规定拖欠他人债务达到五两白银以上不还者，要受到最低"笞一十"，最高"杖六十"的处罚。[①] 传统律典将民事关系刑法化的特点，也从侧面说明在这样的文化氛围中，人们对于权利的诉求方式必定有其独特一面。事实上，在传统社会以伦理为本位的制度环境下，人们对权利的渴望与争取，往往要有意无意地披上道义的外衣，在情理、伦理的名义下进行。否则，便会被视为"悖情逆理"，甚至沦为"讼棍"，受到正统价值观念的鄙视。就本章所涉争讼而言，通过诉讼追求利益是华葡民人共同的意图，但双方实现目标的思维逻辑和行为的方式大不相同。华人的讼辞中充满了对于利益的诉求，但他们的诉讼话语多倾向于渲染葡人无视"情理"，为了"贪租"、"图利"而动辄兴讼的"不良"用心和"不义"举动，在利益诉求的内核之外包裹上厚厚的伦理外衣，这使其在更为隐蔽的同时，还可获得地方官（及正统价值观念）最大限度的认同与支持。这是一种迂回的、行之有效的诉讼策略，它一次次在不知不觉中影响了诉讼的走向，使得葡人屋主在诉讼中一再地处于不利的地位，而华人则能取得更多的诉讼利益。

当前学界一般认为中国传统法制度及价值体系对于私权较为漠视，但也应该看到，传统法律文化其实并不排斥人们对利益的诉求。只是由于中西方历史、文化及社会现实的差异，使得权利诉求的表达方式存在明显不同。

2. 诉讼价值取向的分歧

中西法律有关个体权利价值认同的差异，不仅体现在伦理道德及法律规范等静态的实体性制度层面，它还表现为中西方关于民事诉讼活动内在价值取向的分歧。西方发达的私法体系产生于发达的商品经济环境，民事裁判制度的天然使命和根本意义在于维护个体的财产

---

① 《大清律例》，卷十四，《户·钱债·违禁取利》。

权，鼓励交易行为、降低交易成本、保障交易安全，从而不断推动市场经济的发展与社会财富的增殖。由此，中世纪后期"商人法"在与其他诸如封建法、宗教法等所代表的多元政治权力角逐的格局中脱颖而出。① 它所代表的价值理念最终奠定了西方近世法律体系的理论基础。相比而言，中国古代法律与社会之间的关系完全不同：统治者出于稳定统治秩序的需要，始终贯彻"重本抑末"、"重农抑商"的治国方针，通过种种措施来抑制商品经济发展，增加交易成本。如官府在处理民间纠纷方面，其首先教导百姓以争讼为贱、为羞，劝民不争，并把户、婚、田、土、钱、债等形容为"细故"，蔑称为"雀脚鼠牙"。官员处理"细故"纠纷往往倡导以"平情息讼"为上。亲族调解、以情理动人为主要内容的民事解决机制便有了存在的前提。对于以教谕方式处理民间纠纷，地方官常常乐之不疲，前述暴煜判案就是一例。再如蓝鼎元任职于广东潮州府时，曾经办理过一件"兄弟讼田"的案件：

> 父没，剩有余田七亩，兄弟互争，亲族不能解，至相争讼。余曰："田土，细故也，弟兄争讼，大恶也，汝两人各伸一足，合而夹之，能忍耐不言痛者，田归之矣。但不知汝之左足痛乎？右足痛乎？"②

在亲情的感动及刑罚的威慑下，两兄弟最终抱头痛哭、言归于好，争讼也自然化解。孔子云："听讼，吾犹人也，必也使无讼。"③

---

① "商人法"系泰格、利维：《法律与资本主义兴起》一书中的概念，也可以称为"资产阶级法律"。与后者相比，"商人法"少了意识形态色彩，但能较好的表达这种法律体系不同于中世纪封建法及宗教法的内在精神特质，故借用之。

② （清）蓝鼎元：《鹿洲公案·偶记上·兄弟讼田》，北京：群众出版社1985年版，第123页。

③ 《论语注疏》，卷十二，《颜渊》，《四库全书·经部》。

清代皇帝不厌其烦地劝告百姓要"明礼让以厚风俗"、"和乡党以息争讼"。① 在伦理为本位的传统社会中，以情理说教的方式调处息争，看似比积极构建、执行一套发达的法律体系更具现实意义，也更为经济。除了说教，地方官吏还着力研究所谓"息讼"之术，以劝民止争，其中大多是限制放告期限或者故意拖延不理诉讼等方法。明代宣德年间有一位松江知府名叫赵豫。当他赴松江任职时，见百姓动辄兴讼，不胜其烦。于是，每当百姓前来告状时，赵知府便告诉他们"明日再来"，一而再，再而三，成为笑谈。当地百姓将此事编成顺口溜，其中有"松江太守明日来"之说。② 赵豫的做法实际传达了大多数"父母官"们对待民间争讼的共同价值取向，即通过情理说教，以劝谕方式来平情息讼。一般来说，传统民事司法活动的根本意义不在于鼓励交易行为，推动商品经济发展，而是将司法作为贯彻"义"、"利"教化的渠道，从根本上消灭人们追逐利益的欲望，教人克己礼让，知法而畏法，有法而不用，从而达到"政简刑清"的自然和谐状态。这是中西民事诉讼制度在功能意义方面根本分歧之所在。雍正皇帝说："法有深意，律本人情。明其意，达其情，则囹圄可空，讼狱可息。"③ 澳门地方官在处理华葡民事纠纷时，依旧遵循着一贯的作风，常常苦口婆心地劝导中外商民："此等钱债事件甚属细微"，"何必互相争闹，滋事取咎？"④ 同时也一再劝诫葡人要"安分营生"，切勿随意"兴讼"，"致滋扰累"。这种一厢情愿的方式不仅不能得到西方人的认同，反而被他们鄙视为"不识法律，不讲理性"。官员的素质受到置疑，官府的形象随即大打折扣。这不仅不利于解决华葡民人之间的争讼，更使官方之间的矛盾不断激化。

清代澳门的社会属性既包含有传统社会的乡土性元素，也融入了

---

① 康熙皇帝著《圣谕十六条》、雍正皇帝著《圣谕广训》原文可参见《四库全书·子部》；另外，清代各地方志《典谟》篇中也多有收录。

② （清）张廷玉：《明史》，卷二百八十一，《列传》第一百六十九，《赵豫传》。

③ （清）黄思藻、欧阳振时：《广宁县志》，卷一，《典谟》。

④ 《东波塔档》，第549号。

西方人带来的商业化元素。但官府的民事司法活动则坚守着固有的价值立场，司法领域的矛盾由此而生。这反映出以自然经济、伦理本位为基础的传统法制及其价值理念难以适应商品化、市场化趋势下经济、社会的发展，也无法以积极主动的姿态去接纳倡导市场化、商业化的西方法律文化体系。

第 五 章

"不治而治"：清代涉外司法理念解析

　　早期一些来华的西方"中国通"在论及中国传统时代对外政策时，常常引述宋朝苏东坡"王者不治夷狄论"中的一段言论："夷狄不可以中国之治治也。譬若禽兽然，求其大治，必至于大乱。先王知其然，是故以不治治之。治之以不治者，乃所以深治之也"。① 从清前期朝廷对外关系来看，苏氏文中所谓"不治而治"的理念并不仅仅体现在一般外交政策中，也体现在涉外司法领域。本章拟从精神内涵与制度表达两个角度，对清涉外司法中的"不治而治"理念进行系统解析。

一　华夷观念与"不治而治"的精神内涵

　　"不治而治"理念在传统涉外司法领域的体现主要有两个方面：一为广泛流露在司法过程中的华夷二元观念；一为"刑不可知、威不

---

　　① 见 John Francis Davis：*The Chinese：A General Description of the Empire of China and Its Inhabitants*，New York：Harper & Brothers Publishers，1836，Vol. I，第240页；马士：《中华帝国对外关系史》，卷一，第129页；徐萨斯：《历史上的澳门》，第125页。苏轼《王者不治夷狄论》原文可参见《东坡全集》卷四十《论十二首》，《四库全书·集部》。

可测"的专制精神。

1. "华夷之辨"与涉外司法中的二元价值观

华夷观念不仅主宰了传统时代的对外政策，它的影响更渗透于涉外司法的各个方面。"华夷之辨"更是构成清代涉外司法理念的一个基本因素，可以从如下几个方面来梳理其源流与内涵：

华夷之辨首先着眼于生理、体质及生活习惯方面的差异。《礼记》载："中国戎夷五方之民，皆有性也……东方曰夷，被发文身，有不火食者矣；南方曰蛮，雕题交趾，有不火食者矣；西方曰戎，被发衣皮，有不粒食者矣；北方曰狄，衣羽毛，穴居，有不粒食者矣。"① 汉刘安《淮南鸿烈》载："西方高土，川谷出焉，日月入焉。其人面末偻，修颈印行，窍通于鼻，皮革属焉。白色主肺，勇敢不仁。"北方则"幽晦不明，天之所闭也，寒水之所积也，蛰虫之所伏也，其人翕形短颈，大肩下尻，窍通于阴，骨干属焉，黑色主肾，其人蠢愚，禽兽而寿。"② 宋代朱彧《萍洲可谈》描述过当时出现在广州的黑人：

> 广中富人多蓄鬼奴，绝有力，可负数百斤。言语嗜欲不通，性淳不逃徒，亦谓之野人。色黑如墨，唇红齿白，发鬈而黄。有牝牡，生海外诸山中，食生物。采得时，与火食饲之，累日洞泄，谓之换肠，缘此或病死。若不死，即可久蓄；久蓄能晓人言，而自不能言。有一种近海野人，入水眼不眨，谓之昆仑奴。③

一如上文所示，各类古典文献著述一贯以种种怪异的笔调来描述"夷"、"狄"的生理特征和生活习性，有时干脆将其视为与鬼怪、禽

---

① 《礼记注疏》，卷十二，《王制》，《四库全书·经部》。
② 《淮南鸿烈解》，卷四，《墬形训》，《四库全书·子部》。
③ （宋）朱彧：《萍洲可谈》，卷二，《四库全书·子部》。

兽同类，美国汉学家费正清概括说：

> 在中国人看来，西方夷狄在身体特征上怪模怪样，一般都是
> 行动粗鲁，带有羊骚气。中国的土话里把他们称做"洋鬼子"、
> "大鼻子"或者"毛子"。明代正史里还相当详细地描述了葡萄牙
> 人煮食中国小孩。19世纪还有人以为教会育婴堂里用儿童的眼睛
> 和心脏制药。官员们觉得外国的外交人员诡计多端而不可捉摸，
> 认为其性莫测，"犹如犬羊为伍"。农村妇女通常遮住她的婴儿，
> 尽力避开外国人不祥的眼光，特别是他那照相机的邪术。①

在古代，由于中外之间缺乏充分接触与了解，所谓"华""夷"
之间在生理及生活习惯上的差异被预设为区分文明与野蛮甚至"人"
与"禽兽"的标准。于是，"夷狄"顺理成章的被划入"野蛮"与
"禽兽"的范畴，《左传》云："戎，禽兽也。"②古汉语中对于这类人
群的称呼被赋予明显的动物属性："'狄'，一个北方部落，被与狗相
同化；而'蛮'和'夷'，南方的民族，则分享了爬虫的特质。'羌'
字有一个羊的偏旁。"③

在传统文化的语境中，"夷"、"狄"生理上的怪异更伴随着文化
上的低劣，荀子说过：

> 人之所以为人者，非特以二足无毛也，以其有辨也。今夫猩
> 猩形笑亦二足而毛也，然而君子啜其羹，食其胾。故人之所以为
> 人者，非特以其二足而无毛也，以其有辨也。夫禽兽为父子而无
> 父子之亲；有牝牡而无男女之别。故人道莫不有辨，辨莫大于

---

① ［美］费正清：《美国与中国》，张理京译，世界知识出版社2000年版，第
151页。

② 《春秋左传注疏》，卷二十九，《四库全书·经部》。

③ ［英］冯客：《近代中国之种族观念》，杨立华译，南京：江苏人民出版社1999
年版，第6页。

分，分莫大于礼，礼莫大于圣王。①

　　根据荀子的这种标准，比起生理特征及生活习性的差异来，华夏族所拥有的一系列礼乐、伦常制度更是区分文明与野蛮、人与兽的终极标准。对于华夏族而言，这种自我认同意识导出了"华贵夷贱"的价值判断，使华夏族有了一种文化上的优越感，继而产生出一种以"华夏文明"改造"蛮夷"的文化使命意识，即所谓的"以夏变夷"。即文明的、先进的华夏族应该将自己优越的文化向外推广，从而教化并同化野蛮落后的"夷狄"，但绝对不容许这一秩序发生倒置，竭力杜绝"以夷变夏"的发生。是故，孟子云："吾闻用夏变夷者，未闻变于夷者也。"② 由于这种价值观念和文化行为在和周边民族的长期接触中处于强势地位，所以能够奉行千年而不堕。不过，每次外族入主中原的历史动荡，都是对这种价值观的巨大挑战，在明清时期更是前所未有：其一，明朝的遗老遗少和士大夫阶层面对满清入关，大呼"中原陆沉"、"天崩地解"，悲情论调嚣然尘上。从此，以"驱除鞑虏，恢复中华"为旗号，鼓吹"反清复明"的政治暗流一直绵延至清末民初；其二，明末清初西方人及其文化向东传播，不仅从根本冲击了中国固有的文化价值体系，更从根本上冲击了固有的中外政治关系格局，最终推动了中国制度体系与社会结构的整体变革，其影响远超前者。其中围绕基督教与儒教两大信仰体系之间的矛盾展开的文化、政治冲突尤为激烈。明末清初，西洋传教士利玛窦等人把天主教带入中国，在传播天主教的手段和方式上做出变通，从形式上接受汉化的文化传统，如汉服、汉语，交结文人阶层，允许当时中国的信徒照旧尊崇孔子、祭祀祖宗，等等，等于是在上帝的世界中为中国传统的信仰体系的存在留出余地，在宗教"异端"面前做出妥协，是传教者为了尽快取得华人的认同与接纳而采取的权宜之计。但在后者眼中，这

---

① 《荀子》，卷三，《非相篇第五》，《四库全书·子部》。
② 《孟子注疏》，卷五下，《滕文公章句上》。

也成为"外夷"接受礼教，"输诚向化"的积极表现。这种包容的态度一度赢得了华人尤其是知识分子的好感。这是西方传教者得以在中国打开局面的重要原因。但这种传教策略却引起其他教派及罗马教廷的不满，后者试图用纯粹的宗教价值体系来取代儒教，改变中国人的信仰，清除其中的中国本土因素。汉朝以降，以儒家为主体的文化价值系统逐步成为历代王朝统治者进行思想统治与社会控制的基本工具，动摇它的地位无疑是威胁王朝统治的根基，这是统治者所不能容忍的。更重要的是，承认西方"天主"的至高无上与承认皇权至上之间存在根本性的矛盾，明代一名大臣曾言：

> 薄海内外，惟皇上为覆载炤临之主，是以国号曰大明。何彼夷亦曰大西？且既称归化，岂可为两大之辞以相抗呼？三代之隆也，临诸侯曰天王，君天下曰天子，本朝稽古定制，每诏告之下，皆曰奉天。而彼夷诡称天主，若将驾轶其上者然，使愚民眩惑，何所适从？[①]

可见，在传教士尚且采取尊孔策略的情况下，尚不能免受质疑与批判，更不用说罗马教廷禁止教徒尊孔祭祖的新传教方针所招致的批判了。自康熙晚期开始，罗马教廷的传教新政策激怒了清朝统治者，双方交恶。自雍正起，朝廷宣布天主教为"邪教"并予以严厉查禁，法律专设"造妖书妖言"罪名，并附之以重刑。百姓有敢传教者重则处死，轻则充军，多遭重典。这一事件客观上使中西方之间的政治、文化隔阂进一步加深。统治者意识到这一系列事件中的利害关系，进而对西方人的一举一动变得十分敏感，尽一切手段来教训不安分的外国人，处理涉外案件就是一个重要的途径，对此，乾隆皇帝在休斯夫人号案时的严厉态度就是明证。

---

① （明）沈㴶：《参远夷疏》，收录于（明）徐昌治辑《圣朝破邪集》卷一，香港：宜道出版社1996年版，第59页。

除了政治权力层面的斗争之外，在文化价值领域，积极维护正统礼教道统的士大夫阶层也不断地对基督教信仰体系提出质疑与批判，许多基本的教义都受到过他们的口诛笔伐，晚明陈侯光《辨学刍言》云：

> 利马窦谓：天主能造天地万物，无一不中其节。则初造生人之祖，自当神圣超群。何男曰亚当，女曰阨袜（即"夏娃"）即匪类若此？譬之匠人制器，器不适用，非器之罪也，必云拙匠。岂天主知能独巧于造天地万物，而拙于造人耶？我中华溯盘古氏开辟以来，如伏羲、神农、黄帝、尧、舜，世有哲王，以辅相天地。未闻不肖如亚当、阨袜者也。①

此番驳论虽针对宗教神学而发，但其立足于人性化、现实主义的价值立场，以寻常生活中随处可见的经验逻辑来推导演绎，指斥上帝的荒诞不经，从而批判基督教信仰学说的立论基础。此番言论也从一个侧面反映了中国传统信仰体系的固有特质："神"与"圣王"常常二位一体，对神的信仰往往自然地转化为对天子的崇拜。除陈侯光外，晚明许大受也有一番类似的辩驳：

> 辟曰：然则天主赋命，唯善无恶，何不使亚当、阨袜全其性善，绝其情欲，不为万代子孙清净之源乎？且当初生之人，情欲未及滋蔓，少展神功，俾渠克肖，岂不易易？况全能全智，则必洞徼万世之流弊，即盍去其方命者，并护后来人人善始善终，绝为恶之根倪，何不利益？而乃滋其恶念，蔓延至今，以至污染不了，是何自遗恶本耶？盖斩茅必攻其根，疗疾必攻其本，而此人工犹穷委防微，何天主全能，而反养患畜蠹如此耶？若云天主彼时即欲灭之，但恐无传人种，然天主有生人不已之机，何不再生

---

① （明）陈侯光：《辨学刍言》，见《圣朝破邪集》，卷五，第248页。

一个好人以之传耶？若谓其恶未甚，不忍遽绝，则稽天之浸发于涓涓，燎原之焰起于星星，天主忍坐视乎？若谓已知其有生，必有过犯，而听其自善自恶，以定赏罚，是罔民也。其所主谓何？其称全智全能谓何？则知所谓天主者，非能为天地人物之大主宰章章矣。①

原罪说是基督教的基本的教义之一：上帝创造了亚当、夏娃，是为人类的始祖。亚当与夏娃原居住于伊甸园中，因受到诱惑偷吃禁果而获罪，被赶出伊甸园。他们的后代也由此世代背负原罪，要靠终生行善来实现救赎。士大夫们攻击这条教义称：既然上帝是全知全能的造物主，理应提前预知其所造之亚当、夏娃将会坠入罪孽之中。"如果它知道这一点并依旧创造了他们，那么它就是一个邪恶和残酷的生灵，而不是像传教士们所说的那样充满了慈悲心。如果它无所不能，那么它为什么不创造一个没有任何罪孽的生灵呢？它为什么要创造出作恶的魔鬼呢？"这样的评价不仅局限于质疑上帝的能力，更是在直接质疑上帝的"道德品质"。因为假使上帝明知亚当夏娃会犯罪而不预先规劝或警示，则其"所作所为仅仅是为他们设置陷阱"。② 如此一来，"可见天主是万恶之源"。③ 晚明时期出现的批判"洋教"运动，其声势在其后的两百多年间渐行渐强，一直持续到清末。

除信仰领域以外，明清时期中国人的文化视野中，针对西方人的"华夷之辨"还具有更加广泛的内容，有人曾以戏谑的口吻加以描述：

> 上自皇帝和统治阶级士大夫，下到小巷子摆地摊的穷苦小民，他们都坚信西洋人是一个没有文化的野蛮民族……长相已够使中国人惊骇失措了，更可怕的事还有：英国王位竟可以由女儿

———————————

① （明）释如纯：《天学初辟》，见《圣朝破邪集》，卷八，第396页。

② ［法］谢和耐：《中国与基督教——中西文化的首次撞击》，耿昇译，上海：上海古籍出版社2003年版，第214页。

③ （明）许大受：《佐辟》，见《圣朝破邪集》，卷四，第203页。

继承，女王逝世后，再由女王的子女继承，这种改姓乱统的现象，使一向提倡忠于一姓，提倡宗法正统的儒家系统的知识分子，认为英国显然是无父无君的蛮夷之邦。而法国国王长发披肩，常常烹食儿童，显然是一个女扮男装的活妖精。俄国女皇更糟，经常更换情夫，几个月或一年，就把情夫砍头，再换一个接替，也属于人妖之类。根据这些认定，中国悲哀地发现，西洋人跟犬羊没有分别，具有犬羊特有的性格，不知道礼义廉耻仁义道德是何物。①

将外国人视为劣等人甚至归为动物，妖魔化西方人的意识绝不限于当政者。在 19 世纪初的广州，街头巷尾，凡有华人与外国人接触的地方，处处可以见到此类迹象，以及相伴而生的冲突。英国人德庇时在鸦片战争前曾任职于东印度公司特选委员会，他在书中谈到在广州生活的感受：

> 事实上……广东的中国人也好不到哪去。他们熟知其政府的那句座右铭："夷人（barbarians）犹如禽兽，对夷人应施以暴政。绝不能像对待本国臣民（native subjects）那样对待夷人"。政府不断进行思想灌输，这使得他们在对待外国人的时候，好像真的是面对着一群堕落的物种一样。自然而然的，他们对待外国人的举止就与对待自己人完全不同了。除非受到利益的诱惑或者是恐惧的影响，他们对待外国人从来都是傲慢无礼且欺诈无信。这些都是来自观念的影响。即使有时在利益驱使下他们不得不为外国人服务，也尽量不让其他中国人看见。乞丐在没有其他中国人的情况下，会毫不犹豫地向过路的欧洲人下跪乞讨。一看到中国人，就马上站起来装得若无其事。不久以前，中国的苦力、最低

---

① 柏杨：《中国人史纲》，下册，台北：星光出版社 1987 年版，第 917 页。

贱的仆人，还拒绝为晚间出行的欧洲人掌灯照路。①

在同一时期，曾留居澳门多年的英国人李太郭，也在一封致英国公众的公开信中谈及他在澳门的生活感受：

> 有人会说，某某人曾经来过这里的沿海地区，并受到了友好的对待，以及只要我们乐意，即可以携家带口地住在澳门云云。但我们眼下置身于澳门这个孤仃于海中的弹丸之地，犹如被禁锢的囚徒。四周是茫茫大海，还有设防的屏障——仿佛是故意要羞辱我们，把守它的既不是士兵，也不是其他穿制服的什么人，而是这个帝国中最可鄙、最低俗的人们，他们甚至连体面的穿着都没有。满洲官员们不遗余力地唆使百姓尽一切手段地藐视我们。这类引导收效显著。有时他们还宣称与我们接触会败坏德行，以此来威胁并吓阻本地人与我们的往来。据说数日前有人断言：假使外国人想坐轿子，他们就连那些残夫弱妇之类的轿夫也请不到。至于那些正常的劳力，他们宁可饿死也不会接受这种有辱身份的差事。②

事实上，这种氛围的形成，与官府的舆论导向密不可分。以上引

---

① John Francis Davis: *The Chinese: A General Description of the Empire of China and Its Inhabitants*, New York: Harper & Brothers Publishers, 1836, Vol. Ⅰ, 第 240 — 241 页。鸦片战争前，John Francis Davis（德庇时）曾就职于英属东印度公司，战后曾担任过第二任香港总督。德庇时书中提到的"政府的座右铭"原文为："rule barbarians by misrule, like beasts, and not like native subjects." 附会中文，应该为苏轼《王者不治夷狄论》文中"夷狄不可以中国之治治也。譬若禽兽然"一句的意思。

② George Tradescant Lay: *Trade with China: A letter addressed to the British public.* London: Royston & Brown, 1837, 第 4 – 5 页。George Tradescant Lay 即李太郭，英国人，李泰国（即 Horatio Nelson Lay, 晚清时曾担任"大清海关总税务司"）之父。李太郭早年曾作为传教士赴华，第一次鸦片战争后曾先后任英国驻广东及福建的领事等职务。除本文以外，他还著有*The Chinese as They Are: Their Moral, Social and Literary Character*一书，算是一位知名的汉学家。

李氏所论为例，清前期广东地方政府时常发布告示，申禁百姓为外国人抬轿。1833年8月17日，香山县的街面上就张贴着这样的告示：

> 接奉上宪谕令，雇用本国民人为外夷贱役，久为厉禁。目前澳门夷人乘坐夷轿，皆以夷奴肩负；惟澳门仍见有民人充轿夫者，实属违例——彼辈竟仍敢违犯章程，听从夷人，故意肩负夷轿，实属胆大妄为，恬不知耻。①

由此可见，官府在营造对西方人的歧视性社会氛围方面难辞其咎，告示仅居其一端。甚至于，在当时的日常语汇中也随处可见这类表达方式，马礼逊称：

> 英国人在中国所受之不公平及恶劣待遇，也不必一一细说。他们的雇主，他们的国家，他们的君王，被人待遇的侮辱情形，简直不容易忍受。同时，这种不幸，也不是在天涯，没有亲身经历过的英国人所能容易设想。当面被人称呼"夷人"，"鬼子"，"奸细"，亲耳听见他们皇家的命官和船只受"外寇"这种名字的侮辱，他们都得服从。在写给中国人的公文中，他们不准称他们的雇主为"尊贵"，也不准称英国的皇帝为自主的君王。公司中佣仆们的本地家属，只因为服事了他们，便要出罚款，要受处罚；公司的业务，常受干涉，船只常被扣留，干涉扣留的理由，不过是一些最最无谓琐屑的借口——或许是因为本地商人，少付了一笔费，与英国的商人是绝无丝毫关系的。②

在这种氛围下，外国人常常被视作下等、不祥之物，受到百姓的敌视。冲突、斗殴由此经常发生。嘉庆二十三年（1818），一艘英国

---

① ［美］马士：《东印度公司对华贸易编年史》，卷五，第363页。
② 前引《马礼逊小传》，第92页、第93页。

商船五副在广州去世，该船人员试图将其遗体抬上岸埋葬，遭到当地百姓的持械围攻；道光三年（1823），一名外国人在广州因为乘坐轿子而遭到驿卒的人身攻击。① 在此前后，马礼逊刚出生的孩子及第一任妻子先后染病去世，马礼逊同样为找到一块安葬亲人的墓地而费尽周折，处处碰壁。② 类似的冲突或争斗常常演化为不可收拾的斗殴甚至聚众械斗，甚至酿成命案。包括英国人在内的西方各国人迫切希望改变这一不安全的处境，他们首先还是寄希望于说服清朝政府采取有效措施扭转社会舆论，促使百姓对待西方人的态度有所转变。在一份道光年间英国人上呈清朝官府的信函中，曾有这样一段陈情：

> 或时揭帖街上有臭谕詈骂远客，谎言暗指以逆性之恶行致惹贱民之欺凌远客，且缘此起有斗殴、杀伤等弊，及终停止贸易，阻害公干。但此患岂非衙门办理不善所致乎？英国水手虽外形似粗，内怀尚存仁温之心，但伊耐不得受人凌辱，所以民人非礼言行时致滋事，酿出命案。抵粤之英国各船上有严束水手人等之例，倘强害何人，不论民人与否，必要治其罪。但既有衙吏放纵贱民任意欺凌远客，则船上严束未致尽免闹事也。照英国法律，不分内外人色，其加害于外国人或于英民者，治其罪同为一例。皆准上衙自白其理，亦准给律师为助远客之意。夫各国风俗大同小异，但虽其内有相异者，晓事达理之人可能彼此相恕，则清英两国人何不友心和睦交易乎？……向来屡次遇清国难水手，在大洋中荒州破船处，蒙英国水手争先向救，遂带回中华，送到父母妻子等。倘非如此，该人无奈在彼海岛饿死？此等仁情是英国水手以为可荣过于上陈杀死之功矣。尚且世人有奸人妄指英国水手可为欺凌藐视，岂不可恶哉？清国人民为高明勤工兴旺者，但普

---

① ［美］马士：《东印度公司对华贸易编年史》，卷三，第315页；卷四，第84页。
② 前引《马礼逊小传》，第58页、第85页；《马礼逊回忆录》，广西师范大学出版社2004年版，第178页。

天之下非独清人为如此，虽有无智之人愚，然教以所有之美好人物尽在中国，其余他国为贱陋无值，何也？但人有如是之教训，则何等徒虚小儿之见哉。①

　　以上这番陈情虽有多处隐隐批评清朝政府的意思，但其言辞较为中肯和理性。客观地说，歧视甚至敌视外国人的社会氛围之所以形成，固然可以归咎于多种原因，如中外民间缺乏了解、外国人（尤其是外国水手）行为放纵，等等。但相比之下，官方言行对社会舆论导向的影响为害更甚。例如，官府在日常行政管理、执法活动中，为了严"华夷之防"，有意无意地塑造外国人的不良形象，加深百姓的恐惧与双方的隔阂，以期减少民众与外国人私自接触交流。官府在各种公文、谕令、文告中，也习惯以"蛮"、"夷"、"鬼"、"豺狼"、"犬羊"等字眼冠之于外国人，甚至于凡涉及西方人的称呼无不带有此类称呼。西方人起初不解其意。根据学者吴义雄的描述，19 世纪初的西方人甚至还专门写文章就此类称呼的含义进行过探讨：

　　　　《广州纪事报》曾发表题为"对外国人的称呼"一文。作者将中国人对于外国人"轻蔑的称呼"进行了罗列，如：外国鬼、红毛鬼、黑鬼、鬼子、花旗鬼，等等，均明显带有蔑视意味。与此相联系，在正式公文中出现的"夷"字，就相当于西方历史上希腊人所称呼的"蛮族"（Barbarians），法兰克人所称的"可憎者"（hatred），等等。而在中国文书里经常出现的"蛮夷"之类的称呼，就相当于英文中的"savage barbarian"。为了进一步确定"夷"的含义，他们花费精力探讨 barbarian 一词的语源。据他们研究，这个词起源于希腊人的词，开始时是对外国人的一种泛称，并无侮辱之意，但在希腊人强盛之后，这个词就开始有了侮辱性含义，而在现代语言中这个词则有着显著的负面意义。故将

① 《史料旬刊》，第十三册，《道光朝外洋通商案》之《英吉利国人品国事略说》。

"优秀的基督教民族"与古代西亚、北非的原始居民等量齐观，
是令他们难以接受的。在他们看来，这绝不是一个语言学问题，
"由这种语言培育出来并使之持续下去的观念对人类的福祉是有
害的，因为这些观念在软弱和愚昧的心灵里激起了敌意。希腊人
和罗马人不仅将 barbarians 这一低下的称呼给予每个外族，而且
随之宣称对这些民族有支配权，就像灵魂可以支配肉体，人类可
以支配无理性的动物。亚里斯多德建议亚历山大将希腊人当作国
民，而将蛮族（barbarians）当作奴隶，对他们施以暴政。而且，
在更为现代的时期，我们知道欧洲基督徒是如何对待那些被他们
看作蛮夷之人的……"蛮夷"二字在中文里的意思，即为未开化
或未受教化之人，或许是残酷粗野之人"。中国人又将此观念转
化为对待外人的原则，通过"对公正的拒绝、商业上的限制和对
个人的侮辱与剥夺"加以实施。[①]

当西方人弄清此类称呼的侮辱性内涵之后十分不满，曾三番五次
上书要求清朝政府一方做出改变，"禁止本地人对外国人的侮辱行为，
以及下等人张贴那些指外国人为凶犯的揭帖"。[②] 对于这些要求，官方
或是借辞拒绝，或是干脆充耳不闻。于是在广州多次出现外国人涂
抹、撕毁官府文告的事件，致使双方矛盾加深，关系进一步恶化。[③]

---

① 吴义雄：《商人、传教士与西方"中国学"的转变》，载《中山大学学报（社会
科学版）》2005 年第 6 期。《广东纪事报》（Canton Register），又称《广州志乘》，1827
年由英商麦迪逊（James Matheson）等人创办于广州，是西方人在中国创办的第一份英文
报纸。主要刊登和报导当时的财经、时事新闻与评论，内容多与中国有关。后迁往澳门
刊行，鸦片战争后迁往香港，改名《香港记录报》（或称《香港志乘》），1863 年停刊。

② 有关此类交涉的史料很多，例如梁廷楠：《粤海关志》，卷二十九，《夷商四》，
嘉庆十五年《广东布政使曾燠会议详驳英吉利国大班益花臣议》；马士：《东印度公司对
华贸易编年史》，卷四，第 332 页所附 1831 年英商上呈两广总督要求改革的请愿书。另
外，《史料旬刊》之各朝"外洋通商案"及许地山所译的《达衷集》等史料中也多有涉
及，此不赘述。

③ 具体参见《清朝外交史料（道光朝）》第 432—438 页各奏折；另参见《史料旬
刊》之《道光朝外洋通商案》中各奏折。

这种情况一直持续到了鸦片战争以后，西方人才通过条约迫使清政府废止了称外国人为"夷"的习惯。① 可以说，华夷有别的观念表现在官府处理日常政务的各个细节中，有时直接引发罪案。例如，清朝历来禁止外国人雇乘轿舆，尤其是禁止华人为外国人抬轿。道光元年（1821），"东裕行"行商谢治安（又被称为"谢五爷"）因为替外国人雇轿乘坐，竟被抓入监狱，迫害至死。② 可以说，"华贵夷贱"本身就是统治者罗织冤狱的理由，更不用说它对于司法过程的种种恶劣影响。官府如此作为，上行下效，民间对西方人的排斥和仇视也就顺理成章了。西方人试图通过说理的方式促使清政府改变态度，唯徒劳而已。

除了在生理和文化方面，"华夷之辨"更具有鲜明的政治意义。华夷观念源自于中国上古时代的人们对世界秩序的想象与设计。在中国传统社会的政治意识形态中，天子的统治是没有边界的，《礼记》云："君天下曰天子"；③ 荀悦论曰："王者无外，欲一于天下也"；④ 蔡邕曰："天子无外，以天下为家"。⑤ 何为天下？就是"天之所覆，地之所载，日月所照"的地方。⑥《诗》云："溥天之下，莫非王土；率土之滨，莫非王臣。"⑦ 也就是说，天子享有对天下人的统治权，其至尊无上的属性相当于西方政治话语中的"主权（sovereignty）"。这种政治理论在古时代即有制度性表达形式，即所谓"畿服制"。相传

---

① 如1858年中英签订的《天津条约》第五十一款规定："嗣后各式公文，无论京外，内叙大英国官民，自不得提书夷字。"见王铁崖：《中外旧约章汇编》，第一册，北京：生活·读书·新知三联书店1957年版，第102页。

② 谢五爷事件见［美］马士《东印度公司对华贸易编年史》，第四卷，第255、290、293页；梁嘉彬《广东十三行考》之"东裕行"条；另散见《史料旬刊》中之《外洋通商案》及《清代外交史料》。

③ 《礼记注疏》，卷四，《曲礼下》，《四库全书·经部》。

④ （宋）司马光：《资治通鉴》，卷第二十七，甘露二年，引述荀悦论，《四库全书·史部》。

⑤ （汉）蔡邕：《独断》，卷上，《四库全书·子部》。

⑥ 《礼记注疏》，卷五十三，《中庸》。

⑦ 《毛诗注疏》，卷二十，《小雅》，《四库全书·经部》。

大禹治理洪水成功之后，"以山川定九州之域，随其势，以四方之土画帝畿"。① 据说这就是畿服制的缘起，标志着天下众多部落或政治单位，按照距离中央远近以及对中央臣服形式的不同，形成了在中央皇权统治下，地方政治单位远、近、贵、贱有所不同的差序政治格局。到商代演变为内服、外服制度，"越在外服，侯、甸、男、卫、邦伯；越在内服，百僚庶尹，惟亚惟服宗工"②。"内服"区域属天子直辖区域，"外服"区域则由受封国君统辖。到周代，进一步发展为"五服"制度，其内容为："夫先王之制，邦内甸服，邦外侯服，侯卫宾服，夷蛮要服，戎狄荒服。甸服者祭，侯服者祀，宾服者享，要服者贡，荒服者王。"③ 据称，随着统治地域的扩大，周代的"五服"制又演变为九服制：

乃辨九服之邦国。方千里曰王畿，其外方五百里曰侯服，又其外方五百里曰甸服，又其外方五百里曰男服，又其外方五百里曰采服，又其外方五百里曰卫服，又其外方五百里曰蛮服，又其外方五百里曰夷服，又其外方五百里曰镇服，又其外方五百里曰藩服。（注：服，服事天子也）④

综上所述，九服制以距离和臣属关系的尊卑等级来划分。五服以外为蛮夷之地。无论远近，各方均要以不同形式对中央王朝称臣纳贡，接受册封。尽管在以后数千年，政治体制的变化并没有延续这种模式，但在传统的政治理念中，建立以"天下"为基础的差序统治体系，从未淡出历朝统治者的政治理想。明朝洪武二年（1369），太祖朱元璋下诏曰："自古为天下主者，视天地所覆载，日月所照临……朕仿前代帝王，治理天下，惟欲中外人民，各安其所。又虑诸蕃僻在

---

① （清）阎若璩：《尚书古文疏证》，卷六下，《四库全书·经部》。
② 《尚书注疏》，卷十三，《周书》，《四库全书·经部》。
③ 《国语》，卷一，《周语上》，《四库全书·经部》。
④ 《周礼注疏》，卷三十三，《四库全书·经部》。

远方，未悉朕意，故遣使者往谕，咸使闻知。"① 随后，永乐年间的郑和下西洋就是实践这一政治理想的典型事例。从明永乐三年（1405）开始，郑和奉明成祖朱棣之命，率数百艘当时世界上最为先进的战舰及近三万精锐军队，浩浩荡荡地南下西行，意欲"耀兵异域，示中国富强"。大队人马前后遍历 30 余国，足迹最远到达非洲东海岸和红海沿岸。其远洋航行的真正目的，就是向海外各国"宣天子诏"，"给赐其君长，不服则以武慑之"。各国要接受明朝册封或者纳贡称臣，如果不服，则要受到武力征服。永乐五年九月（1407），郑和掳回了"旧港"的酋长并献给朱棣，朱棣大喜并重赏郑和。② 郑和的征服海洋的活动事实上就是对"君天下"秩序的一次重建，将不臣服的"外番"、"岛夷"重新纳入统治秩序中来。传统时代围绕中国形成的东亚朝贡体系，就是这种秩序的制度表现。清朝的皇帝虽未举行过如此规模庞大的远洋征服活动，但"君天下"的统治思想却从未减弱，他们的诏谕中充满着诸如"朕为中外共主"，"天朝统驭寰宇，中外一家"，"朕统御中外，一视同仁"，"天朝臣服中外，夷夏咸宾"之类的表述。朝廷一有举动，则要"颁诏中外"或"通谕中外知之"。在天朝的统治者看来，真正对"君天下"统治秩序构成威胁的因素，不是来自于王朝内部的农民起义或改朝换代，而是王朝周边的夷狄入主及"化外"势力的向内侵蚀。明清鼎革，满清入关，王朝易主之际，士大夫阶层大呼"中原陆沉"、"天崩地解"的"亡天下"心态就是最好的说明。18 世纪末，西方人试图与清王朝建立平等外交关系而不可得，原因也在于此。皇帝乐于接受外国人来"天朝"当差听使，并视其为外夷"输诚向化"的表现，却无法容忍卧榻之侧有与自己地位平等且不听号令的外国代表，根本原因就在于中国传统时代的皇权主义价值

---

① （清）张廷玉：《明史》，卷三二四，《列传》第二一二，《外国五》。

② 以上史实见（清）张廷玉《明史》，卷三〇四，《列传》第一九二，《宦官一》。旧港者，"故三佛齐国也"，今属印度尼西亚。

观向来主张"天无二日，土无二主"，① 这与当时西方国际秩序理论鼓吹彼此对等的价值取向相矛盾。西方人建立外交的请求其实就是对"君天下"秩序的公然挑战，冲突最早出现在外交领域。乾隆五十八年（1793）马戛尔尼访华及嘉庆二十一年（1816）阿美士德访华，都因为不服从清朝的跪拜礼仪而流产。其实此类冲突不仅仅发生在国家高层之间。18世纪以来，驻在广州的英方商务代表，也因为屡次拒绝向地方官磕头而致双方翻脸。② 在澳门，到康熙五十一年（1712）之前，葡方议事会官员在接受华官召见时，"都只能蹲在垫子上"。③ 乾隆十四年（1749），发生安南国（今越南）人伤害内地兵丁案，当时安南国王派官员解送罪犯到广东受审。"审讯时，内地官员坐上位，其随员（指安南官员）坐地上，一同审讯"。④ 无论官府做何解释，西方人都把此类待遇视为一种侮辱。

在中国历史上，北方游牧民族的屡次南下，与中原农业民族在政治军事上的较量与妥协，在文化上的冲突与融合，一直成为推动王朝鼎革、制度变迁的重要因素。"以夷辨夏"还是"以夏辨夷"，即所谓"汉化"与"胡化"的矛盾，从来都是推动中国古代制度与社会变迁的基本动力。"华夷"冲突的存在是推动中央王朝加强集权统治，应对外来力量的主要成因。也最终铸就了中国传统政治、文化价值体系注重"华夷之防"的性格特征。对于明清时期的统治者来说，华夷冲突依然存在，且正是挑战天子"君天下"秩序的主要因素，只不过

① （唐）杜佑：《通典》，卷第一百九十七，《边防十三》。再如（后晋）刘昫：《旧唐书》，卷二六《志第六·礼仪六》："神无二主，犹天无二日，土无二王也"；该书卷一八三，《列传》第一三三《外戚》亦云："天无二日，土无二主"；（元）脱脱《宋史》，卷九九，《志》第五二《礼二·吉礼二》曰："尊尊不可以渎，故郊无二主"。俗语谓："家无二主，国无二王"也。

② ［美］马士：《东印度公司对华贸易编年史》，卷三，第166页；卷四，第299页；卷五，第497页。

③ ［葡］徐萨斯：《历史上的澳门》，第163页。

④ 中国第一历史档案馆：《明清时期澳门问题档案文献汇编》，第一册，第240页，广州将军锡特库折。

"由于白夷是从船上来的，中国人传统的防御战略就完全被推翻了。海洋代替了草原的地位。中国的前线不再是长城或甘肃的玉门关了，却是在广州和上海了。"① 清代广东在开海通商中为统治者创造了巨大财富，但却被他们厌恶地称为"腥膻之地"。究其原因，与广东率先面向海洋世界，接触"外夷"和外来文化有着密切联系。由于广东具有重要的海防意义，朝廷对于广东的华夷交涉尤其重视，在加强防范的前提下突出"恩威并施"策略。皇帝们在对涉外司法活动的干预中，表现出畸宽与畸严两种极端取向：对于命案，强调适用"一命一抵"的立决死刑，而在非涉外案件的司法领域，"一命一抵"是作为极其特殊的规则来使用的。统治者以如此严厉的政策对待涉外案件，就是要昭示"天朝体制森严"、"法令整肃"威严，刻意张大刑罚的威慑力，以期使"四夷畏服"。统治者在处理涉外商业纠纷时表现的态度则完全不同，1759年《防夷规条》中明明规定不准外商向行商借贷钱财，否则查追入官。但在处理商欠时，从未见一次查追入官的事例，官府把大多商欠按照贷款本金数额加一倍追还给外商，并强调这是"皇上绥柔远人至意"②，并期望外国人因此心生感激，"夷人既免追银入官，且原本之外多得一倍，益感天朝宽大之仁"。③ 道光皇帝曾经说过："夷人远涉重洋，在内地通商贸易，自为牟利而来。但犬羊之性，反复无常，全在……慑其玩心，夺其所恃。威信既布，各夷自俯首帖耳，惟命是从。不徒折服其心，并可柔驯其性……抚驭外夷之道，柔之以所贪，尤必制之以所畏。"④ 简言之，就是"玩则惩之，服则舍之"，⑤ 而司法则是贯彻这一理念的工具。

总之，华夷观念影响着清代的对外关系，也影响着涉外司法。华

① ［美］费正清：《美国与中国》，张理京译，北京：世界知识出版社2000年版，第151页。

② 《清宫粤港澳商贸档案全集》，第五册，第501号，第2693页。

③ （清）梁廷楠：《粤海关志》，卷二十五，《行商》。

④ 《宣宗成皇帝实录》，卷二百五十九，道光十四年十月丙辰。

⑤ 《宣宗成皇帝实录》，卷二百五十六，道光十四年九月癸酉。

夷观表现为司法中的二元价值取向，"华"、"夷"之间享有不同的法律地位及待遇。"华夷之辨"在本质上是一套用来评判"野蛮"与"文明"的标准。同类标准在世界上其他普世王朝时代也同样出现过。古代希腊、罗马人对自身文明的高度认同感，也使其将世间人类分为两类，即"希腊人"（或"罗马人"）和"野蛮人"。在马其顿和罗马先后崛起的时代，对普世文化及政治价值的追求即融入构建普世王朝的政治军事实践。直到"蛮族"入侵，这一格局才被打破。相比而言，东方的华夷观念因长期没有受到真正有力的挑战而一直存续。此时西方人伴随着全新的价值体系向东扩张，给传统的华夷观念及其政治秩序带来前所未有的威胁，王朝的涉外司法活动也由此承担起维护"华夷体统"的政治使命。

2. "刑不可知、威不可测"的专制逻辑

上古时代，法主刑杀，喻以斧钺。帝王"君天下"的手段多种多样，刑威只居其一端。现实政治如此，政治学说亦然。观先秦诸子百家的政治理论，虽各有所偏重，彼此争论，但在涉及如何统治天下人的问题上，各家大都从君主统治的利益出发，异口同声地主张愚民方针，维持统治活动的不透明状态。老子说："不尚贤，使民不争；不贵难得之货，使民不为盗；不见可欲，使心不乱。是以圣人之治：虚其心，实其腹，弱其志，强其骨。常使民无知无欲，使夫知者不敢为也，为无为，则无不治。"[①] 孔子说："民可使由之，不可使知之。"[②] 名家尹文子说："术者，人君之所密用，群下不可妄窥；势者，制法之利器，群下不可妄为。"[③] 法家重法，意在使民知法而惧。更重要的是，君主应避免因法律的实施而威胁到自己的权力，所以又要重"术"，就是要玩弄变化莫测的阴谋诡计。所以韩非子主张：

① 《道德经》，卷上，《四库全书·子部》。
② 《论语注疏》，卷八，《泰伯》，《四库全书·经部》。
③ 《尹文子·大道上》，《四库全书·子部》。

法者，编著之图籍，设之于官府，而布之于天下者也；术者，藏之于胸中，以偶众端而潜御群臣者也。故法莫如显，而术不欲见。是以明主言法，则境内卑贱莫不闻知也，不独满于堂。用术，则亲爱近习莫之得闻也，不得满室。①

事实上，无论法、势、术，都是君主权力的表现形式。对于皇帝来说，法律一旦走向公开，它的存在本身就是对皇权至上的限制。更严重的是，"民知有辟，则不忌于上"，而且"民知争端矣，将弃礼而征于书，锥刀之末，将尽争之"。② 这样就会不利于皇帝专制统治的稳定。故而专制的根本原则就是朕即法律，口含天宪，言出法随，所谓"刑不可知，则威不可测"。③ 只有这样才能使臣民心中常怀畏惧，从而"不生祸乱"。如此施政与执法产生的社会效果就是政治恐怖，明清时期的政治与司法就是如此。明朝开国皇帝朱元璋身体力行，"制不宥之刑，权神变之法，使人知惧而莫测莫端"④。如著名的空印案，起因仅仅是由于朱元璋怀疑各地衙门中掌管财政的官吏营私舞弊，在不经调查的情况下，他下旨将各地主要负责人一概诛杀，数万人一夕之间即成刀下冤鬼。"这样一个明显的冤案，朝廷中竟没有人敢于站出来分辩，这不能不说是政治恐怖主义的效果。朱元璋无论是诛戮功臣宿将，还是消灭贪官污吏，其根本目的就是要造成政治恐怖。"人们动辄身蹈法网，遭受重典，"凌迟、枭示、灭族、刷洗、秤竿、抽肠、剥皮、挑筋、锡蛇游、阉割及黥刺劓，无所不用其极。人人有不测之祸，家家有无妄之灾，朝野上下弥漫着恐怖的气氛。"⑤ 与明代相比，清代恐怖政治毫不逊色，尤以文祸为最。统治者以文字罗织冤

---

① 《韩非子》，卷十六《难三》，《四库全书·子部》。

② 《春秋左传注疏》，卷四十三，《四库全书·经部》。

③ 《大学衍义补》，卷一百二，《四库全书·子部》。

④ （清）张廷玉：《明史》，卷一三九，《叶伯巨传》。

⑤ 王家范：《百年颠沛与千年往复》，上海：上海远东出版社 2001 年版，第 289 页。

狱，滥施刑杀，远胜于明代。据统计，清代文字狱案达到160起左右，其中仅乾隆一人就制造了大约130起。[①] 文字狱使上至百官下至黎民，受株连者不计其数。它摧残文化，遗祸后世之深，可谓罄竹难书。凡此种种，无不是专制恐怖主义的表现，是推行愚民政策的法制保障。使百姓"无知"而"畏服"，从来都是专制政治及司法的根本精神。

图5—1　罗伯特·马礼逊，著名的中国通

---

① 详情可参见郭成康、林铁钧《清朝文字狱》的相关研究，北京：群众出版社1990年版。

对待饱受"王化"洗礼的百姓犹且如此，对待化外"蛮夷"就更无由例外。在统治者眼中，外国人从来"不知例禁"、"不谙天朝体制"。广州制度、澳门模式即是实行有意识的隔离政策。更重要的是，官府采取种种积极手段，严防外国人学习并了解中国的法律典章制度。自1784年休斯夫人号事件发生后，西方人尤其英国人常常因为司法问题与官府发生争执。到嘉庆四年（1799），又发生了东印度公司名下船只"马德拉斯号"船员开枪伤人事件。在审理中，由于英国人对清朝司法程序缺乏了解，因证据问题与地方官发生争执。① 结案后，东印度公司特选委员会主席霍尔上书两广总督觉罗吉庆称："英国人对于中国律例无知，会不知不觉地再次违犯，因此，他要求总督准许英国人获得一份中国印行的律例，以便他们了解和遵守。"② 后者予以婉拒："他赞成他们要求一本中国法典的动机，但由于它的卷帙浩繁而又内容种类复杂，欧洲人难以从中找到与他们有关的正确知识；抑有甚者，因为它有关国体，没有得到皇上的特准而给予外国人查看是不妥当的。"③ 最终，官府仅将清律中"对欧洲人最有关系"的六款条文选出印发英商，内容如下：

    1. 因盗窃杀人者，按殴斗杀人律，处以绞刑。

    2. 凡用毛瑟枪射击他人致死者，以故意杀人论罪，处斩；如受害者受伤（非致命伤），则犯人充军。

    3. 凡将已逮捕而无反抗行为之犯人杀害者，按殴斗杀人律问罪，处以绞刑。

    4. 凡诬告无辜为盗贼者（如诬为极罪者），处以极刑；其他情况，则犯法者不论是主谋或是从犯，判为充军。

    5. 凡非故意伤人者，按殴斗打人论罪，以伤者受伤大小，论

---

① ［美］马士：《东印度公司对华贸易编年史》，卷二，第651页。

② 同上书，第652页。

③ 同上书，第653页。

罪之轻重。

6. 凡因醉酒而有犯法暴行者，流放荒漠服苦役。

以上各条皆为中华帝国法律，凡有违犯者，一律按罪处罚，不得有任何曲解与减轻。①

官府向外国人公布的"对欧洲人最有关系"的律文虽然只有六条，内容有限，但涉及死刑的条文就占了五条。其用意不言自明：即刻意强化法律的威慑力，官府既不愿让外国人窥得法律全貌，又要使其心怀畏惧而不敢妄动。再比如对外贸易管理制度，在整个清代前期，外商对华贸易中报关纳税等主要步骤，全部依赖行商和通事代办，外商则被有意识地隔离于制度之外。他们声称："无法从中国政府取得任何确定的关税税则，乃是多年来广州商务制度上最显著的弊害之一——一切党派、各级政府、各行商人及士绅等的政策就是要将外国人置于这样的境地，使他们对于对外贸易征税的方式和税率一无所知。"② 外商一旦提出了解有关关税法律规则的要求，势必遭到官府的拒绝。③ 商人不知法律，则官吏苛敛舞弊的行为更肆无忌惮，像李永标这样的贪官污吏就有了更大的施展空间。总之，"法不外示"是造成清前期关政极度腐败的重要原因。对此，统治者并非毫不知情，但保持既有体制及政策方向，更有助于其实施对"外夷"的监控和管制。

官府为了杜绝外国人因熟悉法律而制造麻烦，除了不断强化保商对外商的监督管理职责，更严令禁止汉文书籍出口，禁止华人向外国人教授汉语，对外实行文化封锁政策。著名的"中国通"马礼逊19世纪初在澳门时，曾经四处搜罗中文书籍，但却只能"偷偷的购买"。④ 早在洪仁辉事件发生前的1755年，广州的英商代表已经接到

① ［美］马士：《东印度公司对华贸易编年史》，卷二，第653页。

② ［英］莱特：《中国关税沿革史》，第4页，引马礼逊（J. R. Morrison）语。

③ 可参见许地山《达衷集》，第163页，波啷所禀十一事件。另散见于马士《东印度公司对华贸易编年史》、《中华帝国对外关系史》等著作中。

④ 前引《马礼逊小传》，第17页。

南海县的明确告诫："他说南海县令低声向他说，如果我们的人学会中国语文，就会向朝廷申诉而惹起麻烦，此责将归咎于教师。"① 广州当局的既定政策，就是要欧洲人没有能力独立翻译和解释中国的公文；迫使他们不得不依靠那些只懂得广州英语，只听从官府指派的行商和通事。官府对于胆敢向外国人教授汉语的华人一向严惩不贷。1759 年，四川人刘亚匾因教授英国人学习汉语，私自为外国人提供翻译服务而被官府处死。这种严厉的政策收到了立竿见影的成效，直至19 世纪初，在广州的西方人当中，真正通晓汉语言文字的外国人寥寥无几。马礼逊于 1807 年到达澳门时，东印度公司驻澳门的代表告诉他说：" '欧洲人从来想不到在这里居住，或聘请教师是如何困难。'他说起 '华人不准教外国人，教人便处死刑'。"② 不过，在丰厚报酬的诱惑下，一些读书人还是秘密地从事着对外国人的汉文教学。许多早期的 "中国通" 就是通过这样秘密的途径学习汉语的。据传教士丁韪良（William Alexander Parsons Martin）回忆："马礼逊聘请的汉文教师身上总是带着毒药，以便在清朝官员以重罪之名惩治他时用于自尽……最早来华的美国传教士卫三畏（S. Well Williams）博士所请的汉文教师来去时手里总是拿着一只旧鞋，随时准备在紧急关头装扮成一个修鞋匠。"③ 不仅仅是教授语言，任何胆敢私下与外国人接触的内

———————————

① ［美］马士：《东印度公司对华贸易编年史》，卷五，第 443 页。

② 《马礼逊小传》，第 4 页。

③ ［美］丁韪良：《花甲记忆——一位美国传教士眼中的晚清帝国》，沈弘等译，广西师范大学出版社 2004 年版，第 5 页。英国人马礼逊（罗伯特·马礼逊）是清代中西关系史上的一位名人。早年在英国时，他已经开始跟随一名叫杨三德的中国人学习中文。到广州后，他曾秘密聘请汉文教师学习汉语。马礼逊精通汉语，曾翻译过中国的《大学》、《三字经》等古典文献。他在华二十余年，不仅精通汉语官话，还掌握了广东方言，并编写了《广东省土话字汇》及中英双语《华英字典》。除此之外，他还首先把《圣经》全文译为汉语，又创办 "英华书院"，首倡西式教育，培养汉语人才。1821 年，番禺县在审讯德兰诺瓦时，因为马礼逊精通汉语，美国人曾经试图聘请他作为翻译出庭，但遭到官府拒绝。另外，著名的《中国丛报》（The Chinese Repository）也是在马礼逊的倡议下，由美国传教士裨治文于 1832 年在广州创办，且马礼逊也是该报的主要撰稿人之一。他的生平事迹可参见《马礼逊小传》及由马礼逊夫人整理的《马礼逊回忆录》等书。

地民人，都可能被冠以"汉奸"罪而遭到严惩。早在 1793 年马戛尔尼访华时，曾计划向清朝提出一项要求："准许一名中国人向英商教授中国语言，他们具备这种知识后，即能更确切地遵照中国律例。"[①] 但由于后来发生外交礼仪之争，这一要求根本未来得及正式提出。几年后，东印度公司的广州负责人霍尔也向广东官厅提出过类似要求，结果再次遭拒。

与以上的种种宽泛的表现相比，"刑不可知、威不可测"更集中体现于涉外司法领域。其一表现为司法审判活动的秘密性。直到 1807 年海王星号案件之前，官府从不允许外方旁听审讯。即便是此后允许外国人观审，也只是作为一种权宜之计，而不代表确立一种制度或原则，况且，随着双方在涉外司法领域的争吵不断增加，官府又试图恢复从前的状态，如在 1821 年的"爱米莉号"（中文称"急庇仑号"）事件中，事关德兰诺瓦生死的第二次审讯是在完全秘密的情况下进行的，奥贝尔描述道："大门紧闭，禁止所有外国人到场。"[②] 其二表现为实体性司法裁量原则的非常规化。例如，皇帝在干预司法的同时一再强调坚持适用"一命一抵"的原则，而这项原则与律典所体现的有关原则精神是相背离的。更为特殊的是在十三行商欠案中适用"交结外国诓骗财物例"，意味着以军法重典来裁判商业纠纷，把商人视同于"奸细"，司法完全走向政治化。其三是司法程序的非常规化。如前章所论，官方对于涉外命案的审理，尤其是处治外国犯人，并不按照一般的逐级审转、复核、秋审等程序按部就班地进行审判。基于"俯顺夷情"的口号，官府往往将审判中的某些程序予以省略。例如在正常情况下，秋审有可能为判处监候死刑的犯人带来生还的机会，但在涉外司法中，秋审被一概省去不用，所有监候执行的死刑相应地

———————————

① ［美］马士：《东印度公司对华贸易编年史》，卷二，第 568 页。

② 前揭奥贝尔：*China : A Outline of Its Government , Laws , and Policy* 一书，第 296 页。德庇时称："所有欧美人员一律被排斥在这场荒唐审判之外。"见 John Francis Davis：*The Chinese : A General Description of the Empire of China and Its Inhabitants*，New York：Harper & Brothers Publishers，1836，Vol. I，第 106 页。

变为立决。如德兰诺瓦案二审过后不过两天（一说 24 小时），德兰诺瓦即被处死。

秦汉以后，中国传统法律趋向于儒家化。儒家所推崇的一整套礼乐伦常道德规范融入法律体系，礼与刑成为传统王朝进行社会控制的两种基本手段。但这套治理模式主要适用于那些饱受"王化"的百姓，那些"不识礼仪"的"蛮夷"则是秉性莫测，"喜则人而怒则兽"，对待他们"不足待以仁义，不可责以常礼"。① 受这种心态驱使，在"华夷交涉"领域，"刑"的威慑力受到统治者的格外重视。他们在实践中极力维护"天朝"法律及司法运作的秘密状态，达到使外夷"无知"而"畏惧"的效果，主观上是出于"防范外夷"的政治需要；事实上，无论是在宏观的政治层面还是微观的司法领域，"刑不可知、威不可测"从来都是君主专制统治的基本精神。在静态层面，古代的律、令、格、式、敕、比，甚至皇帝的只言片语都是有效的法律形式，纷繁复杂的形式正好是专制皇权莫测多变的本性写照；在动态层面，皇帝对审判的干涉与决断具有最高效力，而他是否遵循现有的典章制度，则要视乎统治的需要，在华洋裁判中的表现就是例证。

二 从"化外人"条款看"不治而治"的制度表达

唐代法律中的《名例》篇专设"化外人相犯"条款。在明清时期的法典中，这一条款的表达方式先后被改为"化外人有犯"及"化外来降人犯罪"。至晚清修律时，这一条款又被修改为"入国籍人有犯"。这一系列变化看似细微，实质上却反映出中国传统社会及制度的固有属征，以及制度变迁的价值取向。学界一直将这一条款视为中国古代涉外法律制度。如仅站在现代社会及法理的立场上看，这种观点无可厚非。但在传统时代，"化外人"条款的价值理念与今天的

———————————

① 《旧唐书》，卷六六，《列传》第一六《房玄龄传》。

"涉外"制度实在无法同日而语。

1. "化外人"律的历史演变

隋唐时期，中国经济文化的繁荣与政治的强大，迫使东亚"诸番国"愿意与其建立密切的关系，从而使"中央王朝"在东亚外交体系中的"主子"地位得到了形式上的认同。这就为唐律中设立"化外人相犯"的条款提供了政治前提。唐律"化外人相犯"规定："诸化外人，同类自相犯者，各依本俗法；异类相犯者，以法律论"。据律后"疏议"解释，"化外人"是"番夷之国，别立君长者"①。如此看来，"化外人相犯"是否也适用于解决"番邦属国"之间的矛盾纠葛？对此有待于进一步考证。然从唐朝政治的开放性以及其在东亚国际体系中的特殊政治地位而言，如果说这一条款具有政治属性也不足为奇。如这一假设成立，则《唐律》中"化外人相犯"就不仅仅是狭义的司法裁量原则。从唐到明清，"化外人"条款的规定前后相比已经大不相同。明律对于"化外人"犯罪的规定变为："凡化外人犯罪者，并依律拟断。"② 在清律中进一步演变为："凡化外来降人犯罪者，并依律拟断。"③ 从唐律到清律，关于"化外人"律的变迁大致表现在两个方面：

一是主体不同，清朝律典中把"化外人有犯"的主体限定为"化外来降人"，对此稍做分析：首先，"化外人"在空间上包括周边少数族群地区，如北方的蒙古，西北的藏、羌，西南的彝、苗，以及有"生番"生活的海南岛、台湾岛等地区。17世纪以后不断来华的西方

---

① 《唐律疏议》，卷六，《名例六·化外人相犯》，《四库全书·史部》。

② 《大明律》，卷一，《名例·化外人有犯》。

③ 《大清律例》，卷五《名例下·化外人有犯》。须明确一点，《大明律》正律中没有出现"来降人"字样，但明代律学家应槚所著《大明律释义》一书《名例卷·化外人有犯》（嘉靖三十一年刻本）对"化外人有犯"一条的释义中明确指出："化外，谓外夷来降之人。"明代司法是否也存在如此认定的情况，不得而知，嘉靖年间重刻本《大明律》中"化外人有犯"一款后所附条例主要涉及边远土官管理的区域。

人也一概被视为"化外人"。唐律"化外人相犯"一条的主体范畴可能更为宽泛，还包括周边的众多"别立君长"的"番国"，在今天也可称其为"外国"。这是与唐朝在当时显赫的国际地位密切相关的。其次是清律中"来降人"如何界定。学界对于"来降"的含义有多种说法，贺喜博士在《从编户齐民到身份认同——明前期海南里甲制度的推行与地方社会的转变》一文中，对明清时期海南"生黎"的"向化"过程及对当地地方政治格局的变迁问题做出了生动而翔实的描述和分析。根据该文的论证，无论是"向化"还是"来降"，即是要在接受所谓"王道"文化价值体系熏陶的同时，在政治上须臣服并接受中央王朝的直接统治与管理，最终走向"编户齐民"下的"身份认同"。这可以视为在政治实践中构建"天下"秩序的具体体现。由此可见，"来降"实具有文化认同与政治皈依的双重内涵。① 该条律文适用主体从唐至清不断减缩，由原来的"化外人"缩小于"来降"的"化外人"。

二是该律文条款的属性也有显著区别。《唐律》"化外人相犯"律带有较为浓厚的政治色彩，其调整的对象包含"诸蕃国"间的纠纷，因为周边各番邦属国之间"各有风俗，法制不同。其有同类自相犯者，须问本国之制，依其俗法断之。异类相犯者，若高丽之与百济相犯之类，皆以国家法律论定刑名"。② 而清律规定针对调整的是那些被视为"来降"的"化外人"触犯的各种罪行。其政治干预的色彩不断减弱，狭义的司法规则属性不断增强。

应该说，从唐律到清律，从"化外人相犯"到"化外人有犯"，一条律文在前后两部律典中的内容表达有着显著不同。根据唐律"化外人"律的表述，其可能在调整狭义的不法侵害行为之外，还调整"天朝"周边番邦属国间的纠纷，如"高丽之与百济相犯之类"。与其

---

① 　具体可参见贺喜《从编户齐民到身份认同——明前期海南里甲制度的推行与地方社会的转变》一文，载于《中国社会科学》2006 年第 6 期。

② 　《唐律疏议》，卷六，《名例六·化外人相犯》。

说这是一项法律条款，不如说它更像一项政治原则。相比之下，清律中的"化外人有犯"似更具狭义司法制度的属性，其主要针对狭义的不法行为——"化外来降人"的犯罪行为。有清一代，这款律文后面所附的一系列条例，都是涉及清朝境内边远地区少数民族如蒙古、青海、西藏、回疆、西南"苗疆"等地的特别规定，唐代"化外人"律对于调整诸番国间政治或法律冲突的功能意义在清律"化外人"条款中并无体现。① 推其原因，自唐律到清律，"化外人"律在适用对象及其调整范围方面的变化，从侧面反映出自隋唐以来的千余年间，"天朝"在亚洲乃至世界格局中的地位及影响渐趋萎缩；同时也反映出"天朝"的政治力量由强转弱，对外政策由开放到内敛，最终走向闭关自顾的宏观历史趋势，如学者所言：

> 也许，古代中国确实一直有"天朝"和"中央"的感觉，不过到了唐代以后，这种感觉时时也有些动摇。边缘的外蕃人不仅已经以他们的骁勇善战构成了对中心的汉族人的威胁，如果他们再掌握了更多的知识，大约文明的中心与边缘就会发生变化，至少对中国人的心理自尊就不那么有利。这种文明永恒高于四夷的自信一旦丧失，知识、思想与信仰世界就将出现裂缝甚至崩溃……从十六世纪中叶开始……在传教士及其象征的西洋文明面前，汉族文明所设定的"天下"观念逐渐瓦解，受到"世界"的冲击，中国正由笼罩"天下"的"中心"变成了"万国"中的"一国"。②

律文的变化是迫于现实的需要，价值观念的根本转变却没有如此简单。清代统治者仍然自命为"天下共主"，称："天朝臣服中外，夷

---

① 各项有关条例可参见《大清律例》、《大清律例根原》，以及薛允升《读例存疑》等书对"化外人有犯"律诸条例的考证。

② 葛兆光：《中国思想史》，卷二，上海：复旦大学出版社 2001 年版，第 329、331 页。

夏咸宾，蕞尔夷邦何得与中国并论！"①

2. "化外人"律的身份等级属性

何为"化外人"？"化"字在古义中原有"教化"、"开化"的意思，《说文》曰："化，教行也"；《增韵》："凡以道业诲人谓之教；躬行于上，风动于下谓之化"；《老子·道经》第五十七章谓："我无为而民自化"；② 《荀子·不苟》云："不诚则不能化万民"；《史记·张丞相传》曰："化大行，名声闻"，其中的"化"字都包含这类意思。中国自古就形成了"华夷之辨"观念。在传说时代，黄河流域的炎、黄部族在不断繁衍生息的基础上发展壮大为华夏族。在与周边部族势力的斗争中，华夏族的自我认同意识逐步增强，并演化为在后世政治、军事实践中屡试不爽的政治旗号。自三代以来，以传承所谓王道正统自命的历代政权，大多把自己打扮成"诸夏"正统，自居于文化等级的上位，将那些政治上未曾臣服、文化上没有认同"诸夏"的周边的族群或政权贬为"夷"、"狄"、"蛮"、"戎"，或统称为"四夷"，律典中统称其为"化外"。在"中央"王朝积贫积弱的时代，借用这一价值观念可以区隔内外，即所谓"内诸夏"而"外诸夷"。以此来强化族群与政权的内部凝聚力，利于抵御"外夷"入侵。当"中央"王朝强大时，它同样可以依据这种文化优越论来推动对外的文化同化、军事征伐及政治统治。在大一统时代，在强大的中央政权的支持下，这种文化等级观念得以不断地贯彻到统治者对内对外政治实践中。对内如传统王朝在边远地区实行过的土、流分司的地方政治格局；对外如古代实行于东亚一带的"朝贡体制"。

有研究者附会现代法理，将传统律典中关于"化外人"（barbarian）犯罪的条款界定为中国古代的涉外（foreign-related）司法制度，这种理解脱离传统法典所在的历史语境，有削足适履之嫌，值得商

① 《仁宗睿皇帝实录》，卷二百二，嘉庆十三年十月癸巳朔。
② 参见《御定康熙字典》，卷三，"化"字条，《四库全书·经部》。

权。"化外"和"化内"与现代国际政治法律语境中"内国"与"外国"的区分标准截然不同：前者首重人群间文化属性的优劣，后者则突出国家间主权及领土边界的相互区隔，是近世西方民族主义国家观念的外化表现。前者的价值归宿是主张"王者无外"的"天下"观念；后者的价值归宿是彼此对等的国家主权意识。从皇权主义的本质来说，"天子"的统治范围无疆界可言，或可称为一种普世的"主权"，正所谓："溥天之下，莫非王土；率土之滨，莫非王臣。"事实上，类似的普世君权观念在世界早期各文明古国统治时代大都存在过，非"天朝"独然。到了清朝时期，皇帝还宣称："朕为四海臣民之主，普天之下皆朕土，率土之滨皆朕臣。"① 统治既无疆界，何来"外国"与"内国"之分？站在今日的法理视角上看，"化外人有犯"具有与现代涉外法律制度相似的形式表征，但其固有精神是对于皇权主义统治下社会等级差序的一种表达。另外，将"化外人有犯"仅仅理解为"涉外"（foreign-related）法律制度，则易导致一逻辑悖论：宋代政府曾把境内许多边远"汉番杂居"的区域列为"羁縻州"，② 清朝法律把境内的南疆、西南、西北、北部等某些边远地区称作"化外"，但无论从哪个意义上说，这类名称都不能与后世的"外国"一词等量齐观。③ 法典中涉及这些区域的许多"条例"虽然都列于"化外人有犯"条目之下，但都不属于"涉外"法律制度。更值得一提的是，在清代的官修律例典籍及私人编撰的各种律学著作中，"化外人"条款之后的众多条例，几乎没有一条来自华洋刑案的处理经验，也没有专列"外国人有犯"之类的律例篇目。④ 这更说明，"化外人"条

---

① 《世宗宪皇帝实录》，卷十七，雍正二年三月壬辰。

② （宋）王存：《元丰九域志》，卷十，《四库全书·史部》。

③ 详细情况同样参见《大清律例》及《清会典》中关于"化外人有犯"律条例的列举。

④ 就目前所见，仅有姚雨芗原纂、胡仰山增辑之《大清律例刑案新纂集成》（同治十年刻本）卷四《名例下·化外人有犯》中附有乾隆八年陈辉千案、乾隆十三年简亚二、李廷富案两起案件的记录，且与其他有关"青海"、"蒙古"、"苗疆"等地的案例记载混杂一处，并无区别之意。

款的出现，并非是专为"外国人"而预设的。古代政治伦理中的皇权主义一贯宣扬"王者无外"的价值取向。这种价值取向从理论上不允许存在任何独立于皇权之外，且与之地位对等的政治权力单元，从而也不可能容纳类似于近世西方以对等主权为认同基础的国家政治意识形态。简言之，"化外人"律实为传统法制身份等级属性的一种典型表现，对此可从两方面理解：

其一，它包含了中国传统社会与法制的等级属性的一般性因素。中国古代的家庭及社会生活，都由一系列等级秩序来维系。如家庭中存在长幼尊卑的伦理关系，社会中存在"官""民"二元等级秩序。其中"民"的范畴大致涵盖了四大社会主体阶层，即所谓士、农、工、商。① 四民阶层的社会功能与等级地位是不同的，"夫国有四民，不相干黩：士者劳心，工、农、商者劳力。劳心之谓君子，劳力之谓小人；君子者治人，小人者治于人"②。在四民之中，"士"阶层位居顶端，是统治者实施社会控制的政治工具，士阶层被赋予了崇高的社会地位与声望，被誉为"四民之首"。在社会生活领域，士被视作社会文化精英及道德典范，是正统义理的代言人与传播者，负有代表统治者来垂范四民、导民向化的道德使命。在西方文化中，"理性"（reason）被视为是文明社会存在和发展的终极精神力量。梁漱溟先生认为：在中国传统时代，"教化"、"礼俗"、"自力"的内容均属"理性"范畴，而掌控这些文化资产的还是"士"。所以士在当时被美称为"君子"，是先知先觉者，是天生的施教者，"代表理性以维持社会者"。③ 相对而言，以劳力为业的农、工、商阶层则被归于"小人"，属后知后觉者，也是天生的受教化者。相对于士来说，"小人"属于低贱的身份阶层。统治者所倡导的正统价值观念，影响到了国家的各种政策，也造就了四民阶层不同的社会等级和法律地位，广泛地表现

---

① 四民之上还有最高统治者及官僚阶层，在四民之下还有位列"贱籍"的"贱民"阶层。

② （汉）徐干：《中论》卷下，《制役》。

③ 梁漱溟：《乡村建设理论》，上海：上海世纪出版集团 2006 年版，第 40 页。

在社会生活的各个方面。对此，历史学界多有论及，限于篇幅，此不赘述。

四民社会的等级性不仅表现在静态的制度结构层面，也表现在动态的制度运作层面。如不同的身份或阶层，在同样的司法问题上，其得到的待遇常常是不同的。举例而言，历史上著名的"清官"海瑞对于处理民间争讼的问题曾说过这样一番话："窃谓凡讼之可疑者，与其屈兄，宁屈其弟；与其屈叔伯，宁屈其侄；与其屈贫民，宁屈富民；与其屈愚直，宁屈刁顽。事在争产业，与其屈小民，宁屈乡宦……事在争言貌，与其屈乡宦，宁屈小民，以存体也。"① "存体"即维护"体统"，海瑞称："乡宦小民有贵贱之别，故曰存体。"② 海瑞这一司法理念也是饱受经义教化的古代知识分子所常有的思维逻辑：在正统价值体系中，"君子喻于义，小人喻于利"③，小民目不识丁，后知后觉，少理性而多物欲，故授之以利而平其心；士（乡宦）为"君子"，身具无可置辩的理性光环与道德上位，他们的身份等级高于"小民"，他们的体统与尊严关乎国体和"名教"尊严，自然就处于优先受保护的地位。这就是海瑞裁断"言貌之争"时倾向于"屈小民"的内在原因。有学者曾将这种司法理念美其名曰"海瑞定理"。④ 事实上，这不过是传统社会身份等级属性在司法领域的一般表现而已。

其二，传统法制的身份等级属性不仅表现在"四民"之间，也表现在"民""夷"之间。在传统法律语汇中，这种秩序被表述为"化内"与"化外"。在这一体系中，皇帝被宣扬成天的儿子，具备半人半神的双重属性。至高无上的皇权统治着"天下"，此为古代政治伦

---

① 陈义钟编：《海瑞集》上册，《兴革条例》，北京：中华书局 1962 年版，第 117 页。

② 同上。

③ 《论语注疏》，卷四，《里仁》，《四库全书·经部》。

④ 见朱苏力《海瑞定理的经济学解读》一文，载《中国社会科学》2006 年第 6 期。

理的基础。这种价值体系也成为中国古代构建对外关系的政治基础。其外在的制度表达形式即古代存在于东亚地缘政治格局中的朝贡制度体系。在这一制度下，万国万民皆要尊奉"天朝"皇帝为主子，称臣、纳贡、听封，臣服者依照一定的等级次序各居其位，各行其是。从而形成了以"天朝"为核心和主导的国际秩序结构，而"华夷"观念是形成这套等级秩序的意识形态基础。"夷"被视为劣等文化群体，华夷双方在文化上存在着高低贵贱，在法律适用上也存在区别。甚至可以说，不仅"华夷"之间的法律适用有所差异，不同的"化外人"也要适用不同的法律，如清律中对于蒙、苗、藏、回等地区的案件各自适用不同法律规定。① 以今日法理喻之，即古代普遍存在着身份等级背景下的"人际法律冲突"。在法制领域，"华夷"观不仅停留在静态的制度表达中，更体现在动态的制度运作中。鸦片战争前，清王朝处理华洋纠纷尤其是刑案时，采用的一系列特殊规则，是在客观上导致中西交恶的重要因素。

总之，"化外人"（barbarian）律在功能形式上与现代涉外（foreign-related）法律制度有某些相似之处。但从其本来的价值取向来看，"化外人"律原本并不包含近世国际法区分"内国"与"外国"或者"此国"与"彼国"的意识逻辑，它实际上是"王者无外"的皇权主义与"华夷"身份等级观念交织而成的产物。在一般意义上，"化外人"律也是传统社会身份等级属性的制度性表达。至晚清变法修律时期，法律中的"化外人"一词被改为"入国籍人"。此时，这一条款才真正具有了近世"涉外"（foreign-related）法律制度的一般属性。

3. 清前期广州涉外司法的经验特征

从前文分析可见，清前期广州的涉外司法活动带有明显的经验主

---

① 相关内容见《大清律例》之"化外人有犯"条，另见薛允升《读例存疑》对清律"化外人有犯"条的考证；此外还可参见《大清律例根原》对"化外人有犯"条例的详细考证。

义特征，可以具体归纳为以下几个方面：

其一，司法并非意味着对法典的严格执行，法典本身仅仅是作为一种参照性适用标准而发挥作用。古代法典中"化外人有犯"条款的规定，由唐律的"同类自相犯者，各依本俗法；异类相犯者，以法律论"变为清律的"并依律拟断"。然从清前期广州的涉外司法领域来看，法典的精神并没有得到严格的贯彻。统治者并非对所有涉外案件都积极主张管辖权，即使是某些死刑案件也不例外。如前文所述乾隆十九年（1754）广州发生的法国"夷目"时雷氏用枪击伤英国水手查治波郎身死案，乾隆帝的主张是："外洋夷人，互相争竞，自戕同类，不必以内地律法绳之"，并吩咐官府将凶手交给法国自行处治。但乾隆四十五年（1780），广东巡抚李湖却严格地执行了大清律典的规定，处死了"斯托蒙"号案的凶手。到嘉庆十九年（1814），官府在处理澳门葡萄牙水兵杀死英国水手一案时，态度又一次发生转折，仅仅要求葡人将处理结果上报"以凭察核"，丝毫没有干预的意思。再到道光十年（1830），广东官厅在处理英人吡啉治等人杀死荷兰商人美治坚一案时，更加无所作为，听任英方将凶手遣送出境。由这些案例可见，统治者对于"化外人自相犯"案件一直缺乏长期一贯的处理原则，连官府也承认其涉外司法政策中存在"办理不一"的问题。事实上，清前期涉外司法领域内的"例外之事"并不少见，也不仅仅局限于"化外人自相犯"类案件，其原因主要有两个方面：从主观上来说，统治者向承"因俗而治"、"以夷治夷"的政策理念，在诸"番夷"表示臣服的前提下，其处理内部矛盾，只要不危害"天朝"统治的大局，则一般不予干涉。比如澳门地方官虽不驻在城中，但对于澳门葡人自治体系内的司法机构也相当了解，如其描述：

> 兵头遣自小西洋，率三岁一代，辖番兵一百五十名，分戍诸炮台及三巴门。番人犯法，兵头集夷目于议事亭，或请法王至会，鞠定谳，籍其家财而散其眷属。上其狱于小西洋，其人属狱，候报而行法，其刑或焚或缚，置炮口而烬之。夷目不识者，兵头亦得劾

治。其小事则由判事官量予鞭责,判事官掌刑名,有批验所、挂号所,朔、望、礼拜日放告,赴告者先赴挂号所登记,然后,向批验所投入。既受词,集两造听之,曲者于鞭,鞭不过五十。①

可以说,葡人在有限自治框架内享有一定限度的量裁权,这在前面章节中也有交代。对于发生在华葡之间的伤殴案,只要不出人命,官府也允许葡方照"夷例"责罚葡人罪犯,不主动予以干涉。② 但这种不干涉主义在客观上也是对大清法典中"化外人"条款的违反。除此之外,"例外之事"的层出不穷,与皇帝专制下官僚政治的固有弊端密切相关,是皇帝权力意志与官僚权力之间相互角逐,明争暗斗的产物。

其二,法随案出,因事立制。中国传统法律具有鲜明的经验主义传统,无论是法律的表现形式还是其制订过程,无不如此。上古三代有所谓"临事制刑,不豫设法"的传统。③ 后来法律逐步走向成文化、法典化。与前代相比,清代法典在编纂方面最显著的特征就是律、例合编。新的司法经验以抽象的规则形态确定下来,补充到法典中,它就是"例",这是传统法律在社会适应性方面的集中体现,这是其优势,也是对经验性传统的继承和发扬。当然,清代律、例并用的弊病也显而易见:

> 盖清代定例,一如宋时之编敕,有例不用律,律既多成虚文,而例遂愈滋繁碎。其间前后抵触,或律外加重,或因例破律,或一事设一例,或一省一地方专一例,甚且因此例而生彼例,不惟与他部则例参差,即一例分载各门者,亦不无歧异。辗转纠纷,易滋高下。④

---

① (清)印光任、张汝霖:《澳门纪略》,卷下,《澳蕃篇》。
② 参见《东波塔档》中有关"民番交涉"类案件。
③ 《春秋左传注疏》,卷四十三。
④ 《清史稿》卷一四二,志第一一七《刑法一》。

从客观上看，造成这种状况的原因部分来自于中国地广人多、区域社会状况差别较大的现实，另外也是为了适应皇帝专制统治的需要。在社会控制领域，这一模式具有显著的灵活性，可以随时有效地执行统治者的权力意志，清代涉外司法活动即是很好的例子。17世纪以来，广州接纳了越来越多的西方人。对于明清统治者来说，这是一个十分陌生的群体，此前的历朝历代都没有如此广泛地与之接触过。形势要求其拿出更多的新措施，案出法随、因事立制的法制理念日益彰显。乾隆八年（1743）冬，澳门发生了葡人晏些卢刺死华人陈辉千案。其后不到半年，《管理澳夷章程》便告出台；乾隆十三年（1748）春，澳门又发生葡萄牙士兵杀死华人简亚二、李廷富命案。此案引起乾隆皇帝的直接关注。次年，官府即出台了《澳夷善后事宜》十二条，并用华、葡两种文字刻成石碑立于当地，内容涉及驱逐匪类、稽查船艇、禁赊物收贷、犯夜解究、夷犯分别解讯、禁私擅凌虐、禁擅兴土木、禁贩卖子女、禁黑奴行窃、禁夷匪夷娼窝藏匪类、禁夷人出澳、禁设教从教等多个方面。① 该《事宜》第四、第五条的内容就直接来自于对以上两案的处理，其中第四条为"犯夜解究"：

> 嗣后华人遇夜提灯行走，夷兵不得故意扯灭灯笼，诬指犯夜。其或事急仓猝，不及提灯，与初到不知夷禁者冒昧误犯，及原系奸民出外奸盗致被夷兵捉获者，立即交送地保转解地方官讯明犯夜情由，分别究办，不得羁留片刻并擅自拷打，违者照会该国王严处。

第五条是"夷犯分别解讯"：

---

① 该条例全文内容可参见（清）印光任、张汝霖《澳门纪略》卷上《官守篇》；（清）梁廷楠《粤海关志》卷二十九，《夷商三》乾隆十四年《澳门同知张汝霖议》。

　　　　嗣后澳夷除犯命盗罪，应斩绞者，照乾隆九年定例，于相验
　　时讯供确切，将夷犯就近饬交县丞，协同夷目，于该地严密处
　　所，加谨看守，取县丞铃记，收管备案，免其交禁解勘。一面申
　　详大宪，详加复核，情罪允当，当即饬地方官眼同夷目，依法办
　　理；其犯该军、流、徒罪人犯，止将夷犯解交承审衙门，在澳就
　　近讯供，交夷目分别羁禁收保，听候律议，详奉批回，督同该夷
　　目发落；如止杖、笞人犯，檄行该夷目讯供，呈复该管衙门，核
　　明罪名，饬令夷目照拟发落。①

　　以上第五条首次以条规形式明确了官府处理澳门同类涉外案件的
基本程序。同"一命一抵"的实体性原则一样，这些程序性原则在省
城一带某些涉外案件的审判中也常被援引适用。另一个典型例子就是
洪任辉案直接促成乾隆二十四年（1759）《防范外夷规条》的出台。
官府认为洪任辉的作乱是因内地"奸民"的交结引诱及暗中指点，称
"奸民交结外夷"无不是因为有利可图。随后查出的刘亚匾、汪圣仪
父子与洪任辉之间的债务关系，似乎又为这种猜测提供了"佐证"。
故而，《防范外夷规条》第三条专门规定，禁止华人向夷人借债或受
其雇用，违者以奸细论罪，其后这项政治性罪名竟然转用于处理十三
行商欠案，表面上看似乎有几分歪打正着，骨子里却彰显出当时法律
的专制精神。除此之外，《规条》的其他四条，包括禁止外商在省城
过冬，强化行商对外国人的监管，禁止外商雇人传递信息，以及加强
广州的防务等，都或多或少地体现出洪任辉案的影响。

　　除此之外，清前期广东官方颁布的其他几部类似的章程，如嘉庆
十四年（1809）《民夷交易章程》、道光十一年（1831）《防范夷人章
程》，以及道光十五年（1835）《防夷新规》的出台，无不是由重大的
涉外案件或重大外交事件引发的，体现了法随案出、因事立制的特

———————————

　　① 　该条例全文内容可参见（清）印光任、张汝霖《澳门纪略》卷上《官守篇》；
（清）梁廷楠《粤海关志》卷二十九，《夷商三》乾隆十四年《澳门同知张汝霖议》。

点。至于这一系列章程的共同精神，就是确立更加严格的华夷隔离政策，尽可能减少中外民间的往来，杜绝纠纷和各类冲突的发生。这是一种消极回应的态度，它既无助于减少纠纷的发生，也无助于纠纷的解决，反而导致中西矛盾越积越深。

其三，罪责连带机制在司法领域得到广泛应用。清代前期，官府在针对广州外国人的日常管理中推行罪责连带制度，主要分为两个方面：一是外国人之间互负连带责任；二是行商、通事对其负责监管的外国人的违法行为承担连带责任。它不仅见诸于司法实践，更是以成文法令的形式确立了一种罪刑责任机制。乾隆二十年（1755），两广总督与粤海关监督联合颁布了一项法令，其第四项明确规定：

> 来埠商船及欧洲人等，对中国语言习俗均属无知，遂发生种种不法行为。是以保商及通事，有教导彼辈之责。如欧洲人故意犯法，将予以监禁或惩办，同时亦课保商及行商以刑罚。欧洲来船之水手及职员等，其中有些人或多半皆属野蛮无知之徒。故船只抵泊后，保商及通事应即通知该船长及大班，对其下属严加约束，不使有违法行为。买办是日常供应船上及商馆日用伙食之人，熟知欧洲人习俗，亦可算作欧洲人之朋友。如欧洲人有任何争斗情事，买办将与通事及保商等受同样处罚，不得置身事外。自布告公布之日起，如第一、第二、第三大班、船长或船上职员犯法，保商应负连带责任，如船上水手犯法，应视为该大班与船长管束不严，责任难逃，而通事亦难辞其咎。①

该项条款对于外国人之间的连带责任交代得不够详尽。从司法实践来看，每当有外国人触犯法律后逃匿，官府最为常用的手段就是中断中西贸易，直至切断所有外国人的水粮供应，迫使外方交凶，甚至要求以其他人代受罪责，中西双方由此争执不断、矛盾重重。它成为

---

① ［美］马士：《东印度公司对华贸易编年史》，卷五，第455页。

清前期在华西方人极力摆脱的制度约束机制之一。乾隆五十二年
（1787），英国国王乔治三世在致乾隆皇帝的信中，曾提出废除这种连
带责任的制度：

> 赖陛下之明智与公正，惠予我国安分守己之臣民，居住贵国
> 领土内，在陛下颁发之律令下，自由买卖，而其生命财产之安全
> 亦受帝国保护，即一人不致为别人之罪而受害者。①

笔者没有找到清朝对此要求予以正面回应的史料。到乾隆五十八
年（1793），英国国王乔治三世派马戛尔尼使团出使清朝，并要求后
者向大清皇帝提出这样一项外交请求：

> 请中国皇帝颁发特别法令，通知有英国人常到的各个口岸的
> 总督及地方官吏，禁止强迫公司代理人或其他人等负别人行为的
> 连带责任，并禁止以后要交出无辜者代替在逃人犯受罪的办
> 法……如英国水手或其他人等犯罪，或有不法行为，其同国人
> 等，如无参与帮助罪犯逃罪者，一律不负责任。②

在马戛尔尼访华前后，广东的西方人也曾试图向当地官府提出废
除这一制度。当时，东印度公司广州特选委员会主席啵啷向两广总督
提交了一份请愿书，一共 11 项，其中第 10 项内容要求废除针对外国
人的罪责连带制度，实行罪责自负，其文称："英吉利国买卖船，各
船俱有管船的人，若犯了中国法律，应该本人自己当罪，不要叫别船
无罪的人受累。"③ 粤督表示同意，并且批复："查夷人若有违犯，应
责令大班将犯罪本人交出，仅治本人之罪，原不应牵连无罪之人，事

---

① ［美］马士：《东印度公司对华贸易编年史》，卷二，第 485 页。

② 同上书，第 533、568 页。

③ 许地山译：《达衷集——鸦片战争前中英交涉史料》，第 169 页，"粤督批英商啵
啷所禀十一事件"。

应准行。"① 无论这项承诺出于真心还是敷衍，在当时的条件下要真正落实罪责自负，其一是缺乏适当的外交平台作为基础。如英属东印度公司被官府称为"公班衙"，官府常常要求"公班衙"履行某些外交职责，但后者一贯坚称其不具备真正的外交职能，它在英国本土也没有任何的司法权力。一旦英国人犯法后逃匿甚至潜回本国，官府就会立即陷入手足无措的境地，找不到有效的外交途径来追索逃犯。尤其自 1784 年休斯夫人号事件以后，英国人开始公然对抗官府，不再交出英国犯人，官府更难以断绝贸易、扣押商船等传统手段成功迫使其交凶。这种状态的延续导致清朝涉外司法管辖权有名无实，司法主权屡屡遭到破坏。其二是官府向来不愿直接接触外国人，对外界处于闭目塞听、懵懂无知的状态。他们连外国人的国别都常常混淆，执法活动中张冠李戴的做法更时有发生。鸦片战争前，有英国商人曾在一份交给广东官厅的文书中，特别请求后者区别其执法对象的国别："英吉利国的买卖人另有旗号，呵咪哩噶也会我们的话，也是我们这样衣服，另有旗号，不要和他们混到一块。"② 其三，在古代，任何法令、制度能否实施，归根结底要取决于它是否有利于维护皇帝的个人专制，地方官的个人承诺对于外国人来说都是不可靠的。当然，罪责连带机制非涉外司法领域所独有。此类制度的存续有着深厚的社会基础和历史渊源。中国传统社会系以伦理为本位，以血缘乡谊为纽带的差序结构。这些因素铸就了中国传统法律文化群体责任本位的价值取向。先秦时期频繁出现的"族株"、"连坐"制度就是典型的例证。秦汉以后出现儒法合流趋势，传统法律披上了道德外衣，刑罚的残酷性似有淡化趋势。但直到清代，罪刑连坐的现象仍然十分普遍。这种连带责任机制不仅体现在司法领域，也体现在统治者对基层社会的日常控制方面。如保甲制度因与中国传统社会现实相适应，故成为历代王朝最有

---

① 许地山译：《达衷集——鸦片战争前中英交涉史料》，第 169 页，"粤督批英商啵唧所禀十一事件"。

② 同上书，第 169—170 页，"粤督批英商啵唧所禀十一事件"第十一条，"呵咪哩噶"即美国。

效的社会控制手段之一。清朝统治者大力倡导"联保甲以弭盗贼"，其一重要意图就是要在社会基层、在普通百姓之间，建立一种互相监督、互相防范的责任连带机制，使百姓人人都扮演着官府的耳目，寓警于民。用雍正皇帝的话来说就是："排邻比户、互相防闲"、"彼此互相稽查，匪类亦难藏匿"①。群体责任观及罪刑连带制的存在，是中国传统社会伦理特征的典型写照。中世纪以后，西方的情况恰恰相反，个人为本位是西方近世社会结构发展演变的基本特征，相应地，以个人权利为本位的法律责任价值观，以及罪责自负的司法原则，逐渐成为西方近世法律的基本价值取向。以上种种内在差别造成中西法律价值观念的差异与冲突，成为清代前期广州涉外司法冲突的重要原因。

———————

① 见雍正帝所著《圣谕广训》，出处同前。

第 六 章

"天下观"与"民族主义":清代涉外
司法中的"主权"问题

今日鼓吹相互对等的外交及国际关系准则均源自西方。若以此为准，则"天朝"与西方在 19 世纪之前并无外交。其原因恰如蒋廷黻先生所云：首先是古代技术落后，中西路途遥远，交通不便，彼此需求不多，交往有限，"在这种情形之下，邦交原来可以不必有的"。更重要的是，以"天朝"自诩的历代王朝"不承认别国的平等"，其所谓外交政策，不过是"剿夷"与"抚夷"的相互转换而已。① 然自地理大发现以来，西方崛起，资本主义的世界性扩张也由此开始。到了 18 至 19 世纪，英国又在西方世界崛起，继而成为霸主。其极度膨胀的民族主义意识也紧随其市场拓展与殖民扩张的步伐而四处招摇，直至在东方遇到了同处于"盛世"时期的"天朝"。随着中西往来的日益广泛和深入，双方的政治矛盾与外交冲突也日益频繁且不断加剧。随着洪仁辉事件、礼仪之争、英军登陆澳门等中外交涉事件的出现，清朝统治者对"外夷"的印象也不断恶化，遂不断加强对西人的监控和防范，并时常借司法来加以威慑。中西矛盾由此进一步深化，清朝的涉外司法政策也被推到了中西外交冲突的前沿，成为西人指责清政

---

① 见蒋廷黻《中国近代史大纲》，北京：东方出版社 1996 年版，第 5—6 页。

府甚至发动鸦片战争的借口。事实上,清前期中西方在司法领域龃龉不休,反映了当时双方在政治伦理和价值信仰体系方面的根本对立。简言之,即关于"主权"(sovereignty)问题的对立。

一 "天下观"与"民族主义":谁是主子?

"天下观"是中国古代政治伦理的基础,它以皇权至尊为精神内核,宣扬"朕为天下共主"的价值观。清朝皇帝也自视为"四海臣民之主",宣称"普天之下皆朕土,率土之滨皆朕臣"。这种价值观念是中国古代构建对外关系的前提,并物化为著名的"朝贡体系",在这一体系中,"中华帝国"被描绘为接受各国膜拜的"天朝","天子"是天下"共主"。由于"华夷"双方的文化地位存在差异,其法律地位也相应不同。不仅"华夷"之间适用不同法律,不同的"化外人"也要适用不同的法律。

相对于"天下观"来说,民族主义的内涵更为复杂。至今学界对于"民族"的定义及其建构标准还莫衷一是。立足于现代性立场的观点旨在寻求某种客观性的建构标准,如共同语言、共同地域、共同经济生活以及共同的心理素质,等等;后现代研究从主观性立场出发,认为民族的形成来自于一种共同体成员间的主观认同,甚至是由社会精英鼓吹及散播的价值体系所营造的"想象的共同体"。[1] 随着近世民族国家的产生,"民族"除了被用作一文

图6—1 1793年出访清朝的
英国特使马夏尔尼

———————————

① 相关论述可参见艾瑞克·霍布斯鲍姆(Eric Hobsbawm)及本尼迪克特·安德森(Benedict Anderson)等人的论述,详见前者"年代四部曲"及《民族与民族主义》及后者《想象的共同体》等论著。

图6—2　乾隆皇帝接见英国使团

化概念，更被用作一政治性概念。在价值观念领域，民族主义也越来越多地被理解为文化与政治的二元结构。无论在理论含义方面存在多少分歧，"民族主义"作为一种政治理念，其在共同体内部倡导相互认同基础上的平权意识这一取向，为西方近世"宪政社会"的崛起提供了重要的理论基础与精神支持。同时，"民族主义"包含的高度自我认同意识，也促进了近世国际关系中"国家主权"意识形态的形成。早在17世纪初，由于哈布斯堡王朝在欧洲各地的肆意扩张不断招致反抗。波希米亚人首先揭竿而起，随后，几乎整个欧洲都卷入战局。旷日持久的战事直到1648年《威斯特伐里亚合约》缔结之后才平息。这场战争从根本上削弱了神圣罗马帝国力图建构和维系的普世统治格局，荡涤了神权政治的阴霾，在欧洲确认了以民族国家为基本单元的国际体系。作为一种价值体系，民族主义有时成为殖民国家四处扩张与侵略的政治借口，有时也成为殖民地反抗侵略的精神旗帜。中国古代所倡导的"天下"秩序与17世纪以后兴起于西方的"民族主义"价值观恰恰形成对立。前者主张皇权主义下的普世等级差序，否认存在能与皇权对等的政治权力。同时，文化上的华夷等级观念直接融入王朝的普世统治结构与外交政治实践。而在西方孕育出民族主义的经济结构与政治文化形态并未出现于古代中国社会。后者则为近世国际主体之间确立了文化及政治的二元疆界，这恰恰是与"天下观"价值立场的根本对立之处。18世纪以来中西之间（尤其中英之间）在司法与外交领域的矛盾很大程度上根源于此。

虽然"民族主义"鼓吹的种种价值令其信徒心驰神往，但数百年以来，它表达诉求的方式却少于平和而多于暴戾。在近世国际政治舞台上，民族主义所到之处大都弥漫着火药味，不知是否一如其发明者所期。更不幸的是，欧洲人在其特定的历史文化背景与地缘政治环境下，为了争权夺利而发明的这种理论工具，也紧随其商业步伐漂洋过海直至大清朝。于是，在18世纪末期的广州街头，仅从各国水手的那些闹哄哄的生活场景中，就可以截取到一幅幅表达民族主义情绪的鲜活场景：

> 1778年11月29日，英荷水手在黄埔醉酒后发生争吵，英国人将荷兰人的旗杆砍断，并连同旗帜拖回一艘英国船上，荷兰大班要求一位英国职员重建旗杆并将旗帜升上。英国大班提出给回一支新旗杆和旗帜……荷兰人坚持拒绝把这件事认作"只是普通水手们的骚扰，而且许多在场的职员认为它是对国家的有意侮辱，因此，坚决要求完满解决"。
>
> 1781年10月前后，荷兰虽然没有船来，但他们的大班仍住在广州的商馆里，并升起他们的旗帜；因而惹起好战的水手在他们的头目率领下前往吵闹……他们将旗杆砍倒，辱骂大班，罢剌查提出向他们道歉，他们接受了。
>
> 1791年10月18日，"法国人首次升起新国旗"。

1799 年，在广州的英国水手，即使其中是强迫服役于皇家船只的，都是身体强壮而具有爱国热情的人……他们随时对他们国家的敌人，法国人、西班牙人和荷兰人表示他们的仇恨。"12 月 13 日下午五时，广州有一大群英国水手随便跑到西班牙商馆，并将西班牙国旗扯下，撕成碎片并加以侮辱。事后，他们又到荷兰商馆对该国国旗采用同样的侮辱办法。虽然这些人无疑是醉酒的，但这些暴行，不能说是没有一点共谋，因为他们的领头人是用水手长的呼号来指挥他们的行动。"①

就当时当地的制度环境与社会氛围来说，这类行为除招致"目无王法"的恶评之外，无非是徒增天朝官民对"外夷""犬羊之性"的厌恶之情。

二 以"平等"的名义——西方人的 批判武器与武器批判

到 1835 年，中西之间的外交僵局已然铸成，而中西双方在司法领域的矛盾冲突尤为突出。当时的《中国丛报》刊载了一则评论，就清朝的对外刑事政策作过如下批评：

欧洲各国与中国之间的关系陷入了困境，原因是由于双方在衡量真理和道德准则方面存在着不同之处，更由于双方的法律在惩罚犯罪行为上存在巨大差异……相互的傲慢与偏见是通向友好关系的严重障碍，对此，一桩桩凶杀案就是有力的证据……中国人向来对所有以平等身份接近他们的外国人抱有偏见。无论何

---

① 以上事例参见［美］马士《东印度公司对华贸易编年史》，卷二，第 357、394、504 页，第 642—643 页。

时，无论何种情况下，只要有一名本国人因为一名外国人的某种行为而死亡，中国人的傲慢都会促使他们去剥夺那名外国人的生命。但是，所有理性的法律及自然法则，乃至现在各国的法律都不会这样做。所有文明国家的法律都会认真对待人的生命。那些来自宇宙中最高权威的原初的法律，也曾经明确地晓示：人的生命不能被肆意地践踏。中国人把凶杀视为一种债，而且只能以同样的方式加以偿还，即"血债血偿"，"杀人者必须偿命"是一条普遍的规则。①

应该说，这番评论中包含着西方人对当时中国法律的误解。"一命一抵"或"血债血偿"并非是清朝司法中普遍适用的规则，在涉及欧洲人的司法领域中适用"一命一抵"则更体现了特定的政治用意。不过，这番评论却也反映出当时中西双方的矛盾所在："天朝"的历代统治者在"诸夷"面前从来以主子身份自居，希望取得西方人对皇权及朝贡关系的认同；西方人则希望用 17 世纪以后逐渐成形于欧洲的，以民族国家为基本单元的国际体系及外交规则来取代"朝贡体系"，重新界定西方与"中华帝国"之间的彼此关系，矛盾由此产生。此类例证相当多见，除本书讨论的案件以外，乾隆晚期发生的中英外交礼仪之争也是著名的例证。1793 年，英王乔治派马戛尔尼为特使率团访华，但马戛尔尼明确表示不接受清朝赋予他的"贡使"身份，称："敝使系西方独立国帝王所派之钦使，与贵国附庸国君主所遣贡使不同。"② 英国人强烈反对在中国皇帝面前行三跪九拜礼，认为这种外交礼仪侮辱其国家尊严，破坏双方的平等地位。不过，马戛尔尼也曾表示，磕头礼并非绝对不可行，只是实施起来须彼此对等：

---

① "Homicides in China" 载 "The Chinese Repository" Vol. III, May, 1835, 第 38 页。

② ［英］马戛尔尼：《乾隆英使觐见记》，卷中，刘半农译，中华书局民国五年印行，第 10 页。

敝使此来虽极愿使贵国大皇帝满意，凡敝使以为合宜之事，无一不可实行。然敝国皇帝为西方第一雄主，敝使承敝国皇帝之诏命而来，仍当以敝国皇帝为本位。此盖由敝使之服从敝国皇帝与贵国臣民之服从贵国皇帝，与理相同也。今觐见礼节，敝使拟用觐见敝国皇帝之成礼，若贵国必改用中国礼节，亦未尝不可。但须请贵国派一大臣，职位与敝使相若者，至馆舍中，向吾英皇帝皇后陛下肖像行一觐见中国皇帝之礼，则敝使无不如命。①

根据马戛尔尼的描述，英国人的这一态度使乾隆大为光火："余一人奄有四海，天下之大，无一人不当向我叩首。今英国贡使不知天朝体制，妄欲改变天朝祖宗相传之礼节，实属荒谬已极。苟非蛮夷，决不至此。彼既以蛮夷之礼来吾天朝，即当以蛮夷之法治之。"随即，"华官忽命减缩馆舍中供给之物，各桌所陈盛馔亦易以草具。其意盖欲以饥饿为威逼之具，令钦使不得不允其所请"②。平心而论，虽然桀骜不驯的英国人触怒了乾隆帝，但以饥饿手段逼人就范的做法也实在不像直接出自泱泱大国天子的亲意，倒像是有司官吏自作聪明，为了向主子邀功而使出的损招儿。其真实情形尚有待证明，但清朝政府的此种恶劣态度和低级手段激化了中英矛盾，也丑化了大清帝国在西方人心目中的形象。嘉庆二十一年（1816）阿美士德使团再次访华时，外交礼节又一次成了两国发展外交的障碍。事实上，由外交礼节引起的争执并非只发生在京城。远在广州，清朝地方官在外交及司法等场合，也常常要求西方人下跪磕头，由此不断引起的争吵及外交纠葛十分常见，如：

①　［英］马戛尔尼：《乾隆英使觐见记》，卷上，刘半农译，中华书局民国五年印行，第57页。
②　同上书，卷中，第34、10页。

1753 年,英国商务大班们向广东地方政府投诉称:我们控告我们邻近的海关屋子一位官吏的粗暴行为。约在两个月前,他借口我们没有向他鞠躬行礼,竟禁止我们在自己的艇上乘凉。

1759 年 12 月 6 日,在一个广东省总督接见英方贸易大班的场合,双方就在礼仪问题发生口角。据大班们说:"当总督出现时,他们强迫我们学他们的礼节下跪。但总督见我们坚决不肯屈从于他们的羞辱,只得命令他的下属作罢"。

1831 年 12 月 5 日,英国军舰"挑战者号"舰长弗里曼特尔被广东官方接见之前,曾被要求其在被接见时行跪拜礼,但遭到其抵制——弗里曼特尔故意用鞠躬代替了下跪。

1736 年下半年九月前后的一天,有几名法国人在黄埔打猎,因枪支走火,伤及一名华人百姓致死。官府坚持要他们将一个人交出,他们交出一个人,虽然是与此案无关的,但一直关在监牢里。昨天这个案件在一个下级法庭开审,法国主任迪韦拉埃被传出席,并(被)命令下跪,如不服从,即将他监禁。他服从了,在审问时对他诸多侮辱。①

在当时广州的中西外交场合,跪拜礼仪的确是一个引发争议的国际性热点。在外国人看来,它是难以接受的。正因如此,当时许多西方人士对"天朝"的官方礼仪,尤其是司法领域的各种礼仪,给予了许多关注与描述。1822 年,小斯当东(Sir George Thomas Staunton)在*Miscellaneous Notices Relating to China, and Our Commercial Intercourse with that Country* 一书中专辟"中国法庭上的扣头礼仪"(Chinese Court Ceremony of the Kou-tou)一章,详细分析了当时中国社会中的"拱手""作揖"直到"三跪九叩"等诸等礼仪内容及精神,以及其在涉外司法领域的特定意义。对于司法中的"扣头"礼仪,斯当

---

① 以上事例分别参见 [美] 马士《东印度公司对华贸易编年史》,卷五,第 423、497、298—300 页;卷一,第 251 页。

东评论道："那项所谓的仪式，往往在实质上对平等观念造成影响。它并非总是一种纯粹的形式，它所表达的意思一如文字般清晰明了。"①

除了礼仪问题，当时西人还论及中西方因称呼及相关的文字表述问题产生的纠葛。清朝律法及官方文字称西方人为"夷"、"番鬼"或者"化外人"（barbarian，意为野蛮人），称西方的法律为"夷例"，称西人官员为"夷目"或"夷官"。② 西方人对这类"侮辱性"的称呼十分恼怒，他们采取了多种激烈的抗议手段，包括多次撕毁官府所张贴的"侮辱性"的文告。面对桀骜不驯的西方人，统治者认为只有严刑酷法才能使这些身具"犬羊之性"的野蛮种群驯服，主张"玩则惩之，服则舍之"。③ "一命一抵"就是基于这样一种认知而出台的。从根本上说，华夷观念是"一命一抵"的内在价值基础。从另一方面来说，18 世纪以来的英国刚刚推翻了君主专制，走上宪政道路，自由主义方兴未艾，审判公开、无罪推定，以及司法中的证据主义、禁止刑讯逼供等倡导保障人权的价值理念逐步融入司法制度。不仅是英国，当时整个欧洲的法制变迁趋势也大致如此。这与中国古代司法制度的内在精神取向一一相左，与清朝的对外刑事政策更是形成尖锐对立。

由于清朝统治者对西方人鼓吹的"文明"和"先进"不以为然，

---

① 详见Miscellaneous Notices Relating to China, and Our Commercial Intercourse with that Country 一书，London : John Murray, Albemarle-Street, 1850. 第 119 - 125 页。实际上，这一句是小斯当东引用马礼逊的原话。

② 如德庇时著Sketches of china 书中将"夷官"音译为"E - Kwan"，并特意注明其含义："barbarian officer"，见该书 Vol. 1, Charles Knight & Co, 1841, 第 121 页。

③ 《宣宗成皇帝实录》卷二百五十六，道光十四年九月癸酉。此"犬羊之性"一说亦属多见，如《宣宗成皇帝实录》卷二百五十五，道光十四年八月庚申有云："（外夷）犬羊之性，急则反噬……不能不示以兵威"；卷二百五十九，道光十四年十月丙辰："夷人远涉重洋，在内地通商贸易，自为牟利而来。但犬羊之性，反复无常"等等。除了这些直接的记载，明清时期西方人在华见闻、游记著作及众多汉学著作中，对于清人鄙视洋人的观念也多有记载，有关内容文中已有征引，此不赘述。

于是西方人将"批判的武器"换成"武器的批判"。1840年英国发动对华战争的动机中既包含着打开中国市场的渴望,也有对清王朝外交姿态的不满。自1793年以来,在许多重要的外交场合,后者的高傲态度屡屡挫伤了在西方不可一世的"大英帝国"的民族自尊感。后者寄希望于通过战争来教训清王朝,改变其倨傲的外交姿态。于是,西方人便将其在外交和司法领域所受的"不公正"待遇作为开启战端的借口。战争本身毫无文明可言,战争的结果更是以条约的形式确立了另一种不平等。清朝一败涂地,为挽回颜面,便以"赐和"的名义接受和谈。在1842年《南京条约》的中文版本中,清政府还故意将英国人攫取的种种不平等权利说成是"大清皇帝"的"恩准",幻想保留些许"主子"的虚名,以自我麻醉。即便如此,第二次鸦片战争后签订的中英《天津条约》,进一步粉碎了清政府自欺欺人、自我安慰的迷梦。根据英国人的特别要求,《天津条约》第三款明确宣示:"英国自主之邦与中国平等,大英钦差大臣作为代国秉权大员,觐大清皇上时,遇有碍于国体之礼,是不可行",要求"大清皇上特简内阁大学士尚书中一员,与大英钦差大臣文移、会晤各等事务,商办仪式皆照平仪相待"。各地外国官方人员会见清朝地方官员时也一概照此,"视公务应需,衙署相见,会晤文移,均用平礼"。就连长期争执不休的公文格式、称呼等问题也一并更张,"嗣后各式公文,无论京外,内叙大英国官民,自不得提书夷字"。为改变清朝官府对外国人实行语言文化方面的封锁,从而使己方在与清朝文书往来时不致暗中吃亏,英国人还在条约中专列一条:"嗣后英国文书俱用英字书写,暂时仍以汉文配送,俟中国选派学生学习英文、英语熟习,即不用配送汉文。自今以后,遇有文词辩论之处,总以英文作为正义。此次定约,汉、英文字详细校对无讹,亦照此例。"[①] 这些条款进一步扫荡了"天朝上国"残存的主子意识,破除了传统时代"天下"秩序的意

———————————

① 以上条约内容参见《中英天津条约》第3、5、7、50、51款,王铁崖主编:《中外旧约章汇编》,第一册,北京:三联书店1957年版,第96—103页。

识形态基础。英国人在对华外交领域"蒙受的羞辱"由此得雪。当然，除去此类意识形态条款，西方人也通过条约攫取了实实在在的利益和特权，尤其在司法领域确立的领事裁判权，践踏了清王朝的主权，但也激发了一部分中国人的民族主义意识。鸦片战争给中国造成了深远影响，从而推动着中国由"天下"时代走向"民族主义"时代。

三 反思:暴力下的"现代性"认同与民族话语主权的重建[①]

明清时期，中西之间旷日持久、影响深远的矛盾冲突最终改变了中国历史发展的原有轨迹。鸦片战争通常也被视为中国近代史的开端，中国社会的"现代化"进程由此开始。英文"modernization"一词（中文译作"现代化"或"近代化"）的广泛应用开始于工业革命前后，最初它被用作一时间概念，后渐渐被赋予越来越多的文化属性。当"现代化"概念传至东方时，便在很大程度上成为"西方化"的替代性表达形式。作为历史实在的西方世界的"现代化"，既包含静态的结构，也包含动态的过程；它包含着某种被神圣化了的价值取向，也包含在其指引下产生的一系列的社会性后果。在文艺复兴时

---

① 安东尼·吉登斯曾对"现代性"做过较为宽泛的定义："它首先意指在后封建的欧洲所建立而在二十世纪日益成为具有世界历史性影响的行为制度与模式。现代性大略地等同于'工业化的世界'，只要我们认识到工业主义并非仅仅是在其制度维度上。工业主义是指蕴含于生产过程中物质力和机械的广泛应用所体现出的社会关系。作为这种关系，它是现代性的一个制度轴。现代性的第二个维度是资本主义，它意指包含竞争性的产品市场和劳动力商品化过程中的商品生产体系。"（《现代性与自我认同》，赵旭东译，北京：生活·读书·新知三联书店1998年版，第16页）笔者认为，吉登斯的"现代性"概念除了包含这些外在的、物化层面的内容外，还包含主观意识层面的内容，即一套与工业化及资本主义相适应的价值系统。然本书主旨不在于系统地研探现代性理论，"现代性"概念在此仅作为一个区别于中国固有文化价值系统的象征性符号来使用。

代,西方兴起过宗教改革运动,新教伦理粉墨登场。它鼓励人们勤俭节约、勤奋工作以创造财富,以期最终成为上帝的"选民",从而在终极意义上实现人的神圣价值。新教伦理的确立,是对人类的本性的一次大解放。它以一种神圣的、为世人所公认的方式,肯定了掩藏在人们心底且包裹在道德外衣之下的种种欲望,激励人们创造财富。新教伦理的重大社会意义在于从普世信仰角度肯定了商人阶层与商业精神的社会地位,为后来资本主义的大发展提供了充分的精神支持与伦理依据。在这种精神的推动下,西方经济的商品化与商场化步伐进一步加快,"资本主义"作为一种迥异于中世纪封建社会的制度形态与社会体系,由此登上历史舞台。资本主义孕育出了一系列为西方人所深深自豪的"现代性"成就,诸如工业化、市场化的经济体系、"民主化"与"法治化"的政治秩序,以及"自由化"与"多元化"的文化价值模式,等等。

与此同时,"现代性"的另一副面孔也在日益凸显:随着时间的推移,宗教改革家们对神圣理性的期望并未就此实现,现代社会的机械理性却在日益吞噬着人性。如果早期西方人的政治生活与制度精神中真的存在过诸如"荣誉"、"美德"(借用孟德斯鸠语)之类浪漫主义的价值原则,则近代以来的西方越来越像是唯利是图的暴发户,"已经把'财富'这一昔日圣徒们随时可以抛掉的'轻飘斗篷'变成了一只禁锢人性、污染灵魂的'铁的牢笼'"。①"现代化"的社会前景何在?马克斯·韦伯在《新教伦理与资本主义精神》一书的结尾做出了令人沮丧的预言:

> 没有人知道将来是谁在这铁笼里生活;没有人知道在这惊人的大发展的终点,会不会又有全新的先知出现;没人知道会不会有一个老观念和旧思想的伟大再生;如果不会,那么会不会在某

---

① 王家范:《历史深处的追寻:宗教气质与精神分析》,《百年颠沛与千年往复》,上海:上海远东出版社 2001 年版,第 63 页。

种骤发的妄自尊大情绪掩饰下产生一种机械的麻木僵化呢？也没
人知道。因为完全可以这样来评说这个文化发展的最后阶段：
"专家没有灵魂，纵欲者没有心肝；这个废物幻想着它自己已达
到了前所未有的文明程度。"①

与此同时，作为现代化的重要构成，民族主义是推动近世西方资
本主义国家不断崛起及经济不断增长的决定因素。②"现代"国家的内
部整合与对外扩张始终要借助民族主义旗帜，而后者的泛滥已使近代
国际间的冲突与混乱远超往昔，由此导致的冲突与战争的密度及破坏
性也远胜以往。在此期间，现代资本主义国家的商人本性正深刻地改
变着战争的属性。有西方学者指出："（欧洲）十九世纪以前的军官
团，通常要么是由贵族，要么是由商人组成的。对前者而言，战争仍
是一种消遣，是一种英雄寻梦，而对后者来说则是一种逐利行为"。③
诚如斯言，现代民族国家犹如一台高效能的战争组织机器：它首先使
战争的形成机制市场化，近世的战争越来越像是寄托着预期收益的投
资活动，其实用主义的商业属性日趋彰显。为了金钱、资源、土
地……何处存在丰厚的预期收益，何处便会出现战争的身影。同时，
它还使战争组织机制工业化和社会化，战争的破坏力也由此空前强
大。工业化、市场化孕育的效率意识不断被用来挖掘战争的组织潜
能。军队的职业化与常规化，军事的工业化与国家化……现代的战争
动员机制显示出空前的高效。第一次世界大战一结束，温斯顿·丘吉
尔就毫不掩饰地说出其内心深处对战争的恐惧："我们从中过来的大
战与所有的古代战争都不一样。它在密集的战斗力方面及可怕的破坏

① ［德］马克斯·韦伯：《新教伦理与资本主义精神》，于晓、陈维纲译，北京：生
活·读书·新知三联书店 1987 年版，第 143 页。

② 有关分析及观点可参见［美］格林菲尔德的《资本主义精神：民族主义和经济
增长》一书，张京生、刘新义译，上海：上海人民出版社 2004 年版。

③ ［英］安东尼·吉登斯：《民族—国家与暴力》，胡宗泽译，北京：生活·读书·
新知三联书店 1998 年版，第 275 页。

力方面与古代战争相异……一切时代的恐怖都汇合而来,不只是军队而是所有人员都投入洪流之中。"① 语出不久,二次大战便轻而易举地刷新了人类对战争的恐怖记忆:

> 有组织的科学与技术的融合源于第一次世界大战,而在第二次世界大战中则更为系统完善。在军备生产领域本身,有三个非常重要的结果合在一块主宰了现在的世界军事秩序,它们就是核武器的出现、火箭助推器的发明以及武器系统的发展。核武器在世界大战的场景之外是否能发明出来,还有诸多疑问……没有迈着战争步伐的当代社会能否付出这样的努力尚需置疑。②

对于丘吉尔的感触,笔者深以为然。时至今日,作为"现代性"的"重要成果",人类拥有的武器可以在瞬间毁灭世界上百次。无与伦比的战争机制,是全球化时代"现代性"得以向全世界散播的重要基础。但在1840年之前,以圣王之道和伦常礼教为主流价值认同的中华帝国,并未真正表示要主动迈向如此"现代式"的发展道路:为后世学界所津津乐道的"资本主义萌芽"终究还是在挣扎中走向没落。不仅如此,当马戛尔尼满怀自豪地将工业化的产品摆在中国统治者面前时,得到的也只是嗤之以鼻的神情和不屑一顾的评价。当西方人将"上帝的福音"带到东方,遭受到的只是越来越多的嘲讽、批判乃至"天朝"的查禁。西方人既没能通过"先进的"工业化成就赢得东方的钦佩和崇拜;也没能通过"神圣理性"的光辉征服东方的信仰世界,最终还是祭出了最原始的"说服"手段。1840年,一支仅上万人的军队轻易地击溃了一个帝国,恐怕连西方人自己也难以置信。西方人终于用武力迫使古老的东方帝国实现了对"现代性"的价值认同。

---

① 吉登斯:《民族—国家与暴力》,第281页。
② 同上书,第287页。

这般结局在人类的文化交往与历史变革的长河中，究竟是一起个案还是一例典型？异质文化价值体系之间走向认同的前提基础真的是源于理性吗？晚清的历史变局又一次给出了令人沮丧的答案。到 19 世纪上半期，英国因为外交礼仪及所谓国家尊严问题两次与清朝政府交恶。其实在此前后，同样的礼仪问题早就多次发生在清朝与其他的欧洲国家的外交场合，其中不乏比英国资历更老的资本主义国家。为何只有英国敢于用战争来重新界定中西关系？原因在于：只有英国拥有当时世界上最为强大的工业体系及战争机器，以及与之相匹配的、极度膨胀的民族主义意识。

除了暴力工具的支持，"现代性"价值体系在其四处散播的过程中，还被演绎为一套关于社会制度优劣与否的评判标准。如果说早期的殖民者借助武力迫使西方以外的世界将"现代性"认同为一套合理性价值。百年以来，这种认同在当初的受害者身上已经潜移默化为一套自然性话语，它反过来又改变着人们的表达意志。当人们在此类话语的主导下重新审视历史的时候，某些曾经强烈的情感诉求以及清晰而尖锐的价值判断，常常于不知不觉中自我软化。

早期西方殖民者向世界推销其"现代性"时，曾经祭出两大旗号——"平等"与"开放"。"现代性"在世界范围内的扩张很大程度上得益于斯。曾几何时，国人一谈及近代历史，言语之间多是对殖民者的愤恨与批判。而今对同样一段历史的认识和评价却正在发生改变，如有学者言：

> 我们若从细部去观察就会发现：尽管鸦片战争前清朝在国家关系上矮化西方列强，但对经济贸易的种种限制，恐怕不能以"不平等"一语完全概括之，至于猖獗的鸦片走私贸易，又当别作它论：鸦片战争后西方列强逼勒的一系列条约，包含众多不平等条款，而在国家关系上又毫无例外地追求与清朝"平等外交"。

进一步地研究又使我吃惊地发现:今天人们所谈论的平等或不平等,都是以 18 世纪在欧美产生至 20 世纪在世界确立的国际关系准则为尺度:而生活在"天朝"中的人们,自有一套迥然相别的价值标准,另有一种平等观念。他们对今天看来为"平等"的条款往往愤愤不平,而对今天看来为"不平等"的待遇却浑然不觉,因而在外交上举措大谬。

在 19 世纪急剧缩小的世界中,"天朝"本是一个特殊的"世界"。①

"巧合"的是,"天朝"作为一个"特殊的世界"不仅仅存在于当代人眼中。早在 19 世纪的西方人眼中,"天朝"就已经是一个"特殊的"角色,一个"远离文明"且"不可理喻"的"另类"。西方人声称在中华帝国得不到平等的待遇,继而却以同样的方式予以回敬。中西往来的历史变局,不无讽刺地诠释着"平等"在现实世界中作为"实践理性"的精要所在。事实上,无论是计较于"平等"与"不平等",抑或执著于"特殊"与"一般",类似的理论诘问常常出现在今人审视近代中国历史的思想进程中,看似令人困惑的是非迷局,恰恰体现着"现代性"话语的成功之处。

1492 年,哥伦布发现美洲大陆。数十年后,西方人实现了环球航行,"全球化"的序幕由此拉开。几个世纪以来,西方一直是全球化的最大获益者。为了实实在在的利益,西方人又将"开放性"口号推销至全世界,并将"开放"描述为"先进",反之则为"落后"。西方人口中的"中华帝国"也随即由早先的神秘与优越蜕变为"落后"与"暴政"的典型。1840 年以后,随着西方在军事上对中华帝国的节节胜利,后者"闭关锁国"的"落后"形象被有意识地不断放大,并且被渲染成为中国走向"现代化"的最大阻碍,继而成为粉饰以往殖

① 茅海建:《天朝的崩溃:鸦片战争再研究》,北京:生活·读书·新知三联书店 1995 年版,第 482 页。

民侵略行为的依据。与此同时，东方人在论及同一历史问题时，竟然常常与之形成呼应局面，有论曰：

> 从理论上讲，（走向开放的）① 最佳方案是清朝政府自身改革，作好内部准备后主动开放，并在具体做法上与国际接轨。但在历史现实中，这种可能性等于零。
>
> 后来的历史说明，西方的大潮冲击了中国的旧有模式，民众的生产和生活（主要在沿海地区）为之大受损害，在此哀曲中又萌生出中国前所未有的种种社会经济现象。五口通商、废除行商、新定税则，作为英国此战的主要目的，反映出其欲将中国纳入世界贸易体系的企图，使伦敦、曼彻斯特和孟买的老板们大发利市，致使中国在毫无准备和防备的情况下仓促开放。这对中国有不利的一面，但在客观上为中国提供了摆脱循环的新途径。从**短期上讲，负面作用大于正面效应，而从长期来看，负面作用在不断退隐，正面效应在逐渐生长。至本世纪，正面效应超过了负面作用。**
>
> 我们不妨设想一下，中国的开放若不是在上世纪中叶而是更晚，中国的现状又会怎样？②

当代持类似观点的论者不在少数，其中蕴含着大致相仿的表达逻辑：明清时期中国向世界开放本属应当，西方人对于中华帝国的开放要求也合情合理。其间唯一美中不足的是，西方人没有给清朝走向开放预留出充分的"内部准备"时间，便急急忙忙地动用了武力。不过，即使这种强迫的转型给中国带来灾难和苦痛，也只是短暂而次要的。更为重要且更值得关注的，是这种令人不太愉快的方式毕竟从长远上帮助中国摆脱了以往"治乱循环"、"周而复始"的旧历史，走向

---

① 括号中的字为笔者所加。
② 茅海建：《天朝的崩溃：鸦片战争再研究》，第484页。

了"与国际接轨"的"现代化"。这类文字甚至流露出对"当年开放"的庆幸，发出"当年若不开放，今天将会怎样"的历史诘问。不知这种论调是否可以浓缩为如下结论，即：西方人发动鸦片战争的行为固然值得痛恨，但战争的意图及战争的后果尚值得肯定。笔者绝无质疑这些学者爱国情怀的意思，然其话语中的逻辑问题也表明，我们今天所能够掌握的主要分析工具及价值评判依据，无不来自于"现代性"话语。即便从历史的实态来看，"中华帝国"何曾关闭过对外交往的大门？其所主导的"朝贡"贸易体系本身也是一个开放型的国际秩序体系，它以自己的方式和理念接纳所有自愿"输诚向化"的"化外人"成为其中一员，当然也包括西方人。朝贡体系与西方以民族国家为基本单位的近世国际体系相比，其在运行规则方面的实质差异在于：前一秩序的主导者寻求一种象征性的主子地位，甚至愿意为了这一目的而不计较物质利益与经济得失；后一秩序的主导者不仅贪求主子的名分，更谋求在主子的旗号下掠夺他者的一切物化与非物化利益，一次又一次的侵略与杀戮成就的是殖民强盗的千古臭名。殖民运动改变了原有的世界格局。然而近世以来，由西方人主导的"现代世界体系"话语再一次成为诠释殖民历史的合法性与合理性的价值依据。① 西方人当初抱怨"中华帝国"缺乏平等与开放精神的原因，无非是其在后者所主导的国际体系中难以得到广阔的市场和无尽的财富。最终，西方以战争颠覆了东方世界原有的秩序，用暴力打开了东方的"自由市场"，并且美其名曰"现代化"。除此之外，更不遗余力地侮辱和践踏曾被其恣意蹂躏的帝国及其文化精神。即使时光能够倒流两百年，中国是否会自主选择"现代化"之路？笔者不以为然。并非在于过往历史中蕴含着多少并未实现的可能性，而在于今天解读历史的立场与态度。"现代化"在数百年的流变过程中，已经演变为一种霸权性话语，人们对历史的认识与诠释，很难摆脱"现代性"语境

———————————

① 可参见［美］伊曼努尔·沃勒斯坦《现代世界体系》一书及学界的有关论争，此不赘述。

的束缚。在这一语境下，无论"历史经验"还是"理论"似乎都在向人们昭示：只有"现代化"才是通向社会"文明"和"进步"的不二法门，而所有抗拒"现代化"者则被界定为"野蛮"和"落后"，清王朝的命运就是如此。"现代化"由此演变为具有鲜明道德属性的价值评判体系，它使殖民主义的残渣余孽披上一层合理性外衣后再次粉墨登场。浏览一下当时及后来西方人关于中国的著作就会发现，其中大多数都在批评清王朝的"闭关"、"落后"以及"暴政"。遗憾的是，现代国人在评价同类历史问题时，所持态度往往与之唱和。可以说，"现代性"话语的最大成功不是发生在其家乡欧洲，而是在那些曾经被西方殖民主义糟蹋和蹂躏过的地方。那些曾经身受其害的地区和人们如今却成了它的坚定拥趸。时至今日，虽然殖民主义者赤裸裸的杀戮和劫掠已成往事，但其所散播的霸权性话语已经无须以坚船利炮来加以维系，它已渗透在人们日常生活的各个角落，从人们的思考、言行及所做的价值评判中自然流露出来。

"现代化"作为一种理论，源于社会进化观念，其认为社会形态在不断进化中实现"新""旧"交替。西方世界在向外输出"现代化"理论的过程中，自然将其自身的发展模式置于社会进化的最高端，并从中抽剥出一系列"现代化"的标准向外散播。从历史上看，中华帝国在法律制度层面领受这套价值体系始自第一次鸦片战争。学界一般认为中国法制的现代化开始于 20 世纪初晚清的法制改革。此说的根据是光绪二十八年（1902）前后，晚清以西方法典为蓝本编撰了一系列法律法规，以期用来取代固有的法律体系，"中华法系"由此寿终。笔者以为，这只是表象层面及形式意义上的"现代化"，中国法制"现代化"的实质进程应该较此提前。根据"现代"法理，条约通常被视为国际法的主要表现形式。鸦片战争失败之后，中国人被迫屈从于西方列强的要求，首先通过一系列条约，以屈辱的方式认知并感受到"现代性"的内涵所在。这一系列条约虽然没有直接转化为清朝政府的基本法典，但条约中的一项项条款及其内在的精神价值，无不实实在在地影响和约束着每一位中国人。上至皇帝，下至亿万百姓，从割让的每一寸领土到赔偿的每一笔款项,泱泱天朝大国之内,有谁能置身于条约的拘束和影响之外?随着领事裁判权的确立,中华帝国蒙受了前所未有的屈辱,但同时也为中国社会内部各阶层间走向彼此认同创造了条件。中国也由此接受了"现代化"的入门课程。其内容与"民主"、"科学"无涉,而是关于民族主义的屈辱而痛苦的初体验。可以说,中国近世民族主义是在抵抗外侮的基础上形成的内部认同,它迥异于西方国家在内部的政治整合与权利分配过程中孕育的民族主义价值体系,其中少于以个体为价值本位的自由主义取向,多于以群体价值为本位的国家主义取向;它与西方民族主义注重内部权利分配的取向不同,更注重共同体对外的权利诉求。它也是主导中国近世政治、法制变革的精神要素。鸦片战争以后,无论是醉心于学习西洋器物的洋务运动,还是执著于改变国体的维新运动,抑或是步履维艰的变法修律;无论是饱受诟病的保守派,还是寄希望于制度变革的改良派,抑或是热衷于军事斗争的革命派。在各自花样百出的政治主张背后,大都包含着一种潜在的精神诉求——民族主义。[①] 从 1840 年开始,中国的制度与社会已经开始了对于这一价值取向的认同与追求。从不平等条约在中国的生效与实施,到王朝政治制度及法律体系的被迫改革,其间始终延续着连贯的、一脉相承的精神脉络,它们共同构成了晚清制度变革的完整过程。从这个意义上来说,中国法制的"现代化"进程早在鸦片战争时期就已拉开了序幕。若要从中国百年法制及社会的"现代化"进程中提炼出某种主题或内在精神,其应该是重建民族的话语主权,寻求民族的"位育"之道。至此,笔者谨以一位学界前辈的话作为全书的尾声:

> 近代中国人一直跟着西方人走,就像是逃难的人,慌慌张张

---

① 对于近代民族主义问题,罗志田的《乱世潜流:民族主义与民国政治》(上海:上海古籍出版社 2001 年版)及《民族主义与近代中国思想》(台北:东大图书公司 1998 年版)两书详有论述。此外,中国近代史学术界还有众多成果论及近世民族主义问题。

地随着汹涌的人潮盲目奔跑。现在跑到了一片荆棘之地，眼看着前面水深火热，那带头乱窜的西方人也愣住了，说可能还要折回到原来的路上去。这时，"难民"中应该有人从惊惶失措的人群中走出来，丢下肩头的包袱，攀上一处高岗，回头看一看，他们所来自的地方和此前走过的路径，然后再向四周探望一下目前的处境和将来可能的去向。①

---

① 转引自刘广安《二十世纪中国法律史学论纲》，见《中外法学》1997 年第 3 期。这段文字来源于刘广安先生对张伟仁先生在中国法律史研究理论方面所持观点的引述及评论。

参考文献

文献资料类

1. 《清实录》，北京：中华书局1985年影印本。

2. 赵尔巽：《清史稿》，北京：中华书局1977年版。

3. 《大清律例》，《四库全书》收录本。

4. 《大清律例根原》，同治年间安徽敷文书局刻本。

5. （清）陶骏、陶念霖：《大清律例增修统纂集成》，光绪三十三年刻本。

6. （清）卢坤：《广东海防汇览》，清刻本。

7. （清）申良翰修、欧阳羽文纂：《香山县志》，康熙刻本。

8. （清）祝淮修、黄培芳纂：《新修香山县志》，台北：学生书局1985年影印本。

9. （清）田明曜修、陈澧等纂：《重修香山县志》台北：学生书局1985年影印本。

10. （清）黄思藻修、欧阳振时纂：《广宁县志》，《中国地方志集成》影印收录本，上海：上海书店2003年版。

11. （清）王之春：《清朝柔远记》，北京：中华书局1989年版。

12. （清）梁廷楠：《粤海关志》，顾廷龙：《续修四库全书》收录本。

13. （清）印光任、张汝霖：《澳门纪略》，顾廷龙：《续修四库全书》收录本。

14. （清）朱橒：《粤东成案初编》，道光十二年刊本。

15. 王彦威辑：《清季外交史料》，北平：外交史料编纂处民国二十四年印行。

16. 叶觉迈修、陈伯陶纂：《东莞县志》，台北：成文出版社 1967年影印本。

17. 中国第一历史档案馆编：《中葡关系档案史料汇编》（上、下册），北京：中国档案出版社 2000 年版。

18. 中国第一历史档案馆等编：《明清时期澳门问题档案史料汇编》（1—6 册），北京：人民出版社 1999 年版。

19. 中国第一历史档案馆等编：《清宫粤港澳商贸档案全集》（1—10 册），北京：中国书店 2002 年版。

20. 刘芳辑，章文钦校：《葡萄牙东波塔档案馆藏清代澳门中文档案汇编》（上、下册），澳门：澳门基金会 1999 年版。

21. 故宫博物院文献馆：《史料旬刊》（1—40 册），北平：1930—1931 年印行。

22. 故宫博物院：《清代外交史料》（嘉庆朝、道光朝），台北：成文出版社 1968 年版。

23. 许地山译：《达衷集——鸦片战争前中英交涉史料》，上海：商务印书馆 1931 年版。

24. 胡滨译：《英国档案有关鸦片战争资料选译》（上、下册），北京：中华书局 1993 年版。

25. （明）徐昌治辑：《圣朝破邪集》，香港：宣道出版社 1996年版。

26. 姚贤镐编：《中国近代对外贸易史资料》（1—3 册），北京：中华书局 1962 年版。

27. 胡秋原：《近代中国对西方列强认识资料汇编》，第一辑，台北："中央研究院"近代史所 1984 年版。

28. 《Chinese Repository（中国丛报）》（Vol. 1 - 20），1833—

1852 年。

29. ［美］马士（H B. Morse）：《东印度公司对华贸易编年史》（1—5 卷）区宗华译，广州：中山大学出版社 1991 年版。

30. ［法］杜赫德编：《耶稣会士中国书简集》（1—3 册），朱静译，郑州：大象出版社 2001 年版。

31. 金国平：《西方澳门史料选萃（15—16 世纪)》，广州：广东人民出版社 2005 年版。

专著类

1. 顾维钧：《外人在华之地位》，民国外交部图书处 1925 年版。

2. 梁敬錞：《在华领事裁判权论》，上海，商务印书馆 1930 年版。

3. 刘师舜：《领事裁判权问题》，民国外交部条约委员会 1929 年印行。

4. 法权讨论委员会：《列强在华治外法权志要》，法权讨论委员会事务处 1923 年印行。

5. 张天泽：《中葡通商研究》，王顺彬等译，北京：新华出版社 2000 年版。

6. 周景濂：《中葡外交史》，上海：商务印书馆 1936 年版。

7. 李定一：《中美早期外交史（一七八四年至一八九四年)》，台北：传记文学出版社 1978 年版。

8. 吴孟雪：《美国在华领事裁判权百年史》，北京：社会科学文献出版社 1992 年版。

9. 吴志良：《澳门政治制度沿革、现状和展望》，澳门：澳门公共行政管理学会 1993 年版。

10. 梁嘉彬：《广东十三行考》，广州：广东人民出版社 1999 年版。

11. 萧致治、杨卫东：《鸦片战争前中西关系纪事》，武汉：湖北人民出版社 1986 年版。

12. 杨国桢：《明清土地契约文书研究》，北京：人民出版社 1988

年版。

　　13. 张晋藩：《中国法律的传统与近代转型》，北京：法律出版社1997年版。

　　14. 朱雍：《不愿打开的中国大门——十八世纪的外交与中国命运》，南昌：江西人民出版社1989年版。

　　15. 张小宁：《清前期广州制度下的中西贸易》，南昌：江西高校出版社1999年版。

　　16. 郭小东：《打开自由通商之路——十九世纪三十年代在华西人对中国社会经济的探研》，广州：广东人民出版社1999年版。

　　17. 张国刚：《从中西初识到礼仪之争》，北京：人民出版社2003年版。

　　18. 林仁川、徐晓望：《明末清初中西文化冲突》，上海：华东师范大学出版社1999年版。

　　19. 汪熙：《约翰公司：英国东印度公司》，上海：上海人民出版社2007年版。

　　20. 葛兆光：《中国思想史》，卷二，上海：复旦大学出版社2001年版。

　　21. 刘秋根：《明清高利贷资本》，北京：社会科学文献出版社2000年版。

　　22. 杨泽伟：《宏观国际法史》，武汉：武汉大学出版社2001年版。

　　23. 王亚南：《中国官僚政治研究》，北京：中国社会科学出版社2005年版。

　　24. 金国平：《西力东渐——中葡早期接触追昔》，澳门：澳门基金会2000年版。

　　25. ［日］滨下武志：《近代中国的国际契机：朝贡体系与近代亚洲经济圈》，朱荫贵、欧阳菲译，北京：中国社会科学出版社1999年版。

　　26. ［英］劳特派特修订：《奥本海国际法》，王铁崖等译，北京：

商务印书馆 1981 年版。

27. ［英］马礼逊夫人：《马礼逊回忆录》，顾长声译，桂林：广西师范大学出版社 2004 年版。

28. ［英］莱特：《中国关税沿革史》，姚曾廙译，北京：三联书店 1958 年版。

29. ［英］克拉潘：《现代英国经济史》，上卷，姚曾廙译，北京：商务印书馆 1964 年版。

30. ［英］冯客：《近代中国之种族观念》，杨立华译，南京：江苏人民出版社 1999 年版。

31. ［英］安东尼·吉登斯：《现代性与自我认同》，赵旭东译，北京：生活·读书·新知三联书店 1998 年版。

32. ［美］泰格、利维：《法律与资本主义的兴起》，纪琨译，上海：学林出版社 1996 年版。

33. ［美］丁韪良：《花甲记忆——一位美国传教士眼中的晚清帝国》，沈弘等译，桂林：广西师范大学出版社 2004 年版。

34. ［美］卫列斐：《卫三畏生平及其书信——一位美国来华传教士的心路历程》，顾钧等译，桂林：广西师范大学出版社 2004 年版。

35. ［美］亨特：《旧中国杂记》，沈正邦译，章文钦校，广州：广东人民出版社 1992 年版。

36. ［美］威廉·C. 亨特：《广州番鬼录》，冯树铁等译，章文钦校，广州：广东人民出版社 1993 年版。

37. ［美］马士：《中华帝国对外关系史》（1—3 卷），张汇文等译，上海：上海书店 2000 年版。

38. ［美］马士、宓亨利：《远东国际关系史》，姚曾廙译，上海：上海书店 1998 年版。

39. ［美］威罗贝：《外国人在华特权和利益》，王绍坊译，北京：生活·读书·新知三联书店 1957 年版。

40. ［英］格林堡：《鸦片战争前中英通商史》，康成译，北京：商务印书馆 1961 年版。

41. ［美］赖德烈：《早期中美关系史》，陈郁译，北京：商务印书馆1959年版。

42. ［美］丹涅特：《美国人在东亚》，姚曾廙译，北京：商务印书馆1959年版。

43. ［美］费正清：《剑桥中国晚清史》，中国社会科学院、历史研究所编译室译，北京，中国社会科学出版社1993年版。

44. ［美］孔飞力：《叫魂——1768年中国妖术大恐慌》，陈兼、刘昶译，上海：上海三联书店1999年版。

45. ［美］本尼迪克特·安德森：《想象的共同体》，吴叡人译，上海：上海人民出版社2003年版。

46. ［法］佩雷菲特：《停滞的帝国——两个世界的撞击》，王国卿等译，北京：生活·读书·新知三联书店1993年版。

47. ［法］谢和耐：《中国与基督教——中西文化的首次撞击》，耿昇译，上海：上海古籍出版社2003年版。

48. ［法］布罗代尔：《十五至十八世纪的物质文明、经济和资本主义》，顾良等译，北京：生活·读书·新知三联书店1993年。

49. ［葡］费尔南·门德斯·平托：《葡萄牙人在华见闻录——十六世纪手稿》，王锁英译，澳门：澳门文化司署、东方葡萄牙学会等1998年版。

50. ［葡］叶士朋：《澳门法制史概论》，澳门：澳门基金会1996年版。

51. ［葡］贾桑伊·苏布拉马尼亚姆：《葡萄牙帝国在亚洲1500—1700：政治和经济史》，何吉贤译，纪念葡萄牙发现澳门事业地区委员会1997年版。

52. ［葡］徐萨斯：《历史上的澳门》，黄鸿钊、李保平译，澳门：澳门基金会2000年版。

53. ［瑞典］龙思泰：《早期澳门史》，吴义雄等译，北京：东方出版社1997年版。

54. ［德］马克斯·韦伯：《新教伦理与资本主义精神》，于晓、陈维纲译，北京：生活·读书·新知三联书店 1987 年版。

55. ［美］Frank E. Hinckley（兴克利），*American Consular Jurisdiction In The Orient*（美国领事裁判权在东方），Washington D. ，1906.

56. ［美］G . W. keeton（基顿），*The Development of Extraterritoriality in China*（治外法权在华之发展），Longmans， Green And Co. ，1928.

57. ［美］H B. Morse（马士），*The Trade and Administration of The Chinese Empire*（中朝制度考），Kelly and Walsh Limited，1908.

58. ［英］Peter Auber（奥贝尔），*China : an outline of its government , laws , and policy*（中国：政府、法律与政策大纲），London：Parbury，Allen and Co. ，1834.

59. ［英］John Francis Davis（德庇时），*The Chinese : a general description of the empire of China and its inhabitants*（中国人：中华帝国及其居民概述），New York：Harper & Brother，1836.

60. ［法］Michel Crozier（克罗齐），*The Bureaucratic phenomenon*（官僚现象），the University of Chicago press，1964.

论文类

1. 谭春霖：《广州公行时代对外人之裁判权》，燕京大学政治学丛刊第二十八号，1936 年（现藏于中国国家图书馆特藏部）。

2. ［美］爱德华：《清朝对外国人的司法管辖》，载高道蕴、贺卫方：《美国学者论中国法律传统》，北京：中国政法大学出版社 1994 年版。

3. ［美］本杰明·史华兹：《论中国的法律观》，高鸿钧译，载张中秋：《中国法律形象的一面——外国人眼中的中国法》，北京：法律出版社 2002 年版。

4. ［美］小弗雷德里克·D. 格兰特：《丽泉行的败落——诉讼对 19 世纪外贸的危害》，周湘译，《史林》2004 年第 4 期。

5. 苏亦工：《鸦片战争与近代中西法律文化冲突之由来》，载张生：《中国法律近代化论集》，北京：中国政法大学出版社 2002 年版。

6. 吴建雍：《1757 年后的广东十三行》，中国人民大学清史研究所：《清史研究集》第三辑，成都：四川人民出版社 1984 年版。

7. 吴孟雪：《略论古代中国对涉外司法权的认识和运用》，《求索》1988 年第 1 期。

8. 吴孟雪：《鸦片战争前夕旅华美国人要求领事裁判权的活动》，《江西社会科学》1985 年第 2 期。

9. 吴孟雪：《论早期美国人对待中国司法权的态度》，《江西社会科学》1986 年第 3 期。

10. 苏钦：《唐明律"化外人"条辨析》，《法学研究》第 18 卷第 5 期。

11. 陈尚胜：《澳门模式与鸦片战争前的中西关系》，《中国史研究》1998 年第 1 期。

12. 彭泽益：《清代广东洋行制度的起源》，《历史研究》1957 年第 1 期。

13. 张小宁：《广东十三行衰败原因试探》，《中国社会经济史研究》1996 年第 2 期。

14. 章文钦：《十三行行商首领伍秉鉴和伍秉曜》，载广州市文化名城研究会、广州市荔湾区地方志编纂委员会：《广州十三行沧桑》，广州：广东地图出版社 2001 年版。

15. 章文钦：《明清广州中西贸易与中国近代买办的起源》，载广东历史学会：《明清广东社会经济形态研究》，广州：广东人民出版社 1985 年版。

16. 金国平：《张汝霖诈贿隐史》，载金国平：《西力东渐——中葡早期接触追昔》，澳门：澳门基金会 2000 年版。

17. 康大寿：《明清政府对澳门的法权管理》，《四川师范学院学报（哲学社会科学版）》1998 年第 4 期。

18. 康大寿：《近代外人在华"治外法权"释义》，见《社会科学研究》2000 年第 2 期。

19. 刘景莲：《从东波档看清代澳门的民事诉讼及其审判》，载中国社会科学院历史研究所明清史研究室：《清史论丛》，北京：中国广播电视出版社 2001 年版。

20. 邱树森：《唐宋"蕃坊"与"治外法权"》，《宁夏社会科学》2001 年第 5 期。

21. 汤开建：《明代管理澳门仿唐宋"蕃坊"制度辩》，《西北民族学院学报（哲学社会科学版）》2001 年第 2 期。

22. 曾昭璇、曾新、曾宪珊：《广州十三行商馆区的历史地理——我国租界的萌芽》，《岭南文史》1999 年第 1 期。

附录

《一件奏明事劄付》

说明：此为乾隆八年陈辉千案的刑部档案，内有策楞和乾隆皇帝的处理意见，此系华洋命案裁量中"一命一抵"定例之来历。

内阁抄出，据两广总督策楞等议奏前来，本部议得，该督等奏称"澳门地方，系民番杂处之地"。乾隆八年十月十八日，在澳贸易民人陈辉千，酒醉之后，途遇夷人晏些卢，口角打架，以致陈辉千被晏些卢用小刀戮伤身死。据县验伤供，填格通报，并密禀：西洋夷人犯罪，向不出澳赴审，是以凶犯于讯供之后，夷目自行收管，至今抗不交出。臣同前抚臣王安国诚恐该地方官失之宽纵，当即严批照例审拟招解。嗣据该县叠催，随禀：据夷目禀称，蕃人附居澳境，凡有干犯法纪，俱在澳地处置，百年以来，从不交犯收禁，今晏些卢伤毙陈辉千，自应仰遵天朝法度，拟罪抵偿。但一经交出收监，违犯本国禁令，合澳夷目均干重辟。恳请仍照向例，按法处治，候示发落等词具禀。臣等复查澳门一区，夷人寄居市易，起自前明中叶，迄今垂二百年，中间聚集番男妇女，不下三四千人，均系该夷王分派夷目管束。蕃人有罪，夷目俱照夷法处治。重则悬于高竿之上，用大炮打入海

中；轻则提入三巴寺内，罚跪神前，忏悔完结。惟民夷交涉事件，罪
在番人者，地方官每因其系属教门，不肯交人出澳，事难题达，类皆
不禀不详，即或通报上司，亦必移易情节，改重作轻，如斗杀作为过
失，冀幸外结省事，以致历查案卷，从无澳夷杀死民人抵偿之案。今
若径行搜拿，迫出监禁，恐致夷情疑惧，别滋事端。倘听其收管，无
论院司不能亲审，碍难定案承招，并虑旷日持久，潜匿逃亡，致夷人
益生玩视法纪之心。天朝政体攸系，臣等公同酌核，此等事件似应俯
顺夷情，速结为便。惟照夷法炮火轰死，未免失之过惨。随饬司檄委
该府，督同该县前往妥办。去后，兹据按察使陈高翔详据广州府知府
金允彝详称，遵即宣布德威，严切晓谕，并将凶犯应行绞抵之处，明
白示知，各夷遂自行限日，眼同尸亲，将凶犯晏些卢于本月初三日用
绳勒毙，合澳夷人靡不畏而生感等情前来。臣等查覆原件，衅起于撞
跌角殴，杀非有心，晏些卢律应拟绞，既据该夷目将凶犯处治，则一
命一抵，情罪相符，除批饬立案外，所有臣等办理缘由，理合奏明。
抑臣更有请者，化外之人有犯，原与内地不同，澳门均属教门，一切
起居服色，更与各种夷人有间，照例解勘承招，夷情实有不愿。且凶
犯不肯交出，地方官应有处分，若不明定条例，诚恐顾惜老成，易启
姑息养奸之弊。可否仰邀圣恩，特降谕旨，嗣后澳夷杀人罪应斩绞，
而夷人情愿即为抵偿者，该县于相验之时，讯明确切，由司核明详报
督抚，再加覆核，一面批饬地方官同夷目将犯人依法办理，一面据实
奏明，并抄供报部查核，庶上申国法，下顺夷情，重案不致稽延，而
澳夷桀骜不驯之性亦可渐次悛改等因具奏前来。查律称化外人有犯，
并依律问断，俱期于律无枉无纵，情实罪当，其他收禁成招等项节
目，原不必悉依内地规模，转致碍难问拟。今据该督等奏称，澳夷均
属教门，一切起居服食更与各种夷人有间，照例解勘承招，夷情实有
不愿。请嗣后澳夷杀人罪应斩绞者，该县相验时讯明确切，详报督抚
复核，饬地方官同夷目将犯人依法办理，一面据实奏明等语。应如所
奏请，嗣后在澳民番，有交涉谋故斗殴等案，其罪在民者照律例遵行
外，若夷人罪应斩绞者，该县于相验之时讯明确切，通报督抚详加复

核，如果案情允当，该督抚即行批饬地方官，同该夷目将该犯依法办理，免其交禁解勘，仍一面据实奏明，并将招供报部存案。其晏些卢戮伤民人陈辉千身死一案，该督等既称凶犯应行绞抵之处，据夷目眼同尸亲，将晏些卢用绳勒毙，蕃人靡不畏而生感等语，应毋庸再议。

（出自印光任、张汝霖：《澳门纪略》卷上《官守篇》）

《管理澳夷章程》

说明：乾隆八年发生陈辉千案，次年澳门同知印光任便奏定实施了这一章程，共七项内容。

一、洋船到日，海防衙门拨给引水之人引入虎门，湾泊黄埔。一经投行，即著行主通事报明。至货齐回船时，亦令将某日开行预报，听候盘验出口。如有违禁货物夹带，查明详究。

一、洋船进口必得内地民人带引水道最为紧要，请责县丞将能充引水之人详加甄别，如果殷实良民，取具保甲亲邻结状，县丞加结申送。查验无异，给发腰牌执照准充，仍列册通报查考。至期出口等候，限每船给引水二名，一上船引入，一星驰禀报县丞，申报海防衙门，据文通报，并移行虎门协，及南海，番禺一体稽查防范。其有私出接引者，照私渡关津律从重治罪。

一、澳外民夷杂处，致有奸民潜入其教，并违犯禁令之人窜匿潜藏，宜设法查禁。听海防衙门出示晓谕，凡贸易民人悉在澳夷墙外空地搭篷市卖，毋许私入澳内，并不许携带妻室入澳。责令县丞编立保甲，细加查察。其从前潜入夷教民人窜匿在澳者，勒限一年，准其首报回籍。

一、澳门夷目遇有恩肯上宪之事，每自缮禀，浼熟识商民，赴辕投递，殊为亵越。请饬该夷目：凡有呈禀，应由澳门县丞申报海防衙门，据词通禀，如有应具详者，具详请示，用昭体统。

一、夷人采买钉铁木石各料，在澳修船，令该夷目将船身丈尺数目、船匠姓名列呈，报海防衙门，即唤该船匠估计实需铁斤数目，取具甘结，然后给与牌票印照，并服粤海关衙门，给发照票，在省买运回澳，经由沿途地方汛弁验照放行。仍知照在澳县丞查明，如有余剩缴官存贮。倘该船所用无几，故为多报买运，希图夹带等弊，即严捉夷目船匠人等讯究。

一、夷人寄寓澳门，凡成造船只房屋，必资内地匠作，恐有不肖奸匠贪利教诱为非，请令在澳各色匠作交县丞亲查造册，编甲约束，取具连环保结备案，如有违犯，甲邻连坐。递年岁底，列册通缴查校。如有事故新添，即于册内声明。

一、前山寨设立海防衙门，派拨弁兵弹压番商，稽查奸匪。所有海防机宜均应与各协营一体联络，相度缓急，会同办理。老万山、澳门、虎门、黄埔一带营汛，遇有关涉海疆民夷事宜，商、渔船只出口、入口，一面申报本营上司，一面并报海防衙门。其香山虎门各协营统巡会哨日月，亦应一体查报。

（《粤海关志》卷二十八《夷商三》）

《澳夷善后事宜条议》

说明：此条议出台背景：清乾隆十三年，澳门发生葡萄牙士兵杀死华人后又弃尸入海的"李廷富、简亚二"命案，葡人私自放逐疑犯，由此与清政府起争。乾隆十四年即1749年8月，葡萄牙派高等法院法官庇利那前来解决此事，《澳门纪略·官守篇》载曰："庇利那以槛车送若些返国，时十四年十二月二十日也"，庇利那遂与清朝澳门地方官员张汝霖、暴煜等人在澳订定了《澳夷善后事宜条议》，以汉、葡文字勒石刻碑以存。全文共十二条如下：

一、驱逐匪类。凡有从前犯案匪类，一概解回原籍安插，取具亲属保邻收管，不许出境，并取澳甲嗣后不敢容留结状存案，将逐过姓名列榜通衢，该保长不时稽查。如再潜入滋事，即时解究原籍，保邻澳甲人等，一体坐罪。

一、稽查船艇。一切在澳快艇、果艇及各项蛋户、罟船，通行确查造册，发县编烙，取各连环保结，交著保长管束，许在税厂前大码头湾泊，不许私泊他处，致有偷运违禁货物，藏匿匪窃，往来诱卖人口，及载送华人进教拜庙，夷人往省买卖等弊。每日派发兵役四名，分路巡查，遇有潜泊他处船艇，即时禀报查拿，按律究治。失察之地保，一并连坐。兵役受贿故纵，与犯同罪。

一、赊物收贷。凡黑奴出市买物，俱令现银交易，不得赊给，亦不得收贷黑奴物件；如敢故违，究逐出澳。

一、犯夜解究。嗣后华人，遇夜提灯行走，夷兵不得故意扯灭灯笼，诬指犯夜。其或事急仓猝，不及提笼，与初到不知夷禁者冒昧误犯，及原系奸民出外奸盗致被夷兵捉获者，立即交送地保转解地方官，讯明犯夜情由，分别究惩，不得羁留片刻并擅自拷打；违者照会该国王严处。

一、夷犯分别解讯。嗣后澳夷除犯命盗罪，应斩绞者，照九年定例，于相验时讯供确切，将夷犯就近饬交县丞，协同夷目，于该地严密处所，加谨看守，取县丞钤记，收管备案，免其交禁解勘。情罪允当，即饬地方官眼同夷目，依法办理，其犯该军流徒罪人犯，止将夷犯解交承审衙门，在澳就近讯供，交夷目分别羁禁收保，听候律议。详奉批回，督同夷目发落。如止杖笞人犯，檄行该夷目讯供，呈复该管衙门，核明罪名，饬令夷目照拟发落。

一、禁私擅凌虐。嗣后遇有华人拖欠夷债，及侵犯夷人等事，该夷即将华人禀官究追，不得擅自拘禁屎牢，私行鞭责，违者按律治罪。

一、禁擅兴木土。澳夷房屋庙宇，除将现在者逐一勘查，分别造册存案外，嗣后止许修葺坏烂，不得于旧有之外添建一椽一石，违者以违制律论罪，房屋、庙宇仍行拆毁，变价入官。

一、禁贩卖子女。凡在澳华夷贩卖子女者，照乾隆九年详定之例，分别究拟。

一、禁黑奴行窃。嗣后如有黑奴勾引华人行窃夷物，即将华人指名呈禀地方官查究驱逐，黑奴照夷法重处，不得混指华人串窃，擅捉拷打。如黑奴偷窃华人器物，该夷目严加查究；其有应行质询者，仍将黑奴送出讯明定拟，发回该夷目发落，不得庇匿不解；如违即将该夷目惩究。

一、禁夷匪夷娼窝藏匪类。该夷目严禁夷匪藏匿内地犯罪匪类，并查出卖奸夷娼，勒令改业，毋许窝留内地恶少，赌博偷窃。如敢抗违，除内地犯罪匪类按律究拟外，将藏匿之夷匪照知情藏匿罪人律科断，窝留恶少之夷娼男妇，各照犯奸例治罪，如别犯赌博，窃盗，其罪重于宿娼者，仍从重拟断，并将失于查察之夷目，一并处分，知情故纵者同坐。

一、禁夷人出澳。夷人向例不许出澳，奉行已久。今多有匪夷，借打雀为名，或惊扰乡民，或调奸妇女，每滋事端，殊属违例。该夷目严行禁止，如敢抗违，许该保甲拿送，将本犯照违制律治罪，夷目分别失察、故纵定议。

一、禁设教。澳夷原属教门，多习天主教，但不许招授华人，勾引入教，致为人心风俗之害。该夷保甲，务须逐户查明禁止，毋许华人擅入天主教，按季取结缴送；倘敢故违，设教从教，与保甲、夷目一并究处，分别驱逐出澳。

（出自《粤海关志》卷二十八《夷商》）

《部复两广总督李侍尧议》

（乾隆二十四年《防范外夷规条》）

　　说明：乾隆二十二年，英国人洪仁辉赴京呈控粤海关总督李永标贪腐及勒索外商，继而李永标与洪仁辉同受严处，为洪仁辉代写呈词之儒生刘亚匾被处死。随后，清政府关闭江、浙、闽三海关，仅留粤地一处对外通商。同时，为加强对粤省"外夷"监控及防范，两广总督李侍尧遂于乾隆二十四年奏准实施了这项法令，内容如下：

　　一、据称夷商在省住冬应请永行禁止也。外洋夷船向系五六月收泊，九十月归国，即间有因事住冬，亦在澳门居住。乃近来多有借称货物未销，潜留省会，难免勾结生事。请嗣后夷船到粤销货后，令其依限回国。即有行欠未清，亦应在澳门居住，将货物交行代售，下年顺搭回国。查粤东贸易夷船，其自进口以至归棹，原有定期，本不许潜留内地。近因行商等或有挂欠未清，以致该夷商等借词迁延留寓省会，希图探听各省货价，置买获利。而内地民人亦遂有诱令诓骗者，今该督请于销货归本后，依期随同原船回国，则该夷商等不得借词逗留，而内地商民亦不得往来交接，夤缘为奸。自属立法制防之道。应如所请办理。但夷商等既依期归棹，一切销货归价，自应责成殷商，公平速售，按期清楚，不得任意拖欠，即有零星货物未经销完，伊等交易年欠，自不无递年通融搭销带还之处，但能信实相安，彼此不致苦累，原可毋庸绳以官法。若令该夷按年归国，将货物交行商代售，其中不肖行商知其势难久待，或有意挦留压滞，有所不免。嗣后遇有此等情弊，一经告发，地方官应将奸商按律处治，毋庸稍有宽贷。其夷商有因行货未清，情愿暂留澳门居住者，听其自便，毋庸概勒归国，以免扰累。

一、据称夷人到粤，宜令寓居行商管束稽查也。历来夷商到广，俱系寓歇行商馆内，乃近来嗜利之徒，多将房屋改造华丽，招留夷商图得厚租，任听汉奸出入教唆引诱，纵令出外闲行，以致私行交易，走漏税饷，无弊不作。请嗣后凡非开洋行之家，概不许寓歇。其买卖货物，必令行商经手，方许交易。如有纵夷人出入，以致作奸犯法者，分别究拟。地方官不实力稽查饬禁，一并参处。查夷商到粤，寓歇行商馆内，稽查管束，原不许任意出入。若非官充行商，招引投寓，不独勾引出入，无从觉察。而交易货物，多寡不经行商、通事之手，更易滋弊。实应如该督所请，嗣后令夷商歇寓，责成现充行商馆内送寓居住，加谨管束，房屋或有不敷，并令行商自行租赁，拨人照看。毋许出入汉奸，私相交易。但行商等不得以操纵在己，遂有把持短价勒揸，并令地方官留心访察，严加查禁，则奸蠹既可永杜，而远夷亦不致苦累矣。

一、据称借领外夷资本及雇请汉人役使，并应查禁也。查近年夷商多将所余资本雇请内地经营之人，立约承领出省贩运，则本地行店亦向伊借领本银生息，互相勾结，请嗣后内地民人倘敢故违，将借领之人从重究拟。查向来夷商到粤贸易，只许将带来货物售卖，置买别货回国。其应禁止出洋之货，概不得私行贩运。近来内地行店民人多有借夷商资本贸贩，冀沾余润。致有刘亚匾等之徒借领谋利，教唆滋事。于地方甚有关系。应如该督所请，令借领资本之行商人等据实首明，勒限清还，免其究拟。嗣后倘有违禁借贷勾结者，照交结外国借贷诓骗财物例问拟。所借之银，查追入官。至夷商所带番厮人等，足供役使，原不得雇内地民人。此后设立买办、通事外，如有无赖民人贪财受雇，听其指使服役者，应交地方官饬谕通事、行商实力严查禁止。倘有徇纵，一并惩治。

一、据称外夷雇人传递信息之积弊宜请永除也。夷商购买货物，分遣多人前往浙江等省，不时雇觅千里马，往来探听货价低昂，即如汪圣仪之案，臣等所发牌、单、公文，尚未递到，该犯先已得信逃避。又如钦天监刘松龄等两次奏请方守义等愿赴京效力，俱以澳门来信为词，皆由内地民人代为传递信息，请永行停止。查外来夷商投行交易，自不得任其借词探听，雇请脚夫，传递消息，以致内地奸商往来交结。此等积习亟宜革除。应如该督所请，严谕行商脚夫人等，嗣后一切事务，俱呈地方官听其酌量查办。如有不遵禁约，仍前雇请往来，即将代为雇觅及递送之人一并严拏究治。至西洋人寄住澳门，遇有公务转送钦天监，应饬令夷目呈明海防同知转详督臣，分别咨奏之处，亦应如该督所请办理。

一、据称夷船进泊处，应请酌拨营员弹压稽查也。夷船进口之后，向系收泊黄埔地方，每船夷梢多至百余名或二百名不等，均应防范。向例酌拨广州协标外委带兵搭寮防守，但外委职分卑微，不足以资弹压，请员后于臣标候补守备内酌拨一员，督同稽查。其米薪日用请于粤海关平余项下每月酌给银八两，并令附近之新塘营酌拨桨船一只，与该处原设左翼镇中军桨船会同稽察。俟洋船出口，即行撤回。查夷船收泊所带夷梢为数众多，种类各别，性多暴悍，易于滋事行凶，而内地奸民蛋户复为勾引，均所不免。自应严行防范不致滋生事端。今该督既称向派广州协外委员带兵十二名，不足以资弹压，应准其于督标内拣派候被守备一员，专驻该处，督同守寮弁兵，实力防范稽查。其候补人员例无廉俸。所有每月酌给银八两之处，亦应如该督所请，准其于海关平余项下，酌量拨给。并酌拨桨船，会同巡逻弹压。至所拨弁兵，俟夷船进口派往，出口撤回。如有巡防疏懈或致生事，该管上司即严行参处。

（《粤海关志》，卷二十八，《夷商三》）

《两广总督百龄、监督常显议》

说明：即《民夷交易章程》，此章程于嘉庆十四年由两广总督百龄奏准实行，此前不久英国兵船曾在澳门登陆，朝野震动。该章程内容有五个方面，涉及澳门房地产建筑规划限制，行商积欠外商债务等问题。

查从前议奏防范规条本为详备，因日久玩生，致滋弊窦，除再申明例禁，督令切实奉行外，至于今昔情形不同有应随时增易者，谨分晰数条：

一、外夷兵船应停泊外洋，以肃边防也。查外夷来广贸易，先将货船停泊零丁等处外洋，报明引进黄埔河面，以便查验开舱，从不许护货之兵船驶入内港，近年以来，渐不属守旧章，应请嗣后各国货船到时无论所带护货兵船大小概不许擅入十字门及虎门各海。如敢违例擅进，经守口员弁报明，即行驱逐，一面停止贸易。

一、各国夷商止准暂留，司事之人经理货账，余饬依期归还，不许在澳逗留也。查外夷商船向系每年五六月收泊，九十月归国，该夷商或因货物未销，或有行商挂欠未清，向准在粤海关请照下澳，暂寓住冬。仍俟行账算明，即于次年催令回国。迩来该夷等竟有在澳久居，迁延不去者，名数较多且种类不一，诚恐别滋事端。嗣后各夷商如销货归本后，令其依期随同原船归国，不得在澳逗留。即有行欠未清，止准酌留司事者一二名在澳住冬清理，责令西洋夷目及洋行商人将留澳夷人姓名造册申报总督及粤海关衙门存案，俟次年即令归国，亦申报查考。如敢任意久住，或人数增多，查出立即驱逐。

一、澳内华夷分别稽查也。查澳内西洋人房屋自乾隆十四年议定章程，只许修葺，不许添造，嗣因西洋夷人生齿日繁，以致屋宇逐渐增添，至澳内华人原议不准携带妻室，以杜贩卖子女之弊，嗣因西洋夷目呈称华夷贸易，惟赖殷实华人方足取信。若室家迁移，则萍踪靡定，虚实难稽，是以住澳华人仍准携带妻室安土重迁，亦难概令挈眷远徙。惟澳内为地无多，华夷杂处，若不定以限制，恐日致蔓延。应将西洋人现有房屋若干户口若干逐一查明造册申报。已添房屋姑免拆毁，不许再行添造寸椽。华人挈眷在澳门居住者，亦令查明户口造册存案，止准迁移出澳门，不许再有增添，庶于体恤之中仍寓防闲之意。

一、夷船引水人等宜责令澳门同知给发牌照也。查各国夷船行抵虎门外洋，向系报明澳门同知，令引水人带引进口。近年竟有匪徒冒充引水致滋弊窦。嗣后夷船到口，即令引水先报澳门同知，给予印照，注明引水船户姓名，由守口营弁验照放行，仍将验照移回同知衙门缴销。如无印照，不准进口，庶免弊混。

一、夷商买办人等宜责成地方官，慎选承充，随时严察也。查夷商所需食用等物，因言语不通，不能自行采买。向设有买办之人，由澳门同知给发印照。近年改由粤海关监督给照。因监督远驻省城，耳目难周，该买办等唯利是图，恐不免勾结外内商贩，私买夷货，并代夷人偷售违禁货物。并恐有无照奸民从中影射滋弊。嗣后夷商买办应令澳门同知就近选择土著殷实之人，取具族长保邻切结，始准给与腰牌印照，在澳门者由该同知稽查。如在黄埔，即交番禺县就近稽查。如敢于买办食物之外代买违禁货物及勾通走私舞弊，并代雇华人服役，查出照例重治其罪。地方官徇纵一并查参。

一、夷船取货时责令洋行按股交易，不准奸夷私行分拨也。查夷货到粤，向系行商公同酌议货物之贵贱，均自承办，不致彼此多寡悬殊。近年夷商司事者竟随意分拨售卖。内地行商因其操分拨之权，曲意逢迎，希图多分货物转售获利。而奸夷遂意为肥瘠，有殷商而少分者，有疲商而多拨者，以致年账不清，拖欠控追者，不一而足。嗣后夷货到时，由监督亲督洋行总商于公司馆内，秉公按股签掣，均匀分拨，不得任令乏商影射多买，亏欠夷账，庶足以照平允而杜争端。

谨案原议凡六事，最后夷船起货令洋行按股分拨一条经部议驳。

（《粤海关志》卷二十八《夷商三》）

《两广总督阮元关于德兰诺瓦案上道光帝折》

（一八二一年）

　　两广总督阮元跪奏为咪唎坚国夷船水手伤毙民妇照例审办，恭折奏闻事。窃据广东番禺县知县汪云任禀报：本年八月二十八日有咪唎坚国即花旗夷人向民妇郭梁氏买果争闹，用瓦坛掷伤郭梁氏落水身死等情。当经饬令该夷船交出凶夷究办。旋据该国大班喊喱咯查明，系夷商吐叠雇坐来粤之急庇仑船内水手佛兰西吐爹剌非吖掷交瓦坛向民船妇人买果，并无打伤情事，亦不知如何落水身死。并称佛兰西吐爹剌非吖现在忧郁成病，其势颇重等语。由认保此船之洋商黎光远先后代为禀复。并据洋总商伍敦元等查禀该船主已将佛兰西吐爹剌非吖锁铐在船等情。当查民妇郭梁氏系被夷人掷坛打伤落水溺毙。当时有郭梁氏之女郭亚斗及稍谙夷语之船妇陈黎氏在船，目击喊同粤海关差役叶秀捞救不及，尸夫郭苏娣捞获尸身，报经该县传齐该国大班及夷商船主人等，眼同相验。郭梁氏实系受伤落水淹死。该县亲赴夷船提讯，佛兰西吐爹剌非吖仍执前供坚不承认，实属任意狡赖，毫无情理。查各夷船日久停泊粤洋，与民人争殴伤毙，事所常有，内地官吏与夷人言语不通，是以问办章程均系责令该国大班查出正凶，询问明确，即将凶夷交出，传同通事提省，译讯录供究办。今凶夷佛兰西吐爹剌非吖之名系该夷船自行指出，其所掷瓦坛亦据佛兰西吐爹剌非吖认明系伊之物。如果佛兰西吐爹剌非吖并非正凶，何致忧郁成病？船主又何以将其锁铐？种种矛盾支离，具见夷情狡诈，该大班观望逶延，不将凶夷交出，而保商通事人等亦不秉公确查，向其置辩明白。辄以该夷人饰混之词率为据情转禀，均属玩违，事关夷人伤毙内地民命，岂容稍任颟顸？当将认保洋商黎光远、通事蔡懋一并收禁县监，并咨会粤海关，将该国在粤货船全行封舱，暂禁贸易，俟交出凶夷审明定案后，再行核办。去后，粤海关监督阿尔邦阿亦严禁各船，不许出口，饬交凶夷。嗣据洋商伍敦元等转据该夷商等禀请委员带同该洋商等前赴夷船，询明夷商船主等，别无正凶可指，即将佛兰西吐爹剌非吘交出押解赴省饬委广州府钟英会督广粮通判何玉池，南海知县吉安，番禺县知县汪元任，提集尸亲人证，审明议拟，由署臬司费丙章复讯，具详前来。臣查佛兰西吐爹剌非吘系咪唎坚国船户急庇仑船内水手，经夷商吐叠雇坐来粤。道光元年八月二十八日午候，有向在该处河面贩卖果子之民妇郭梁氏同女郭亚斗坐驾小艇，从该夷船旁边经过，该水手佛兰西吐爹剌非吘呼其拢近，将钱五十文贮于水桶，用绳坠下，指买蕉橙。郭梁氏收取钱文，将蕉子橙子各十余枚仍贮桶内，吊上夷船。该水手佛兰西吐爹剌非吘嫌少索添。郭梁氏稍谙夷语，答称须再给钱，方可添果。佛兰西吐爹剌非吘不依，致相争闹。郭梁氏高声吵嚷，佛兰西吐爹剌非吘恐夷船主听闻斥责，一时情急，顺取船上瓦坛从上掷下。瓦坛底棱打破郭梁氏头戴箬帽，伤及偏右，翻跌落河。郭梁氏之女郭亚斗喊救，适有粤海关弹压夷船之差役叶秀，在船妇陈黎氏船内闲坐。陈黎氏在船瞥见，喊同叶秀捞救不及。郭梁氏之夫郭苏娣近在河口，闻知赶至。与官差叶秀问郭亚斗、陈黎氏询知情由，捞获郭梁氏尸身，业已毙命。箬帽浮于水面，亦即捞起查看。瓦坛尚在郭梁氏船内。尸夫郭苏娣报经番禺县知县汪云任亲诣黄埔，眼同该国大班喊喱咯夷商吐叠船主急庇仑等，验明郭梁氏偏右一伤，弯长一寸四分，宽三分，深抵骨，骨损委系受伤后落水身死，提验凶器瓦坛，比对郭梁氏所戴箬帽被打折裂处，所伤痕相符，并将瓦坛令该船主等认明委系伊等船上之物，饬交凶夷究办。据夷商吐叠船主急庇仑查出该水手佛兰西吐爹剌非吘，向其查问，该水手仅称交给瓦坛与妇女买果，其打伤落水各情未据承认。该大班、保商、通事人等，并不确切查询，率混转禀，又不交出凶夷，听候究办。经臣饬将保商通事收禁，并将该国货船暂禁贸易，即据洋商转据夷商等禀请委员赴船提解佛兰西吐爹剌非吘到省饬委广府等，审讯该凶夷佛兰西吐爹剌非吘，初犹狡展，迨经见证陈黎氏尸女郭亚斗，间用夷语之质证，该凶夷无可抵赖，供认前情不讳，并据该凶夷当堂以手拍胸作认坛系己物之状。并据两手持坛作从上掷下之势，复令通事洋商等向其逐细究诘，矢供不移。案无遁饰，查名例载：化外人有犯并依律拟断。又律载：斗殴杀人者，不问手足他物金刃，并绞监候。又乾隆八年前督臣策楞奏准嗣后民番有谋故斗杀等案，若夷人罪应绞者，该县于相验时讯明确切，通报督抚，详加复核。如果案情允当，即批饬地方官同该夷目将该犯依法办理，免其交禁解勘。仍一面据实奏明，并将供招报部等因遵照在案。今咪唎坚国夷人佛兰西吐参剌非咛因向民妇郭梁氏买果争闹，用瓦坛掷伤落水身死，已据供认明确，照例拟绞。情罪相符，随批司饬委广州府知府钟英督同南海县知县吉安、番禺县知县汪云任，会同广州协副将李应祥饬传通事夷目，于本年十月初三日将该凶夷佛兰西吐参剌非咛照例绞决以彰国宪。至夷人买取食物，向系官给买办，今民妇郭梁氏私将蕉橙卖给夷人，殊属不合，业已被伤身死，应毋庸议。其失于觉察之弹压关差叶秀，应照不应重律杖八十，折责发落。该夷商吐叠及船主急庇仑于该水手佛兰西吐参剌非咛私卖蕉橙当时并不知情，迨查出后虽据该凶夷狡展之词率行转禀，但已先将该凶夷锁铐在船，尚非有心庇纵，并于该县赴船提审时，该夷商船主人等免冠侍立伺应登答，且一经严饬封舱，即据禀请委员到船交出该凶夷，提省审办。尚属恭顺畏法，应与讯非挟同混饰混之洋商黎光远、通事蔡懋均毋庸议。黎光远蔡懋饬县提禁释回，该国货船仍令开舱照常发货贩售，并饬禁该处小艇，毋再私赴夷船卖给食物，以杜衅端。臣复谕饬洋商伍敦元等传谕该大班当知天朝法度尊严，该夷人既赴内地贸易，自应安静守法，该大班及船主等务须时时戒饬船内水艄人等，毋许滋事逞凶。设已酿成事端，该大班即应查明肇衅生事之人，立时指名交出，听候地方官查审究办。切勿袒庇诿延，自取重咎，以仰副天朝恩溥怀柔之至意，除供招咨部外，臣谨恭折具奏，伏乞皇上圣鉴。再广东巡抚系臣兼署，毋庸会衔合并陈明。谨奏。道光元年十月十四日。（道光元年十一月十九日奉硃批：刑部知道，钦此。）

（《清代外交史料（道光朝）》，第22页，道光元年十月十四日阮元奏折）

《两广总督阮元奏报英国护货兵船伤毙
民人畏罪潜逃饬令交凶折》

说明：此系道光二年正月二十八号折。本案即为有名的中英"土巴资号"事件。清政府和英方对于案件的起因及案情存在着巨大差异，英国人称广东政府的上奏"充满极大的谎言，提供了地方当局对皇帝及其大臣实行欺骗的一个惊人事例"，英方的强硬使此案最终不了了之，与中美德兰诺瓦案的处理相比可谓天壤之别。

两广总督臣阮元跪奏，为英咭唎国护货巡船伤毙内地民人，畏罪潜逃。现在饬令该国大班交出凶夷，恭折奏闻事。案据澳门同知顾远承禀称：英咭唎国兵船停泊外洋伶仃山，道光元年十一月二十一日兵船内夷人上岸取水，并带羊只赴山牧放。民人地内种有番薯，被夷人摘食，羊只亦践食薯苗，又误将民人酒坛踢翻。民人追夺索赔，互争斗殴，被夷人伤毙民人。并据洋商呈递该国兵官礼知逊禀称：派三板艇往山取水，村人下来打伤英国人十四名，各等语。臣查督署旧卷，向无与该国兵官通行交檄之案。随饬洋商传谕该国寓粤之大班等，著交凶夷，并委员前往，会同新安县查验伤毙民夷，分别究办。旋据洋商等禀称：该大班喊臣等以伊系管理买卖事务，兵船与民人相殴，伊不能经管，并据该兵官亦称：此系官事，洋商大班系贸易之人，不能经管等情，彼此诿延。凶夷既未交出，即受伤夷人亦不送官请验。仅据新安县知县温恭验明民人黄亦明、池大河两名因伤身死，并黄刘氏、黄亦锦、黄亦赞、黄亦昌四人均被殴伤，先后详报前来。

臣查该国兵船，系为保护货船之用。既是因买卖事务而来，该大班何得将买卖、兵船分为两事？况历来夷人与民人交涉之事，俱系谕饬洋商，传谕该大班办理。该大班既在粤省承管该国事务，该国兵船伤毙民人，岂能推诿！向例该国夷人如敢抗违天朝禁令，即将货船封舱，禁止贸易。臣即查照旧章，饬令洋商传谕该大班，将该国在粤货船一律封舱，毋许上下货物，内有已经满载之哑哋哂等三船，准给红牌，令其乘风开行回国。其余十船，须俟交出凶夷后，方准开舱下货。十数日后，忽据洋商具禀：大班等因不能著令兵官交出凶夷，自行退回船上，留禀交该洋商转递，请给红牌，率同各货船放空回国。臣以封舱之事，原令大班著交凶夷，如该国早将凶夷交出，即可早日开舱，不必疑虑；若延不交凶，即货船放空回国，天朝亦断不留阻，令洋商明晰开谕。去后，即据洋商面呈该大班等禀称业已遵谕问过兵船总官，伶仃致伤死人兵丁如何办理。据官官对云：伶仃之事果为紧要，我不能作主，回国时必奏本国国主，照例办理等言。为此，谨禀。等情。臣谕以兵船内夷人既在内地致毙民命，其杀人正凶现在该兵官船内。天朝定例：应由犯事地方提审究办。该兵官既知此事果为紧要，自应即将凶夷交出，不能以回奏该国为词，借图延宕。令传谕该大班等，再向兵官告知，迅速交凶，毋以空言渎禀。该大班等在船观望，不敢仍回夷馆，亦不率众开行，复以兵船内受伤夷人未经验视，嘱洋商赴司禀求。经藩司程国仁、署臬司费丙章酌委卸任番禺县知县治汪云任及东莞县知县仲振履，与水师将备带同洋商人等前往查验。该兵官礼知逊率领夷兵免冠摆队迎接，甚为恭顺。验得夷兵咕吻哈哇哈，面色痿黄，睡卧在床，小腹有伤，用药敷盖，未便揭验。据通事传据该夷兵供称，被民人推跌，震伤脏腑，并伤小腹，现在腹内十分疼痛。又验得夷兵喊唻吐咗等五名，伤已结痂。据该兵官指称，尚有夷兵喊唻吐巘等八人，伤已平复。至船内夷兵致死、致伤民人，现在彼此互推，尚未查出。当日实系民人先伤夷人，以致夷兵伤毙民人，并据该委员等询据洋商声称，兵官不肯交出凶夷，其意以为民人先伤夷兵，因而夷兵致死民人，彼国事例可以不用抵偿。该委员等当以天朝律例，仅有罪人拒捕，格杀勿论。其余斗殴致死人命，无论先后动手，均应拟抵。夷兵在内地犯事，即系化外人有犯，应遵内地法律办理，将律例内斗杀、格杀及化外人有犯各条签出指示，并令通事翻译阅看。据洋商复称已告知明白。等语。该委员等仍饬查出凶夷，克日交案，以便提同民人质讯究详。

比委员等回省后，即据洋商转据该大班等禀报，该兵船扬帆驶逸，由委员等转禀到臣。查伤毙民人之凶夷，现在该兵官船内，岂有不能查出之理？其言本属支饰。据称该国先被殴伤后下手致死者无须抵偿之语是否真确，无从而知。且该兵官系属武员，于该国所办文案恐亦未必谙悉，所言原不足信。然该兵官先则不交凶夷，继因委员等译出内地律文，向其开导，无可置辩，即匆促潜逃。或竟系狃于该国事例，膠执己见，不肯遽令抵偿，亦未可定。但该大班等系承办该国事务之人，仍应著落交凶。复又严饬洋商，谆切传谕。兹据两司禀据广州府及委员等转据洋商伍敦元等呈送该大班喊臣等禀称：伊等系属商身，实难管理兵船事务。且兵船已经开行，伊等实在无可奈何，只得将此事本末写书寄于伊国公班衙知道，官为奏办。且兵官礼知逊前亦禀明，回国时必将此事奏知国主，照例究办。至兵船滋事，实与伊等贸易之人无涉，倘蒙准令伊等回馆，照常开舱贸易，伊等与众夷商感戴不尽。等情。臣查该兵船既已驶逃，凶夷自必随往，该大班等现在无从著交，所禀自系实情。现饬洋商传谕该大班等，准令各船开舱下货，仍饬大班等告知该国王，查出凶夷，附搭货船押解来粤，按名交出，听候究办。至该国护货兵船，向来或一只，或二只，到粤后只许在外洋停泊，派给买办，一切买物取水，应由买办承管。今船内夷兵自行赴山汲取淡水，致肇衅端，臣并谕饬洋商，传谕该大班等告知该国王，现在粤洋无盗，以后毋庸再派兵船赴粤。如果货船必须保护，亦应严谕领兵官，恪遵内地法度，弹压船内夷兵，一切俱由大班管束经理，庶兵船不敢恃蛮滋事，大班亦不能借词诿卸。

所有夷人伤毙民人，现在著落交凶及谕饬办理缘由，臣谨会同广东巡抚臣嵩孚恭折具奏，伏乞皇上圣鉴。谨奏。道光二年正月二十八日（道光二年三月初七日奉硃批：另有旨，片留览，钦此。）

《两广总督李鸿宾、监督中祥疏》

说明：即《防范夷人章程》，系两广总督李鸿宾等于道光十一年奏准实施。

粤东省会滨临洋海，番舶往来，防察最宜周密。乾隆年间，因英吉利国夷商违犯天朝禁令，经前督臣李侍尧奏定防范外夷章程五条，用资约束。迨日久玩生，渐形疏略。道光九年，英吉利夷商因求减输规银，延不进口。上年又有私带番妇住馆，偷运枪炮至省等事。虽一经具奏，该夷即知悔悟，不至始终抗违。但夷情诡谲，必须严申禁令，以重防闲。且旧定各条，今昔情不同，亦有因时异宜之处，应酌量变通，俾可其相遵守。臣等率同藩、臬两司，将原定章程参酌时势，量为增减。责令员弁兵役实力巡防，行商通事认真稽查，严内地之成规，即以杜外夷之滋事，似于控驭绥来之道，益加周密，谨会同核议章程八条敬呈御览：

一、夷商进口后泊船处所应照旧派拨弁兵稽查。其住居行商馆内，即令行商约束，以免滋事也。查原定章程：夷船进口收泊黄埔地方，酌拨广协外委一员，带兵十二名，搭寮防守，并于督标内栋派候补守备一员，督同稽查。复于附近之新塘营酌拨桨船一只，与该原设左翼中营桨船会同稽查，俟夷船出口，即行撤回等因，现在毋庸另议更改。唯是日久视为具文，应随时密加访查。如巡兵怠惰偷安，即行分别严惩。至夷商寓歇洋商馆内，向系责成行商管束，其置买货物必令行商经手，原以防范奸民引诱教唆。嗣后夷商居住行商馆内，不许夷商擅自出入，致奸民交易营私。其在省河坐驾三板船只，不准扬帆飞驶，与省河民船碰撞争闹。凡附近省城村落墟市，不准听其游荡，以杜衅端。

一、夷人私带番妇住馆及在省乘坐肩舆，均应禁止也。查各国夷人带妇婢至省居住，久经严禁。乃上年英吉利国大班违例带携，已驱逐回澳。访察来省之妇，系属该夷商由本国带来。其随从夷婢，则系澳门居住之西洋妇女受雇服役。嗣后应严谕各国大班夷商，不许携带夷妇至省居住。倘敢故违，即停其买卖，并即押令回澳。一面责成关口巡查弁兵，如遇夷人携带妇婢赴省，即行拦阻截回。又饬澳门同知转谕澳门西洋夷目喽嚟哆及番差等：此后西洋妇女受雇与各国夷妇服役，只准在澳门居住，不准违禁，听其随带赴省。如违，唯喽嚟哆是问。至夷人在省坐轿，皆因奸徒送给及肩夫贪利所致。除谕饬各国夷人遵照，嗣后不得在省乘轿上岸外，并严禁奸商不得给送肩舆，代雇舆夫及受雇肩抬，希图获利。一经访闻，即严拘究治。

一、夷人偷运枪炮至省，应责成关口巡查弁兵严加禁遏也。查夷商在省不准带携枪炮禁令本属森严，乃上年忽有夷人偷运枪炮载至省城夷馆，殊违旧制。嗣后应责成关口巡查弁兵认真访察，遇有夷人偷运枪炮赴省垣夷馆，即行拦截，不准前进。若弁兵失于觉察，甚或知情放纵，致夷人复有偷运枪炮至省之事，即提该弁兵人等分别究拟。

一、夷商雇请民人服役，应稍变通也。查原定章程：夷商住居馆内，除设立买办通事外，如民人受雇服役者严查禁止等因。查内地民人雇给夷商服役向有沙文名目，久已禁革，自应仍照旧章，严行禁止。唯近日各国夷商来者益众，其看货守门及挑水挑货等项在在需人，而夷商所带黑鬼奴，性多蠢暴。若令其全用黑鬼奴，诚恐聚集人多，出外与民人争扰，致滋生事端。应请嗣后夷馆应需看货守门及挑水挑货人等，均由买办代为雇请，民人仍将姓名告知洋商，责成该管买办及洋商稽查管束。如此等民人内有教诱夷商作奸，洋商买办即随时禀请拘究。

一、夷商具禀事务，应酌量是否紧要，分别代递自递也。查夷商禀词应否交行商代递，抑应自行投呈，必须明定章程，方免混行越诉。应谕饬英吉利与各国夷商遵照。嗣后遇有事关紧要，必须赴总督衙门禀控者，应将禀词交总商或保商代递，不准夷人擅至城门口自投。倘总商保商执意拦阻，不为代递，致夷情不能申诉，方准夷人携禀前赴城门口。营员接交其投禀时，只准一二夷人前往，不准带领多人张皇其事。若事属寻常，行商并未拦阻，不为代投及不应具禀之事，该夷人辄行逞刁违抗，带领多人至城门递禀者，即将该夷商贸易暂停一月，不准买卖货物以示惩儆。其余寻常贸易事务应赴粤海关衙门具禀。及寻常交涉地方事务，应赴澳门同知、香山县及香山县丞等衙门禀陈者，均仍准照常控理。

一、借贷夷商银两，应杜拖欠弊端也。查原定章程：商民违禁借贷夷商银两，串引勾结者，照交结外国借贷诓骗例问拟。所借之银查追入官等因。是行商借贷夷商银两旧章久为严密。唯行商与夷商交易有无拖欠尾项，向于夷商出口时虚报了事，不足以昭核实而杜朦隐，应请嗣后除商民借贷夷商银两串引勾结者仍照例究治外，其行商与夷商交易每年买卖事毕，令夷商将行商有无尾欠报明粤海关存案，各行商亦将有无尾欠据实具结报明粤海关查考。如有行商亏本歇业，拖欠夷商银两查明曾经具报者，照例分赔。未经报明者，即不赔缴，控告亦不申理。所有应偿尾欠银两，应饬令行商具限三个月内归还，不准延宕。如已还给，即取具夷商收字报名存案。若逾期不偿，许该夷商控追，倘逾期该夷商不愿控追，应听期便。其当时不控，过后始行控追者，不为申理，以杜新旧影射之弊。

一、夷商不得在粤住冬应变通旧章，随时防范也。查原定章程：夷船五六月间在粤收泊，九十月间回国。不得留寓省城，探听物价，置买获利。及与内地民人往来交接，夤缘为奸，如有行货未清，情愿暂留澳门居住者听其自便等因。乾隆年间各国夷船至粤不过三四十号，今则多至七八十号至百号不等。近年英咭唎国公司夷船每于七八月间陆续来粤换兑货物。至十二月及次年正、二月内出口回国。该国公司大班夷商人等，于公司夷船出口完竣之后，请牌前往澳门居住。俟七八月间该国货船至粤，该大班人等复请牌赴省料理贸易。此外港脚咪唎坚各国夷船至粤生理，来去并无定期，非英咭唎之有公司者可比。其一人名下每年至粤船只或一、二号，或三、四号，或本人无船，将货物附载别船售销。该夷商均在省经理。是现在夷船既倍多于前而收泊之期复无定，且其在粤经理商务，年久相安，自不必拘定以九十月间回国。嗣后夷商如果早抵省城，货物全销，仍令照旧按期返棹。倘迟至八九月间始行到粤，售货需时，应责成各行商将住省夷商认真稽查约束，一面公平售货，迅速兑价，不得拖欠掯延。各国夷商一俟货销事竣，不论何时，即行随船回国，或前往澳门居住，不得无故潜留。如此量为变通，则远夷均无久滞省城之事，而奸民亦鲜借端勾引之弊矣。

一、英咭唎国公司船户驾艇往来及夷商货船领牌出口，均应遵定制也。查夷船贸易其公司船户，遇有公事往来，坐驾三板艇只，自难禁止。应照旧准其驾驶。倘有携带违禁货物，即着落各关口弁兵严查禀办。唯向来夷目船户始准坐驾插旗三板船只，若非夷目船户，不得妄驾插旗之船，仍应循照旧章，俾无朦混。其由澳门黄埔至省及由省至黄埔澳门，均照旧章请给红牌，毋得来去自由。致干查究。至夷商货船领取红牌出口，向赴税馆报明，仍应由税口随时知会炮台验放，免致拦阻滋闹。

（《粤海关志》卷二十九《夷商四》）

《两广总督卢坤、监督中祥疏》

说明：即《防夷新规》，系两广总督卢坤等人于道光十五年奏准实施。

窃外洋夷人来粤贸易，自乾隆二十五年奏定防范规条以后，嗣于嘉庆十四年、道光十一年，经各前督抚臣先后酌议章程，奏准遵行立法，已属周密。第奉行日久，或竟成具文，或渐生流弊。上年英咭唎公司局散，该国商人自来贸易，司总无人。虽经谕饬该夷商等寄信回国，仍派大班来粤管理，而现在商人多杂，事无统属，必应颁发章程，俾资遵守。唯时事有今昔之殊，且英夷公司既散，贸易情形与前亦稍有不同，除旧章无须更议各条照旧申明晓谕，并将查办夷欠、严拏走私各章程先经专案具奏外，尚有应行酌量增易规条，经臣等率同藩臬两司详加筹议，肃体制以防踰越，严交结以杜汉奸，谨出入之防，专稽察之责，庶防范益昭详慎。仍严饬洋商公平交易，各顾大体，俾诸番共沾圣泽，咸凛畏怀。

一、外夷护货兵船不准驶入内洋，应严申禁令，并责成舟师防堵也。查贸易夷人酌带兵船，自护其货，由来已久。向例止准在外洋停泊。俟货船出口，一同回帆，不许擅入海口。自嘉庆年间以来，渐不恪守旧章。上年又有闯入海口之事。虽该夷船驶入内河浅水之处，毫无能为，而防范总应周密。除虎门一带炮台现在分别增建，移设添铸大炮筹备堵御外，应严申例禁。嗣后各国护货兵船，如有擅入十字门及虎门各海口者，即将夷商货船全行封舱，停止贸易，一面立时驱逐，并责成水师提督，凡遇有外夷兵船在外洋停泊，即督饬各炮台弁兵加意防范，并亲督舟师在各海口巡守，与炮台合力防堵。弁兵倘有疏懈，严行参处。务使水陆声势联络，夷船无从闯越。

一、夷人偷带枪炮及私带番妇、番哨人等至省，应责成行商一体稽查也。查夷人除随身携带刀剑枪各一件，例所不禁外，其擅将炮位及鸟枪军械并番妇人等运带赴省，定例责成关汛弁兵稽查拦截。唯关汛固有盘查之责，而夷商在省外夷馆居住，其房屋皆属向行商租赁，该商等耳目切近，断无不知，自应一体责令稽查。嗣后各国夷人概不准将枪炮军械及番妇、番哨人等运带至省，如有私行运带者，责成租馆行商查阻，不许令其入馆。一面赴地方官呈报。如有容留隐匿，即将该行商照私通外国例治罪。关汛弁兵不行查出，仍分别失察故纵，从重究处。

一、夷船引水买办应由澳门同知给发牌照，不准私雇也。查澳门同知衙门向设引水十四名，遇夷船行抵虎门外洋，应报明该同知令引水带引进口。其夷商在船所需食用等物，应用买办，亦由该同知选择土著殷实之人承充。近来每有匪徒在外洋假充引水，将夷人货物诓骗逃走，并有匪类诡托买办之名勾串走私等弊。迨事发查拏，因该匪徒诡托姓名，无从缉究。嗣后澳门同知设立引水，查明年貌籍贯，发给编号印花腰牌，造册报明总督衙门与粤海关存案。遇引带夷船，给与印照，注明引水船户姓名，关汛验照放行。其无印花腰牌之人，夷船不得雇用。至夷船停泊澳门黄埔时，所需买办一体由该同知给发腰牌，在澳门由该同知稽查；在黄埔由番禺县稽查。如夷船违例进出，或夷人私驾小艇，在沿海村庄游行，将引水严行究处。如有买卖违禁货物，及偷漏税货，买办不据实禀报，从重治罪。

一、夷馆雇用民人应明定限制也。查旧制：贸易夷人除通事、买办外，不准雇用民人。道光十一年奏准夷馆看守门户及挑水、挑货人等，均由买办代雇民人，唯愚民骛利鲜耻，且附近省城多谙晓夷语之人，若听夷人任意雇用，难免勾串作奸，自应定以限制，并宜专以责成。嗣后每夷馆一间，无论住居夷人多寡，只准用看门人二名，挑水夫四名，夷商一人雇看货夫一名，不许额外多用。其人夫责成夷馆买办代雇，买办责成通事保充，通事责成洋商保充，层次拑制，如有勾串不法，唯代雇保充之人是问。仍令该管行商按月造具各夷商名下买办人夫名籍清册，送县存案，随时稽查。其挑货人夫，令通事临时散雇，事毕遣回。至民人受雇为夷商服役之沙文名目，仍永远禁止。倘夷人额外多雇人夫及私雇沙文服役，将通事行商一并治罪。

一、夷人在内河驶用船只，应分别裁节，并禁止不时闲游也。查夷人入口贸易货船停泊黄埔，其在省城澳门往来，向唯英咭唎公司船户准坐驾插旗三板船只，此项三板船身较大，上有舱板，易于夹带器械及违禁货物。现在公司已散，所有插旗三板船应行裁革。至夷人在夷馆居住，不准擅自出入。嘉庆二十一年，前督臣蒋攸铦任内酌定每月初八、十八、二十八三日准其附近散游一次。近年该夷人往往不遵旧章，必须重申禁令。嗣后各夷人船到黄埔或在省城、澳门，往来通信，只准用无篷小三板船，不得再用插旗三板船只。其小三板经过关口，听候查验。如有夹带违禁货物及炮位器械，即行驱逐。在馆居住夷人，只准于初八、十八、二十八三日，在附近之花池海幢寺散游一次。每次不得过十人。限申刻回馆，不准在外住歇饮酒。如非应准出游日期及同游至十人以外，并赴别处村落墟市游荡，将行商通事一并治罪。

一、夷人具禀事件，应一律由洋商转禀，以肃政体也。查外夷与中华书不同文，其中间粗识汉字者亦不通文义，不谙体制。具禀事件，词不达意，每多难解，并妄用书信混行投递，殊乖政体。且同一夷务或由洋商转禀，或由夷人自禀，办理亦不画一。嗣后凡夷人具禀事件，应一概由洋商代为据情转禀，不必自具禀词。如系控告洋商事件，或洋商有抑揩不为转禀之事，仍许夷人自赴地方官衙门禀诉，立提洋商讯究。

一、洋商承保夷船，应认派兼用，以杜私弊也。查夷船来粤，旧例系由各洋商循环轮流具保，如有违法，唯保商是问。嗣恐轮保有把持之弊，凡港脚夷船均听其自行具保。唯现在公司已散，所来夷船散漫无籍，若责令仍照旧例，由洋商轮保，恐有抑勒之弊。而竟任其自行择保，亦难保无勾申情事。嗣后夷船到粤，照旧听其自投相信之行为认保，一切交易货物、请牌完税公事均由认保承办。收纳饷税，查照则例，毋许丝毫加增。仍每船设立派保一人，各行挨次轮派，专司查察。如认保行商与夷人通同舞弊作奸，或私增税银，拖欠夷账，责成派保之商据实呈首，分别究追。派保徇隐，查出并究。

一、夷船在洋私卖税货，应责成水师查拏，并咨沿海各省稽查也。查各国夷船贩运货物来粤，理应入口完纳税钞，由洋商发卖。乃该夷船等往往寄泊外洋，进口延缓，亦有竟不进口，旋即驶去者。不特走卖鸦片，并恐私销洋货。臣等每据禀报，即严切批行舟师，催令进口。如不进口，立时驱逐。不准逗留。并在各海口分派员弁，严拏走私匪徒，历经拏获出洋贩卖鸦片人船究办。唯粤省与福建、浙江、天津等省洋面昆连，各省奸徒坐驾海船在外洋与夷人私相买卖货物，即从海道运回。此等奸贩既不由粤省海口出入，无从堵拏，而洋货分销入口渐少，于税饷甚有关系。嗣后应责成水师提督督饬舟师在于外洋常川巡逻，如有向夷船私买洋货商贩，即行拏解究办。并立定章程，无论何省海船置买洋货，一律赴粤海关，请用盖印执照详注货物数目，不准私买，咨明闽浙各省，通行遵照，并于各海口严行稽查。如有海船运回外洋货物，查无海关印照，即属私货，照例纠办。船货入官。

（《粤海关志》，卷二十九，《夷商四》）

后　记

本书的选题酝酿已久。2000 年，我作为烟台师范学院历史系的应届本科毕业生，考取了暨南大学文学院历史系硕士研究生，跟随启蒙恩师刘正刚教授研修明清史。刘老师治学很严，令我受益无穷。其间，广州城市的开放性氛围，及其在外经贸文化交流方面的悠久历史，也促使我对相关的研究领域产生了浓厚兴趣。2003 年，我有幸投身于中国政法大学郭成伟教授门下，研修中国法制史。郭老师为人和蔼大度，授业言传身教，循循善诱。我逐渐了解到，正如历史学有"五朵金花"一样，中国法制史学科中也有两大传统的研究阵地，即中国古代法律的"儒家化"与"近代化"。就后者而言，目前学界论及法制"近代化"的内容与过程者居多，专就其渊源及动力进行研究者则略少。在中西方走向兵戎相见之前，双方对彼此的制度文明抱有怎样的态度？这种态度是如何形成的？它给中西之间的制度性互动与价值认同带来了何种影响？就这一课题进行深入探讨，或许可以为理性地评价中国古代法律及其"近代化"找到一个新的视角，遂萌发了以此作为博士学位论文研究方向的想法。老实说，以本人的水平及本选题的内容局限而言，实在难堪此任。不过，郭老师对我的选题意向还是给予了积极评价，并针对各方面提出了大量具体的指导意见。可以说，本书的完成浸透着老师的心血。当初，在论文写作及答辩过程中，我还得到了张晋藩先生、蒲坚老师、苏亦工老师、郭世佑老师、屈超立老师等各位前辈尊长的批评与指导，在此谨表诚挚的谢意！

另外，还要特别感谢苏州大学余同元老师。余师自觉而觉人，传道解惑，奖掖后进，从来不遗余力，至今已成就了众多弟子。我有幸忝列其中，感恩之情，难以言说，唯有聊寄数语，略表寸心。

同门田东奎、李凤鸣、王为东、江立新、冯江峰诸君都曾为本书的写作提供过重要帮助，中国社会科学出版社李炳青编辑也为书稿的编校尽心尽力，在此一并致谢！

如今洛阳纸贵，书山行路，步履维艰。现本书得以付梓，总算对过去有了一个交代。个人才识有限，书中不足之处敬请方家批评指正。往者已矣，来者可追。

唐伟华

2009 年 5 月 5 日深夜于青岛大学